KB096124

논쟁으로 본 조선

국립중앙도서관 출판예정도서목록(CIP)

논쟁으로 본 조선 / 지은이: 이한. -- 파주 : 청아출판사, 2
014
　　p. ;　cm

참고문헌 수록
ISBN 978-89-368-1062-7 03900 : ₩18000

조선 시대[朝鮮時代]
토론[討論]
논쟁사[論爭史]

911.05-KDC5
951.902-DDC21　　　　　　CIP2014024700

논쟁으로 본 조선

초판 1쇄 발행 · 2014. 8. 30.
초판 3쇄 발행 · 2016. 1. 22.

지은이 · 이한
발행인 · 이상용　이성훈
발행처 · 청아출판사
출판등록 · 1979. 11. 13. 제9-84호
주소 · 경기도 파주시 회동길 363-15
대표전화 · 031-955-6031　팩시밀리 · 031-955-6036
E-mail · chungabook@naver.com

ISBN　978-89-368-1062-7　03900

* 잘못된 책은 구입한 서점에서 바꾸어 드립니다.
* 본 도서에 대한 문의 사항은 이메일을 통해 주십시오.

※ 이 책은 《조선 아고라》(2008)의 개정판입니다.

조선을 움직인
다섯 가지 격론

논쟁으로 본 조선

청아출판사

토론, 사람과 사람이 빚어낸 역사의 자취들

서문을 쓰는 것은 언제나 필자에게 가장 커다란 고통으로 다가온다. 처음 구상을 할 때는 신이 나고, 사료를 찾을 때는 즐겁고, 문장을 엮어 이야기를 짜낼 때는 춤이라도 출 것 같다. 하지만 퇴고에 들어가면 머리가 지끈거리기 시작하고, 오류나 오타를 발견할 때는 간담이 서늘해진다. 그리고 개정판 서문을 써야 하는 지금 이 순간은 더욱 괴롭다. 맹세컨대 이 서문을 이렇게까지 쓰기 어려운 까닭은, 역사나 토론이란 말이 가져다주는 중압감 때문이리라.

토론은 그 자체에 많은 무리를 지니고 있다. 아무리 번듯하고 근사한 의견이라도 이 세상 모두를 100퍼센트 만족시킬 수 없으며, 승자도 패자도 없다. 그래서 더욱 어렵고 부담스러우며, 마침내는 시간 낭비만 하는 것처럼 느껴지기도 한다.

하지만 그럼에도 토론은 꼭 필요하다. 인간은 남과 다를 수밖에 없고, 따라서 타인의 의견과 어떻게든 부딪히는 법이다. 그럴 때 주먹질 대신 좀 더 세련되고 평화로운 해결 방법이 있을 수 있으니, 그것이 바로 토론이다. 그래서 토론 없는 세상이란 아주 심심하고 재미없으며, 그 이상으로 숨이 콱

꽉 막힐 것이다.

이 책에서는 역사에 기록된 다섯 가지의 토론을 다루고 있다. 한양으로
의 천도를 둘러싸고 벌어진 논쟁, 공법 실시 논쟁, 1, 2차 예송 논쟁과 문체
반정 논쟁까지. 이런 사건들은 원래부터 유명한지라 교과서나 문제집에
흔하게 실려 누구나 한 번쯤은 들어 봤을 것이다. 이 책에서는 커다란 돋보
기를 들이대고 사건의 속을 들여다보았다. 당연하게도 사건들의 배후에는
엄청난 진통과 토론, 기 싸움이 있었다. 정책을 결정할 때마다 많은 사람들
이 몰려들어 저마다 옳다고 주장했고, 사건이 복잡하게 꼬이면 꼬일수록
토론은 치열해졌다. 그 과정들을 거쳐 마침내 결과가 나왔으며, 이러한 사
건들은 그렇게 역사가 되었다.

이 책은 이 토론들에서 '누가 어떻게 이겼다!'라는 필승 전략을 분석한
것이 아니다. 다만 누가 시작했고, 무엇 때문에 붙었으며, 이렇게 싸웠다는
과정을 훑었다. 유명한 역사 인물들이 차지게 입씨름을 벌이는 역사의 자
취들을 따라가다 보면 마치 드라마의 한 장면을 보는 듯한 기분이 든다. 그
들도 지금 사람들과 다름없이 화를 내고, 억지를 쓰고, 꾹 참고, 화해하고,

그렇게 엎치락뒤치락하면서 역사는 이어졌다. 그러니 아무리 시대의 흐름을 바꾼 위대한 사건이라 하더라도 결국은 사람과 사람이 빚어낸 것임을 확인하는 길이기도 했다.

어느새 무더운 여름이 지나고 있다. 그동안 많은 일이 있었고 생각지도 않았던 좌절을 겪기도 했다. 그럼에도 《조선 아고라》를 개정하고, 다시 한 번 서문을 쓸 수 있게 되어 감개무량하다. 마지막으로 이 책을 더욱 아껴주신 출판사 분들께 진심으로 감사드린다.

2014년
개정판을 발간하며
이한

논쟁 1 한성 천도 논쟁

"무악이 끝내 좋지 못하냐?"
"신이 보기에는 좋지 못합니다."
"여기가 좋지 못하면 어디가 좋으냐?"
"신은 모릅니다."

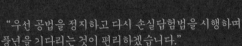

논쟁 2 | 공법 실시 논쟁

"우선 공법을 정지하고 다시 손실답험법을 시행하며 풍년을 기다리는 것이 편리하겠습니다."

"나의 뜻도 그러하나 이미 정한 것을 감히 경솔하게 고치지 못한다. 억지로 공법을 시행하게 되면 백성들이 떠돌아다니거나 혹은 죽는 자가 있을까 염려되니, 마땅히 대신들과 이를 의논하라."

"오늘 논쟁하는 초점은 차적자를 서자라고 할 수 있는지의 여부와 이미 서자라고 했을 때 기년복을 입어야 하는지의 여부를 가리는 것뿐입니다."
"시열은 망령스러운 자가 아니면 어리석은 자입니다. 어째서 국가 대례를 꼭 그 사람 논의에 따라 정할 것입니까?"

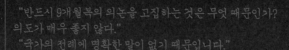

논쟁 4 | 2차 예송 논쟁

"반드시 9개월복의 의논을 고집하는 것은 무엇 때문인가?
의도가 매우 좋지 않다."
"국가의 전례에 명확한 말이 없기 때문입니다."

논쟁 5 | 문체반정 논쟁

"성균관 시험의 시험지 중 조금이라도 패관잡기에 관련된
답이 있으면, 그 사람의 이름을 확인하여 과거를 보지 못하게 하라."
"그들의 문장은 학문상으로 이단 사설이고 순전히 패관소품을 숭상할 뿐
입니다."

※ 논쟁 1 ※

한성 천도
논쟁

태조 이성계는 조선을 건국했다. 그러나 아직까지도 고려의 그림자는 짙게 드리워져 있었다. 조선이 조선다워지기 위해 태조는 새로운 도읍으로의 이전을 결정했다. 하지만 개경에 삶의 터전을 가진 사람들의 반발은 만만치 않았고, 풍수지리와 실리적인 문제가 뒤엉켜 논란이 끊이지 않았다. 태조는 한성으로의 천도를 강행하였으나, 왕자의 난 이후 조선은 개경으로 돌아갔다. 태종이 결정한 한성 천도는 아버지의 소망이었고, 또다시 일어나는 반대의 불길에 맞서 태종은 그다운 방법으로 결론을 지었다.

한성 천도 논쟁

한성 천도 논쟁 일지

■ 태조 1년

7월 17일 | 이성계, 왕으로 즉위.

8월 31일 | 남경(한성)으로 천도 명령.

9월 3일 | 배극렴, 조준, 처음으로 한성 천도에 반대.

11월 29일 | 조선으로 국명 확정.

■ 태조 2년

1월 2일 | 권중화, 계룡산을 도읍지로 추천.

1월 19일 | 태조 이성계, 계룡산 답사 출발.

2월 1일 | 정요, 거짓 보고로 태조의 속을 긁다.

2월 8일 | 태조, 계룡산 도착.

2월 10일 | 개경으로 환궁.

8월 15일 | 명나라 태조 주원장, 조선 사신의 입국을 금지.

12월 11일 | 하륜, 풍수지리를 근거로 계룡산이 수도에 적합하지 않다고 주장. 계룡산 도읍 중지.

■ 태조 3년

1월 16일 | 박위와 박씨들의 역모 발각. 왕씨들을 바다에 던져 몰살시킴.

2월 18일 | 조준, 권중화 등 서운관 관리들을 무악으로 파견.

2월 23일 | 서운관 관리들이 무악은 도읍으로 마땅하지 않다고 보고.

6월 27일 | 태조, 도평의사사와 재상 및 서운관 관리들에게 도읍으로 적당한 곳을 고르도록 명
을 내리다.

7월 2일 | 서운관에서 도읍으로 불일사, 선고개를 추천.

7월 4일 | 불일사, 선고개가 적합하지 않은 것으로 판명.

7월 11일 | 도평의사사, 음양산정도감의 설치를 건의.

8월 11일 | 태조, 무악으로 행차. 도읍 문제를 놓고 첫 번째 토론이 벌어졌으나, 결론을 짓지 못하다.

8월 13일 | 태조, 토론의 결과에 불만을 품고 한양으로 도읍을 정하다.

10월 28일 | 태조, 한양으로 옮겨 집무를 보다.

■ 태조 4년

6월 | 한양부를 한성부로 고쳐 부르다.

10월 | 한성의 종묘와 궁궐이 완성되다.

10월 7일 | 정도전이 궁궐 및 전각의 이름을 짓다.

윤9월 13일 | 도성조축도감을 설치.

■ 태조 5년

9월 15일 | 태조, 의장과 호위를 갖추고 경복궁으로 옮기다.

■ 태조 7년

8월 26일 | 1차 왕자의 난. 정도전, 방석 등이 살해당하고 태조는 실권 상실.

9월 5일 | 태조, 둘째 아들 정종에게 왕위를 선양.

■ 정종 1년

2월 26일 | 피방을 이유로 개경 환도 결정.

3얼 13일 | 태상왕 이성계, 개경으로 돌아와 윤환의 옛집에 머물다.

■ 정종 2년

12월 22일 ┃ 천도 문제를 논의. 하륜은 무악 천도를 주장했으며, 정동을 참위, 술수의 이야기 자
체를 금하다.

■ 태종 3년

2월 23일 ┃ 개경의 옛 고려 궁궐터에 궁궐을 건축.

■ 태종 4년

7월 10일 ┃ 개경으로 종묘를 옮겨 오는 문제를 논의.

7월 11일 ┃ 태종, 한성과 개경의 양경(兩京) 체제를 결정. 더는 논의하지 않을 것을 선언.

9월 1일 ┃ 태종, 이궁조성도감제조를 만들고 한성으로의 천도를 준비, 1년 내 천도를 해내겠다
고 천명.

9월 9일 ┃ 태종, 서운관에게 이궁(離宮)을 지을 땅을 찾도록 명을 내리다.

9월 13일 ┃ 이궁조성도감을 궁궐수보도감으로 바꾸다.

9월 19일 ┃ 하륜, 무악이 도읍으로 합당하다고 주장.

10월 2일 ┃ 태종, 신하 및 종친들과 더불어 무악으로 행차.

10월 4일 ┃ 한양과 무악 중 어느 곳이 도읍으로 적당한지 토론.(마지막 토론)

10월 6일 ┃ 태종, 동전을 던져 한양을 도읍으로 결정.

태조

조선의 건국자이자 한성 천도 프로젝트의 입안자, 추진자, 시행자. 신하 노릇을 걷어치우고 왕이 될 배짱을 가진 일세의 영웅이며, 좋게 말하면 단순명쾌하다. 그는 천성이 무인으로 정치가가 아니었기에 본심을 숨기고 돌려서 말하는 완곡 화법을 싫어했고, 토론에는 쉽게 짜증을 냈다. 하지만 전직 무장답게 행동력 하나는 탁월하여 천도지를 찾아 곳곳을 답사 다닐 만큼 정정했다. 그렇기에 신하들의 반대를 깨부수고(논파가 아니다) 일을 추진할 수 있었다. 하지만 왕이 된 뒤 다섯째 아들 이방원의 불효에 우울한 말년을 지냈다.

정도전

태조의 소울메이트이자 조선의 실질적인 설계자. 수도 결정 토론에는 그다지 참여하지 않았지만, 서울 곳곳의 지명을 정하고 경복궁의 구조를 정했으니, 그 역시 천도에서 중요한 역할을 담당했던 사람이었다. 풍수지리설을 전혀 신봉하지 않았고, 오히려 노골적으로 싫어하고 반대했다. 도읍이란 결국 사람 손에 달려 있다고 주장했던 인물로, 당시 보기 드문 과학적인 사고를 가졌으며, 똑똑한데다 유능하기까지 했다.

하륜

천도 논의가 오가던 당시 경기도 관찰사 역임. 태조부터 태종 시대까지 권신이었으며, 당대 신하들 중에서 가장 풍수지리에 일가견이 있는 인물이었다. 때문에 도성뿐만 아니라 왕들의 묫자리를 보기도 했다. 처음부터 끝까지 줄기차게 무악(지금의 신촌)이 진정한 명당이라고 주장했다. 어째서 그렇게 무악에 집착했을까. 그 일대에 부동산이라도 가지고 있었던 것일까.

태종

태조의 다섯째 아들이자 조선 3대 왕. 신하들을 협박하고 구슬려서 자기 마음대로 나라를 움직이는 정치적 수완(혹은 야비한 수법)은 아버지보다 훨씬 뛰어났다. 한성 천도 당시에는 한 일이 별로 없었지만, 태조 7년 1차 왕자의 난 이후 조선의 실질적인 지배자가 되었다. 개경으로 옮겼던 수도를 다시 한성으로 되돌릴 것을 추진했는데, 이는 내내 아버지의 속을 긁어 온 아들로서의 마지막 효도였다. 태종은 한성 천도가 아버지 때와 똑같은 반대에 부딪히자 자신만의 방법으로 돌파, 사안을 결정지었다. 바로 동전 던지기였다.

무학대사(자초)

천도 토론의 깍두기. 각종 야사와 설화 속에서 한성 천도에 결정적인 역할을 수행하며 대활약하지만, 정작 역사 속에서 그는 겨우 두 번 천도의 의견을 말한 것이 전부였다. 하지만 그 역시 풍수지리에 일가견이 있는 것으로 이름났고, 태조와 함께 천도지를 답사했다.

배극렴

조선 건국의 또 하나의 공신. 백성들의 삶이 힘들다는 이유로 한성 천도를 반대했다. 노환으로 사망했기에, 한성 천도 토론에는 더 이상 참여하지 못했다.

정요

계룡산 답사를 가려던 태조를 유언비어로 저지하려다 혼쭐이 난다. 적어도 천도를 반대하는 세력이 수단과 방법을 가리지 않았다는 실례를 보여 줬고, 동시에 긁어 부스럼이라는 격언을 온몸으로 실천했던 인물이다.

그 외 풍수지리사들

도성을 옮기는 문제에 초빙된 이들이니 당대의 지리가들일 것이다. 하지만 그들이 주장한 의견은 하륜을 비롯한 신하들에게 계속 거부당했다. 아무래도 그들이 주장하는 풍수의 명당은 정치 혹은 사회 경제의 유용함과는 별개의 것이었기 때문이리라.

* 태조 어진: 어진박물관 소장

서울이 아직 서울이 되기 전

대한민국의 수도, 서울. 지금은 인구 1천만이 훌쩍 넘어가는 우리나라 최대의 괴물 도시가 됐지만, 지금으로부터 600여 년 전 처음의 서울은 동대문과 남대문, 서대문을 비롯한 4개의 대문과 성벽으로 둘러싸인 아주 좁은 공간이었다. 이곳이 지금의 서울이 되기까지는 참으로 지난한 과정이 있었다.

서울이 처음으로 수도가 된 때는 조선 시대였다. 그 이전에 백제의 첫 수도 위례성도 지금의 서울특별시 안에 있기는 하지만, 지금 서울의 기본은 조선 시대부터였다.

서울 일대는 신라 시대에는 한산주漢山州라고도 했고 한양군漢陽郡이라고도 했다. 한漢자가 공통적으로 들어갔으니, 그때도 한강은 한강이었나 보다. 한양이라는 지명은 원래 '한강의 북쪽'이라는 뜻이기 때문이다.

이후 고려에 들어와서 양주라고 했으며, 양주는 지금의 경기도와 충청도 부근을 포함한 양광도라는 행정구역에 속해 있었다. 고려는 불교의 나라였지만, 동시에 풍수지리의 나라이기도 했다. 왕건이 왕이 되기까지 도선의 조언이 주효했다는 일화가 있고, 〈훈요십조〉에도 풍수지리의 언급이 있었다. 고려의 지방 행정제도에서 경京은 요즘 식으로 하자면 특별시나 광역시였다. 처음 고려에는 3개의 경이 설치되어 있었고, 나라의 수도 개경 다음으로 서경이 중요하게 여겨졌다.

개경 - 송도, 송경(부소^{扶蘇}라고도 불렸다)

서경 - 훗날 평양

동경 - 금성, 계림(훗날 경주)

여기에 추가된 또 하나의 경이 바로 남경이니, 곧 지금의 서울이었다.

이곳은 1067년, 고려 문종 21년에 남경으로 승격되었다가 얼마 안 가 폐기되었고, 이후 숙종 때 김위제라는 사람이 《도선기》, 《도선답산가》, 《삼각산명당기》, 《산지비사》 등의 책을 근거로 해서 개경의 지기가 쇠퇴했으니 개경과 한성을 왔다 갔다 하며 머무를 것을 권유했다.

그래서 숙종 6년에 남경개창도감_{南京開創都監}을 세우고, 9년에 남경의 궁궐을 완성했다. 궁궐이 세워진 곳은 지금 경복궁 북쪽, 청와대 주변이었던 것으로 추정되고 있다. 하지만 왕이 몇 번 행차한 것이 고작으로, 남경은 수도로서의 기능을 확실히 수행한 것 같지는 않다. 이곳이 본격적으로 중요해진 것은 고려 말에 들어서였다.

1356년, 공민왕은 남경의 궁궐로 천도하려고 했다. 하지만 태묘에서 점을 친 결과가 좋지 못하다는 이유로 무산되었다.

또다시 남경 천도가 불거진 것은 그로부터 수십 년 뒤인 우왕 때였다 이때의 천도 논의는 풍수지리보다는 이미 말기에 다다른 고려의 정치, 국방의 문제 때문이었다. 당시 왜구가 내륙으로 밀고 들어와 노략질을 했지만 이미 쇠약해진 고려는 이를 막을 방법이 없었고, 따라서 개경 역시 안전하다고 할 수 없었다. 그래서 우왕은 철원을 비롯한 후보지로 천도를 계획했고, 궁궐을 세우다가 버리기를 거듭했다. 천도의 후보지로 한성이 거론된 것은 우왕 7년인 1381년의 일로, 지금의 북한산성 일대를 수도로 삼으려 했다. 그러나 이를 성사시키기 전에 위화도 회군을 맞아 우왕은 폐위되었다.

다음으로 즉위한 고려의 마지막 왕인 공양왕 역시 송도의 지덕이 쇠하였고 천도를 하지 않으면 군신이 폐해진다는 것을 이유로, 배극렴을 보내 남경의 궁궐을 수리하게 했다. 그리하여 1390년, 마침내 남경으로 천도했다. 하지만 재이가 끊이지 않는다는 이유로 오래지 않아 개경으로 돌아왔다. 그렇게 돌아온 지 1년 만인 1392년, 이성계가 조선을 세웠다.

조금 장황한 내용이지만 이렇게 서울의 역사를 정리한 것은, 이미 조선 건국 전부터 한성의 역사가 시작됐기 때문이다. 동경은 개경에서 지나치게 멀었고, 서경은 묘청의 난 이후에 반역자의 땅이 되었다. 이에 비해 개경의 가까이에 위치했으며, 교통이 편리한 여러 좋은 요건을 갖춘 곳이 바로 한성, 남경이었다.

그런데 고려에서 조선으로의 교체를 이야기할 때 가장 흔한 이야기가 바로 오얏(자두의 고어)나무의 전설이다. 남경에 왕기가 서려 있어서, 고려 왕조는 목자木子, 곧 오얏나무를 심었다가 이것들이 무성해지면 베어내는 일을 거듭하여 고려 왕조의 수명을 연장하고 조선이 들어서는 것을 늦췄다는 것이다. 하지만 고려가 여러 변란을 겪으면서 미처 오얏나무 진정 작업을 하지 못했고, 마침내 오얏이 번성해서 조선이 들어서게 되었다는 것이다.

고려가 정말로 오얏나무를 심었든 그렇지 않았든, 한성이 고려 시대에 중요하게 다뤄진 것만은 분명하다. 고려의 역사를 통틀어 여러 차례 천도의 대

상지로 거론되었고, 궁궐까지 마련되었기 때문이다. 따라서 개경만큼은 아니라도 상당한 규모의 도시로 발전했으며, 천도지로 논의될 수 있을 만큼 당시의 사람들에게 친숙한 장소였다.

천도의 첫 번째 발안자,
태조 이성계

1392년 7월 17일, 이날은 조선의 시작이자 고려의 마지막 날이었다. 여러 관리들은 나라의 주인이 되어달라며 이성계의 집으로 몰려갔다. 이성계는 자신에게 병이 있어 도망갈 수도 없다는 연약함(?)을 피로하면서 왕이 되었다. 즉위교서에서는 나라의 이름을 아직 고려로 하게 했지만, 이후 500년 넘게 이어진 조선 왕조의 시작은 바로 여기에서부터였다. 이렇게 고려와 조선의 교체는 형식상 양위讓位를 통해 나름 평화롭게 시행되었다.

《태조실록》에는 헌 나라가 망하고 새 나라가 들어서는 과정이 비교적 상세하게 기록되어 있다. 매일매일 성실하게 기록된 게 아니라 징검다리처럼 경중경중 날짜가 적혀 있지만, 대체로 평화로운 왕권 교체의 현장을 보여 준다.

왕이 된 이성계는 공신들을 봉하거나, 아내 현비(신덕왕후 강씨)와 더불어 평주의 온천에 요양을 다녀오고, 왕씨의 왕족들과 함께 격구나 사냥을 할 만큼 여유로웠다. 고려의 마지막이 이렇게 허무해도 되나 싶을 만큼.

처음엔 내숭의 미덕을 착실하게 보이던 태조는 신하에서 왕의 자리로 슬금슬금 올라갔다. 서서 받던 조회를 앉아서 받게 되고, 자신의 조상들을 왕으로 봉했다. 또한 고려 태조의 제사를 지방인 마전군에서 지내게 하고, 태조의 동상銅像 역시 옮겼다. 새로운 나라의 이름, 조선이 정해진 것은 11월 29일이었다. 그리고 도평의사사에게 한양으로의 천도를 명한 것은 이보다 앞선 8월 13일이었으니, 즉위한 지 한 달도 되지 않아서였다.

태조가 어떤 생각으로 천도를 결정했는지, 혹은 왜 한성을 선택했는지의 기록은 없다. 신하들의 의견을 묻거나 함께 의논했던 흔적도 없으며, 이후 반대 의견이 쏟아져 나왔던 사실을 보면 태조 단독으로 결정했던 것 같다. 왜 한성이 선택되었을까? 불과 2년 전 고려가 천도를 한 적이 있고, 궁궐이나 기타 여러 조건들이 마련되어 있었기에, 가장 만만하게 도읍을 옮길 만한 장소였을 것이다.

한성으로 천도를 결정한 데는 누구보다도 태조의 의지가 강력하게 작용하였다. 앞으로 살펴보겠지만, 당시 신하들 대부분은 천도를 반대하고 개경을 도읍지로 선호했다. 한편 이성계의 가장 가까운 정치적 파트너였던 정도전은 '어디에 자리 잡든 사람이 정치만 잘하면 그만'이라는 굉장히 현실적인 생각을 하는 인물이었다. 따라서 천도의 시작부터 끝까지 조금의 변함도 없이 이를 추진한 사람은 태조뿐이었다.

그러면 태조는 어째서 천도를 하려고 했을까? 개국 이후 태조가 자기 조상들의 사당, 곧 종묘를 만들 자리를 찾게 했을 때 서운관 관원이 이런 의견을 올렸다.

"고려 왕조의 종묘가 있던 옛터가 가장 좋습니다."

"망한 나라의 터를 어떻게 쓰겠느냐."

태조의 이런 발언을 보면 이성계가 고려의 그림자를 불편해했던 것이 분명하다. 남은이 "옛 궁궐을 헐고 옛 땅을 파내고 새 종묘를 고쳐 짓는다면 괜찮을 것"이라고 했지만 결국 받아들여지지 않았다. 태조로서는 불길하다는 등의 이유를 떠나, 이제까지 자신이 신하로서 일했던 왕성이니 살기엔 속편하지 않았을 것이다. '새 술은 새 부대에 담는다'라는 기분 전환의 목적 말고도, 아직까지 고려 세력들이 껄끄러웠던 이유도 있었을 것이다.

하지만 이런 현실적인 이유 말고도, 천도의 결정과 시행에 있어서 무엇보다도 강력한 영향력을 발휘했던 태조의 성격과 성향을 알아 두는 것이 앞으로의 상황을 이해하는 데 많은 도움이 될 것이다.

태조 이성계*는 담백한 무인이었다. 무슨 뜻이냐 하면, 야비한 정치술수에 그리 능통하지 않다는 말이다. 전쟁 및 전략의 머리가 충분했다는 것은 그가 무장 시절에 세웠던 여러 공로들을 보면 알 수 있다. 하지만 약삭빠르게 돌아가는 잔머리가 없었고, 있더라도 쓰지 않았다. 그래서인지 태조는 다른 사람들이 '머릿속으로 생각하되 차마 입 밖으로 내어 말하지 못하는 바'를 그대로 내뱉는 화법을 자주 사용했다.

또한 태조는 좋아하고 싫어하는 것에 대한 표현도 솔직했는데, 특히 좋

...
_____ * 이성계는 즉위한 뒤 이름을 이단(李旦)으로 바꾸었다

아하는 것에 대해서는 변치 않는 '편애'를 쏟았다. 이는 태조가 주변의 다른 사람들을 대하는 데에도 분명하게 드러났다. 무학대사라는 이름으로 더 유명한 자초를 총애한 것은 사실상 편애였고, 마찬가지로 신덕왕후 강씨를 지극히 사랑하고 위했다. 왕이 된 이후로도 태조는 신덕왕후 강씨(현비)와 더불어 온천을 가거나 그녀가 낳은 아들 방석을 세자로 삼았고, 신덕왕후가 먼저 세상을 떠나자 그녀의 묘소를 경복궁에서 가까운 자리(정동)에 마련할 만큼 끈끈한 부부애를 과시했다. 어쨌든 한성 천도에는 태조의 이런 성격이 크게 작용했다. 여러 신하들의 반대를 불사하면서도 추진했고, 마침내 성사시켰던 것이다.

하지만 태조의 명령 하나로 한성의 천도가 간단히 끝났다면 이 이야기를 꺼내지도 않았을 것이다. 제일 처음으로 천도를 반대하는 의견이 나온 것은 9월 3일이었다. 시중 배극렴과 조준을 비롯한 중신들이 온천에서 요양하고 있던 태조에게 천도를 늦추자고 건의한 것이다.

> "한양의 궁궐과 성곽이 완성되지 못했으니, 호종扈從하는 사람이 민가民家를 빼앗아 머물게 됩니다. 날씨는 추워지고 백성들은 갈 데가 없으니, 궁궐과 성곽을 건축하고 관사를 배치한 뒤에 천도하기를 청합니다."

때는 9월이니 차츰 날씨가 추워질 때이다. 이럴 때 천도를 강행한다면 백성들에게 심각한 민폐를 끼치게 된다는 것이다. 언뜻 듣기에는 백성들의 안위를 걱정하는 합당한 말이지만, 불과 2년 전 공양왕이 잠시나마 남경으로 천도했던 것을 생각하면 궁궐이 만들어지지 않았다는 말은 고개를 갸우뚱하게 한다. 더구나 배극렴은 당시 공양왕의 명을 받아 남경의 궁궐을 수리했던 사람이었다. 물론 잠깐의 천도가 아니라, 새로운 왕조에 걸맞은 새로운 궁을 만든다면 '완성되지 못했다'라는 것이 틀린 말은 아니다. 그러나 과연 이들이 정말로 민심을 걱정한 것인지, 아니면 천도를 반대하기 위해 핑계를 댄 것인지는 분명하지 않다.

어쨌든 태조는 이 말을 옳다고 여기고 천도를 일단 중지하라는 명령을 내렸다. 개국공신이자 자신의 신임을 받고 있는 두 사람이 반대를 한 것도 그렇거니와, 이제 세워진 지 겨우 몇 달이 되지 않은 나라인데, 벌써부터 민심을 잃을 사업을 억지로 강행할 엄두가 나지 않았을 것이다. 하지만 이렇게 시작된 천도 논의가 장장 13년 동안 계속되리라고는 아무도 상상하지 못했다.

첫 번째 수도 예정지, 계룡산

수도를 옮긴다. 그러면 어디로? 이것이 첫 번째 문제였다.

제일 처음으로 한성이 거론되었지만, 어떤 이유에서인지 새로운 강력한 후보지가 떠올랐으니, 바로 계룡산이었다. 그렇게 된 계기는 조선 왕조 태실을 둘 만한 길지를 알아보면서였다. 태(胎)란 탯줄이니, 이성계 자신을 비롯한 왕족들의 탯줄을 태항아리에 넣고 비석을 세워 간직하는 것이었다. 태조 2년 1월 2일, 태실중고사 권중화가 전라도 진동현에서 태실을 둘 만한 좋은 땅을 보고하는 한편, 양광도(지금의 충청도) 계룡산의 도읍지도(都邑地圖)도 함께 바쳤다. 자세한 사정은 나와 있지 않으나, 권중화에게는 태실 둘 곳을 찾아보되 도읍으로 적당한 곳도 함께 찾아보라는 지시가 내려졌을 것이다. 실제로 지도가 올려지고 나서, 계룡산으로의 천도 계획은 탄력을 받게 되었다.

태조는 도읍 후보지로서의 계룡산을 꽤나 마음에 들어 했다. 태실을 전주에 두라는 조치를 내리는 동시에, 수도 후보지인 계룡산에 자신이 직접

가겠다는 뜻을 밝힌 것이다.

> "이달 18일에 계룡산으로 갈 것이니 대성臺省에서 각각 한 사람씩을 차출하고,
> 의흥친군義興親軍이 따라오도록 하라."

아무래도 직접 수도를 보고 정하고 싶어 했던 것이겠고, 이런 행동력은 태조의 특징이었다. 출발 예정일은 18일이었지만, 정작 태조가 출발한 건 19일이었다. 자잘한 준비 등 여러 가지 이유로 하루 늦어진 듯하다. 따라온 신하들은 영삼사사 안종원, 우시중 김사형, 참찬문하부사 이지란, 판중추원사 남은 등이었다. 여기에 또 한 사람의 동행이 있었으니, 바로 왕사인 무학대사였다. 태조는 일부러 회암사에 들러 함께 가자고 청했을 정도로 극진하게 대접했다.

그런데 2월 1일 큰일이 벌어졌다. 태조가 다시 계룡산으로 여정을 떠나려던 차, 도평의사사의 보고를 알리러 지중추원사 정요가 개경에서 달려왔다. 급한 소식은 두 가지가 있었는데, 하나는 현비가 병에 걸렸다는 것이고, 다른 하나는 평주와 봉주에서 초적草賊, 그러니까 도적 떼가 일어났다는 것이었다.

태조가 아끼는 왕비의 병도 큰일이었지만, 도적 떼의 봉기는 왕성을 떠나 있는 왕의 안전에 크나큰 위협이었다. 그런데 태조는 놀라기는커녕 오히려 정요에게 질문을 했다.

> "초적은 변장邊將의 보고가 있던가? 어떤 사람이 와서 알리던가?"

정요는 우물쭈물하면서 대답을 못했다. 그럴 줄 알았다는 듯이 나온 태조의 말은 이러했다.

> "도읍을 옮기는 일은 세가대족世家大族들이 모두 싫어하므로, 핑계를 대어 이를 중지시키려는 것이다. 재상은 송경에 오랫동안 살아서 다른 곳으로 옮기기를 싫어하니, 도읍을 옮기는 일이 어찌 그들의 진심이겠는가?"

태조가 간파한 바에 따르면, 천도를 시행함에 있어 가장 큰 걸림돌은 수도를 옮기고 싶지 않아 하는 민심, 혹은 신심臣心이었다. 어쩌면 자연스러운 결과였다. 천도를 하면 새로 궁궐과 종묘를 지어야 했고, 왕은 물론 신하들도 대대적으로 이사를 가야 하니 번거롭기 이를 데 없었던 것이다.

결국 태조는 도평의사사는 물론 정요가 거짓 보고를 해서 천도 자체를 없던 것으로 하려 했다고 판단한 것이다. 태조가 넘겨짚은 게 사실인지는 분명하지 않다. 하지만 신하들도 기가 꺾여 우왕좌왕했다. 대표로 나선 남은은 자신들은 이미 공신이 되어 많은 은혜를 입었는데 어찌 개경의 부동산과 주택을 아까워하겠느냐면서, 자신들이 도적을 막을 테니 태조는 천도지를 살펴보러 가라고 건의했다. 하지만 태조는 쉽사리 긍정하지 않았다.

> "도읍을 옮기는 일은 경들도 역시 하고 싶지 않을 것이다."

말인즉슨, 너희들도 똑같다고 질타한 것이나 다름없었다. 그러면서 태조는 왕조가 바뀌고 천명을 받게 되면 수도도 바뀌어야 한다고 주장했다.

"예로부터 왕조가 바뀌고 천명天命을 받는 군주는 반드시 도읍을 옮기기 마련인데, 지금 내가 계룡산을 서둘러 보려는 것은 내가 다스릴 때에 직접 새 도읍을 정할 작정이기 때문이다. 내 뒤를 이을 적자嫡子가 천도하려 해도, 대신이 옳지 않다고 막는다면 어찌 이 일을 하겠는가?"

태조가 서두르는 까닭은 이 일을 급히 끝내기 위해서였다. 만약 자기 아들 대에 적자가 천도하려고 해도, 대신들의 반대에 막혀 흐지부지되리라 내다보았던 것이다.

그러면서 곧장 어가御駕를 돌리게 했는데, 이는 개경으로 돌아가겠다는 뜻이었다. 하지만 태조가 천도를 포기했다기보다는 오히려 신하들을 압박하기 위한 '신발 끈을 매는 행동'의 일종이었던 것 같다. 이렇게 되자 남은을 비롯한 신하들은 점을 쳐서 '현비의 병은 별일 없이 나을 것이고, 도적 떼를 걱정하지 않아도 될 것'이라는 아부성 점괘를 얻어낸 뒤 자신들도 함께 천도한 곳으로 가겠다고 청했다.

그렇다고는 해도 태조는 여전히 화가 나 있었던 모양이다. 그렇다면 정요를 처벌한 뒤에 가자고 말한 것이다. 이때 상황을 무마한 것은 남은이었다.

"어찌 정요를 처벌할 필요가 있겠습니까?"

이렇게 그럴 가치도 없다는 식으로 태조를 구슬렸고, 결국 화를 가라앉힌 태조의 행차는 다시 계룡산을 향해 전진했다.

이 정요의 사건은 짧은 에피소드였지만, 그만큼 당시 개경에서 천도를 반대하는 움직임이 거세었다는 것을 알 수 있다. 태조가 정요의 속을 넘겨짚은 것은 물론, 남은을 비롯한 신하들에게 너희들도 똑같다고 일갈했던 것을 본다면, 신하들 사이에서 천도 반대의 의견이 팽배해 있었고, 심지어 태조의 최측근들마저 그런 생각을 하고 있었던 모양이다. 정요의 말이 정말 꾸며낸 말인지는 알 수 없지만, 신덕왕후가 병을 앓았다거나 도적 떼가 일어났다는 기록은 다른 날짜의 실록에 나타나 있지 않다. 그렇다면 지극한 애처가였던 태조에게 현비의 병환까지 꾸며내면서 천도를 막으려 한 것이니, 참으로 치사한 수법이라고 하겠다.

여기에서 태조의 강경한 의지와 신하들을 주무르는 방법이 드러난다. 그는 천도를 우회적으로 반대하는 사람들의 속을 읽고 허를 찔렀을 뿐더러, 이를 대놓고 까발려 의견 교환에 시간 낭비를 하지 않고 과감하게 결론으로 들어섰다.

여기에 덧붙여 너희들의 속을 훤히 알겠으니 개경으로 돌아가겠다는 시위까지 벌였는데, 이는 무슨 수를 써서라도 천도를 하겠다는 의지의 강경한 표현이었다. 따라서 신하들은 의논한 끝에 '우는 아이 달래는' 식의 길한 점괘를 내어 계룡산행을 결정하였다. 만약 태조가 뿔이 난 채로 개경에 돌아간다면 이후의 사태는 정요만 처벌받는 것으로 끝나지 않을 것이다.

그래서 청주를 지나 계룡산 아래에 도착한 것이 2월 8일이었다. 태조는 그 이튿날 도읍으로 삼을 만한 곳의 산수와 지형을 둘러보게 하는 한편 동행했던 성석린, 이화, 남은을 시켜 각각 조운을 받아들일 곳, 길을 뚫을 만한 곳, 성을 쌓을 만한 곳의 지형을 면밀히 살펴보게 했다.

이때 태조의 행차에는 가장 처음 계룡산을 천도 후보지로 추천했던 권중화도 참여하고 있어, 10일에는 새로운 도읍지의 종묘사직, 궁전, 시장을 만들 곳의 지세를 그림으로 그려 바쳤다. 그러나 태조는 서운관과 풍수학인風水學人에게 예정지를 살펴보게 하고, 이와 별개로 먹줄로 땅의 정확한 규모를 측정하게 했다. 이런 점을 보면 먼저 수도로의 현실적인 적합함을 따진 뒤 풍수의 검증이 시행된 것 같다. 나라의 수도를 결정하는 데 명분이나 풍수만이 적용된 것은 아니라는 말이다.

태조도 가만히 있지는 않았다. 다음 날 스스로 계룡산 일대의 높은 언덕에 올라가, 무학대사와 더불어 터를 살폈던 것이다. 태조가 현장의 관리들에게 새로운 수도의 건설을 맡기고, 계룡산을 떠난 것은 13일이었고, 개경으로 돌아온 것은 27일이었다. 공사는 착착 진행되었다. 먼저 계룡산 일대의 수도 예정지의 행정구역이 정리되었고, 백성들을 동원하는 한편, 내원당內願堂등 사찰의 승려들이 자원해서 (자원이란 이름의 강제동원일 수도 있지만) 공사가 시작되었다. 하지만 9개월 만인 12월, 갑작스레 계룡산의 공사는 중지되었다. 당시 경기좌우도관찰사였던 하륜의 반대 때문이었다.

"도읍은 마땅히 나라의 중앙에 있어야 될 것이온데, 계룡산은 지대가 남쪽에 치우쳐서 동면, 서면, 북면과는 서로 멀리 떨어져 있습니다."

하륜의 상언은 이렇게 시작했다. 당시 고려의 영토를 생각해 보면 계룡산은 너무 남쪽에 있었다. 하지만 이때 더욱 큰 설득력을 발휘한 것은 현실적인 이유보다는 풍수지리의 길흉이었던 것 같다. 하륜은 풍수지리의 지식을 풍부하게 갖춘 인물이었고, 또 여기에 대한 자부심도 가지고 있었다. 하륜은 아버지의 장례를 치를 때 스스로 풍수 책들을 많이 보고 연구했다고 자랑도 했다. 그리고 그런 지식을 이번 수도 천도 때에도 확실히 활용했다.

> "지금 계룡산의 예정지는 산이 건방乾方에서 오고 물은 손방巽方에서 흘러 나가는 형국인데, 이는 송나라 호순신이 한 말에 따르면 '물이 장생長生을 파하여 쇠패衰敗가 곧 닥치는 땅'이니 수도로 적합하지 않습니다."

건과 손이라는 것은 모두 8패의 이름이니, 산이 북쪽에 있되 물이 동남쪽에 위치한 것이 계룡산의 지형이었으며, 풍수지리에 따르면 여기가 흉지라는 것이다. 더군다나 이런 견해가 중국의 풍수지리 전문가의 말이라고 출처를 밝힌 덕분에 더욱 그럴 듯하게 들렸다.

태조는 처음 계룡산을 수도로 추천했던 권중화와 판삼사사 정도전, 판중추원사 남재를 불러 하륜과 함께 의논하게 했다. 그러면서도 고려의 각 산과 언덕의 길흉을 다시 조사하게 했던 것을 보면, 태조는 하륜의 주장에 귀가 꽤 솔깃했던 것 같다. 자세한 조사 결과는 실록에 나와 있지 않지만, 어쨌든 하륜 혹은 호순신이 주장한 풍수지리의 길흉이 모두 맞아 떨어졌다고 한다. 고로 계룡산은 불길한 땅이라는 결론이 내려져 태조는 수도 건설을 중지했다.

이후로 조선에서는 호순신의 풍수 이론이 유행했다고 한다. 하지만 이일로 가장 득을 본 것은 하륜이었다. 태조는 고려 왕조 때 서운관에 보관

되어 있던 비록문서秘錄文書를 몽땅 하륜에게 내어 주고, 새롭게 천도할 만한 곳을 고르도록 했다. 하륜은 덕분에 출세줄을 잡은 것은 물론, 풍수지리 연구자로서는 최고의 대우를 받게 된 셈이었다.

이로써 계룡산으로의 천도는 취소되었다. 하륜의 상언은 천도 논쟁에서 한 가지 전기를 마련했는데, 바로 토지를 선정할 때 풍수지리의 좋고 나쁨을 따지는 것이 중요한 조건이 되었다는 것이다. 그전에 전혀 풍수지리가 없었던 것은 아니었다. 애초에 계룡산의 예정지도 길지를 고른 것이긴 했으나, 이렇게까지 자세하게 좋고 나쁨을 가리지는 않았다. 하지만 이 일 이후로 풍수지리의 좋고 그름을 세세하게 따지게 되었다. 또한 하륜은 풍수의 전문가로 일약 스타가 되어 이후 천도 문제에 빠짐없이 참여하는 한편, 태조는 물론 이후 왕들의 장지 등 중요한 부지를 선정할 때마다 참여했다.

한 가지 특이한 사실은, 태조가 천도를 중지하라는 명령을 내리자 '중앙과 지방이 모두 기뻐했다'라고 기록되어 있는 점이다. 중앙이야 개경을 말하는 것일 테고, 지방은 계룡산이리라. 확실히 천도는 태조를 제외하고는 아무도 원하는 사업이 아니었다. 지난 몇 개월 동안 공사를 하고 터를 닦았건만, 계룡산 천도는 하나의 해프닝으로 끝났다.

그래서인지 야담이 전하는데, 이성계가 계룡산에다 도읍지를 잡으려 했더니 산신령이 나타나 이곳은 정씨鄭氏가 들어설 곳이라고 하며 내쫓았다고 한다. 당연히《정감록》에서 기인한 이야기이다. 풍수지리를 좋아하는 사람이라면 귀가 솔깃해질 법한데, 이 글을 쓰고 있는 지금까지 정씨왕조는 들어설 기미를 보이지 않고 있다.

천도의 또 다른 걸림돌, 중국과의 외교 분쟁

그런데 조선이 들어선 지 몇 년이 지나도록 여전히 개경은 나라의 수도였다. 새로운 도읍지 선정 및 천도는 상당히 느릿하게 진행되었는데, 단순히 사람들의 반발 때문만은 아니었다. 바로 중국과의 관계가 심상치 않게 돌아간 것이다. 실제로 태조 2년 8월, 대단한 외교 사고가 벌어졌다.

조선의 사은사 이염(李恬)이 명나라의 첫 황제 홍무제*에게 문안을 하던 중, 황제가 이염을 그 자리에서 몽둥이로 구타해서 산송장으로 만들었다. 이에 그치지 않고, 요동에 이르러서 타고 갈 말을 주지 않아 걸어가게 만드는 밴댕이 속의 극치를 발휘했다. 폭력을 휘두른 이유는 꿇어앉은 자세가 불량하다는 것이었다.

이 사건은 주원장 개인의 문제라기보다는 조선-명나라 간의 외교 분쟁

···

* 주원장이라는 이름으로 익숙하다. 홍무제는 황제가 되고 난 뒤, 자신에게 충성을 바쳤던 5만 명의 신하들을 제 손으로 처형한 전대미문의 난폭하고 의심 많은 황제였다. 신하에게도 그러했는데 이웃 나라를 상대로 한다면야 오죽하겠는가. 실제로 명나라, 특히 홍무제가 사신에게 모욕을 준 게 이번이 처음도 아니었으며, 이미 고려 말에도 사신이 억류되는 일이 있었다.

이었으며, 이후로도 오랫동안 명나라는 조선 사신의 입국을 금지했다. 조선 사신은 몇 번이고 파견되었다가 명나라 땅 한번 밟아 보지 못하고 되돌아오는 초유의 사태를 맞았다.

이에 급해진 것은 조선이었다. 명나라와의 관계가 경색되자, 전쟁이 벌어질지도 모른다는 위기의식이 팽배했다. 이는 비단 국방의 문제에만 국한되지 않았으니, 바로 조선 건국의 주축인 신진사대부들이 대체로 친명파였기 때문이다. 고려 말 최영, 우왕이 중심이 되어 명나라에 반발하여 요동 정벌을 계획하자, '작은 나라로서는 큰 나라를 칠 수 없다'라는 대의 명분을 업고 위화도 회군을 강행해서 세워진 나라가 조선이었다. 그런데 이제 명나라와의 사이가 벌어졌으니, 건국의 명분부터 뒤흔들리는 참으로 난감한 지경이었다.

외교적인 고립 또한 문제였다. 조선은 일단 중국과는 사대관계를 맺고 조공을 보내는 입장이었는데, 이제 중국은 사사건건 트집을 잡거나 심지어 사신을 처형하기까지 하면서 조선을 불편하게 했다. 그 외에 유구국(지금의 오키나와)과는 우호적인 관계였지만, 당시 일본은 무로마치 막부 시대로, 왜구가 기승을 부리며 조선 곳곳을 노략질했다. 심지어 해안가가 아닌 내륙 깊숙한 곳과 서해 백령도까지 침입했을 정도였다.

이렇게 상황이 뒤숭숭해지자, 태조는 계룡산으로 천도 준비를 진행하면서도, 인부들을 동원해 고려의 옛 성벽들을 수리했다. 태조 2년 8월 7일, 조선은 전국 5도*의 사람들을 징발해서 경성京城을 쌓게 했다. 이는 개경 주

---

* 고려의 체제를 기준으로 경기도, 양광도, 서해도, 교주도, 강릉도를 말한다.

변의 성벽을 수리한 것인데, 그나마도 원래 있었던 고려의 성벽이 너무 커서 모두 고칠 수 없었기에 크기를 절반으로 줄여 수리했다. 경성의 공사가 진행되는 와중, 태조는 계속 공사장으로 행차하여 인부들을 독려하고 상과 음식을 나눠 줄 정도로 열심이었다. 이런 경성의 축조는 혹시 모를 전쟁의 위협에 대비해서 급히 시행된 것이라 볼 수 있다.

나라 밖이 어수선한 만큼 나라 안도 조용하지는 않았다. 조선이 세워진 지 이제 겨우 2년 즈음이 지났을 때였고, 아직도 많은 사람들은 고려를 기억하고 있었다. 그러나 태조 3년 1월 16일, 왕씨들의 역모가 발각되었다. 당시 참찬문하부사였던 박위와 사람들이 맹인 점술가에게 옛 고려의 왕족 몇몇과 태조 중에서 누구의 명운이 나은지, 왕씨 중에서 누가 가장 좋은지를 점치게 했다.

조선 왕조는 이 사건을 반역으로 받아들였다. 관련자들은 체포, 국문을 당한 끝에 처형당했다. 하지만 사태는 이로써 끝난 것이 아니었고, 이후로도 죄 없는 왕씨들이 엉뚱한 불똥을 뒤집어썼다. 조선 왕조는 이 사건을 빌미로 그때까지 살아남았던 왕씨들을 강화나루와 거제도의 바다에 던져 죽이고, 그 외의 왕씨들도 무참하게 도륙하며 왕씨 성을 쓰지 못하게 했다. 고려가 망한 직후, 태조는 왕씨들을 자신의 적자(赤子)라고 부르면서, 한때 섬으로 귀양 갔던 이들도 다시 뭍으로 돌아와 살게 하였다. 그러나 이 사건으로 인해 마침내 많은 왕씨들을 죽이고야 말았다.

솔직히 이 모반 사건은 치밀한 계획이 세워져 있었다기보다는, 사소한 장난이 반역으로 부풀려졌다는 인상이다. 당시 국제 문제를 포함하여 나라 사정이 불안했고, 때문에 조선으로서는 반란을 일으킬 가능성이 가장 컸던 고려의 왕족들을 우선적으로 제거한 것이다. 결국 조선에게 옛 고려의 그림자는 그만큼 위협이자 부담이었다. 새로운 시대를 열기 위해 약간의 희생은 어쩔 수 없다고 하던가? 하지만 그렇게 말하는 사람들이 스스로를 희생하는 예는 별로 없다.

태조는 고려의 마지막 왕이었던 공양왕과 그 아들들을 교살하면서, 자신은 이러고 싶지 않았으니 이해해 달라고 말했다. 그렇지만 바다에 던져진 왕씨들이 "그렇구나."라고 죽을 운명을 받아들일 리가 없다.

어쨌든 이렇게 나라 안팎으로 뒤숭숭하니 천도는 신속하게 시행되지 못하고 오래 끌 수밖에 없었다.

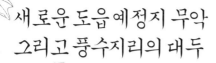

새로운 도읍 예정지 무악
그리고 풍수지리의 대두

남경과 계룡산 다음으로 선정된 도읍 예정지는 지금의 신촌 일대인 무악^毋^岳이었다. 이곳은 무악산의 남쪽으로, 지금의 서대문구 근처의 무악재라는 지명도 여기서 비롯된 것이다. 신촌도 서울이 아니냐는 의문이 나올지도 모르겠지만, 당시 무악과 한성은 엄연히 별개의 장소였다.

태조 3년 2월 18일, 좌시중 조준과 영삼사사 권중화 등 11명과 서운관의 관리들이 무악의 남쪽을 살펴보도록 파견되었다. 이때 《지리비록촬요地理祕錄撮要》를 가지고 가서 풍수지리의 좋고 나쁨을 따져 보게 했는데, 이 책은 바로 호순신의 책이었다. 무악이 도읍지로 적당하다고 추천한 것은 하륜으로 보이는데, 왜냐하면 그는 이후로 10년이 넘도록 줄기차게 무악을 천도에 적합한 땅이라고 주장했기 때문이다.

그로부터 며칠이 지난 23일, 답사를 다녀온 권중화와 조준은 무악이 도읍으로 마땅하지 않다는 보고서를 올렸다.

"무악 남쪽은 땅이 좁아서 도읍을 옮길 수 없습니다."

이는 당시 관리들의 중론이었던 것 같다. 이에 하륜은 무악의 명당이 좁다는 것을 인정하면서도 고려의 궁궐보다 상대적으로 넓다고 반박했다.

"무악 땅이 좁은 것 같지만 개경의 강안전과 평양의 장락궁이 있는 곳보다는 조금 넓은 곳입니다. 또 고려의 비록(祕錄)과 중국과 통하는 지리의 법도에도 모두 부합합니다."

그가 무엇보다도 강력하게 주장했던 무악의 이점은 바로 풍수지리로, 고려의 비록과 중국에서 쓰이는 풍수지리의 이론에도 모두 맞는 길지라고 주장한 것이다. 요즘 식의 다수결 원칙으로 본다면 하륜의 주장은 크게 열세였지만, 여기에 힘을 실어 준 것은 태조였다.

"내가 친히 보고 정하고자 한다."

이로써 무악이 새로운 천도 예정지로서 부상하게 되었다. 태조가 무악에 관심을 가지게 된 것은, 역시 풍수지리상의 길지라는 점이 크게 작용했을 것이다. 그런데다가 이미 계룡산 천도를 포기한 뒤였다. 즉 천도 자체가 흐지부지되기보다는, 무악이든 어디든 천도의 논의가 계속되는 것이 나았을 것이다.

하지만 태조가 직접 무악으로 행차하기 전에 다른 반론이 제기되었다.

서운관의 관리였던 유한우, 이양달 등이 자신들의 지식에 근거하면 무악은 도읍으로 적합하지 않다며 하륜의 주장을 반박하고 나섰던 것이다. 앞서 무악의 불리한 점이 입지가 좁다는 사회적인 이유였다면, 이제 풍수지리에서도 나쁘다는 반론이 나온 것이었다.

나라의 수도를 정하는 만큼 큰일이 없다고 여기고 이를 추진했는데, 신하들에게서 좋다거나 좋지 않다거나 의견이 왔다 갔다 하니 태조는 골치가 아팠다. 그래서 6월 27일, 태조는 일단 도평의사사에 일을 맡겨 재상 및 서운관의 관리들과 함께 따져 보고 결과를 보고하도록 명을 내렸다.

> "무악의 새 도읍은 앞서 10여 재상들이 가 보고 결정하였는데, 서운관원들이 길지가 아니라 한다. 나라의 큰일이 이보다 중한 것이 없는데, 누구는 좋다 하고 누구는 나쁘다 하니, 전일에 가 본 재상 및 서운관 관원과 함께 그 옳고 그른 것을 논의해서 알리라."

앞서 보았듯이 무악을 천도의 장소로 지지한 것은 하륜뿐이었고, 권중화와 우시중 김사형이 사람들을 모아놓고 의논하자 모두 '무악이 좋지 못하다'라는 결론을 제출했다.

그러자 태조는 무악 말고 다른 좋은 곳을 골라 보라는 명령을 내렸고, 대략 10일 뒤인 7월 2일, 서운관원들은 수도 예정지로 불일사佛日寺를 첫 번째로, 그다음으로 선점鐥岾이 좋다는 보고를 올렸다. 불일사는 이름 그대로 개경 근처의 보봉산에 있는 고려의 사찰이었고, 선점, 곧 선고개는 한성 천도 및 무학대사와의 일화로 잘 알려진 선바위와는 전혀 별개의 곳이다.

이 두 곳은 개경에서 그리 멀지 않았다. 때문에 이틀 만인 7월 4일, 도평의사사의 관리들이 선고개에 답사를 다녀왔지만, 좋지 않은 장소로 판명이 났다. 이때 남은은 화를 내며 서운관 관리들을 질타하기까지 했다.

"너희들이 지리의 술법을 안다는 것으로써 여러 번 맞지 않은 곳을 도읍할 만하다고 하여 상총^輩을 번거롭게 하니, 마땅히 호되게 경계하여 뒷날을 경계해야겠다."

그럼 이 두 예정지는 대체 어디가 좋지 못했다는 것일까? 그 문제는 기록되어 있지 않지만, 한 가지 짐작이 가는 구석이 있다.

하륜의 문제 제기를 시작으로 천도의 요건 중 풍수지리가 중요한 조건으로 다뤄지게 되었다. 그리고 앞서 계룡산과 달리, 선고개와 불일사는 서운관에서 결정한 천도지였다. 서운관은 고려 시대 때 천문과 달력, 날씨 예측을 담당한 오늘날의 기상청이었는데, 옛날에는 기상 변화 및 징조가 곧 하늘의 뜻을 대변한다고 믿어졌기에 길흉화복을 읽어 내는 예언의 일도 겸하고 있었다. 지리 및 풍수지리를 담당했던 것도 같은 맥락에서 이해할 수 있다.

이게 어떤 문제가 있을까? 결국 불일사와 선고개는 나라의 수도로서 필요한 교통, 방어의 문제를 전혀 염두에 두지 않은 이론상의 길지였다는 것이다. 따라서 나라의 행정과 실무를 담당한 관리들이 보았을 때 이 두 곳은 기가 막히도록 쓸모없는 땅이었던 게 아닐까.

한편 풍수지리의 본질 역시 중요한 원인이었을 것이다. 풍수지리란 참

으로 애매한 분야이다. 과학이 아니기 때문이다. 풍수가들은 정확한 규격
이나 과정을 통해 정해진 답을 이끌어 내지 않고, 저마다의 이론과 마음의
눈으로 산수를 해석하고 길흉을 읽고 제각기 다른 의견을 내었으므로, 하
나의 정답이 나오기는 어려웠다. 물론 나중에 나타나는 길흉화복을 맞춤
으로써 그 풍수가 용하고 용하지 않고를 알 수도 있겠지만, 그것은 수십
년에서 수백 년이 지난 다음에야 판명될까 말까 한 일이었다.

그러니 풍수지리가 취미생활이었던 하륜이나 생업이었던 서운관 관리
가 아니라면, 풍수지리에 해박한 관리들은 그리 많지 않았을 것이다. 그
러니 골치가 아플 수밖에. 그리하여 두 곳의 답사를 다녀온 직후인 7월
11일, 도평의사사는 태조에게 음양산정도감陰陽刪定都監을 설치할 것을 건의
했다.

> "지리의 학설이 분명치 못해서 사람마다 각각 자기 의견을 내세워, 서로 같기
> 도 하고 다르기도 하니, 어느 것이 참이고 거짓인지 분별하기 어렵습니다. 고
> 려 때의 비록도 마찬가지라서 사邪와 정正을 정하기 어려우니, 음양산정도감을
> 두어 일정하게 교정하십시오."

풍수지리에 워낙 정설이 없다 보니, 도감을 설치해서 바로잡자는 것이
었다. 바로 그다음 날로 설치된 음양산정도감에는 권중화, 정도전, 성석
린, 남은, 하륜 등 당시의 쟁쟁한 관리들이 대거 참여했다. 이들은 서운관
의 관리들과 함께 지리, 도참圖讖의 책들을 모아 이를 정리하고 교정하였
다. 이들이 한데 모인 것은 단순히 풍수지리의 이론을 정리하기 위해서가

아니라, 도읍의 결정을 위해서였다.

결국 풍수지리가 천도 이전에 하나의 요소가 됨으로써, 문제가 해결되기는커녕 더더욱 복잡하게 꼬이게 되었다. 하지만 이것은 동시에 국가의 필요에 따라 현실적인 조건을 감안한 천도 논의, 곧 어용御用으로서의 풍수지리가 시작되었다는 것을 의미하기도 한다.

무악 도읍 토론회

태조가 직접 무악으로 행차한 것은 태조 3년 8월 8일이었다. 이번에도 도평의사사와 대성, 형조의 관원 한 사람씩은 물론 친군위도 동행했으니, 꽤나 큰 행렬이었을 것이다. 그렇게 무악에 도착한 11일, 태조는 무악을 직접 살펴보고 유숙을 했는데, 여기에서 처음으로 수도의 결정 문제를 놓고 벌어진 토론의 기록이 나타난다.

태조는 신하들에게 적당한 천도지를 골라 보라는 명을 내렸다. 가장 먼저 글을 올린 것은 판삼사사 정도전이었다. 그는 태조의 정치적 파트너이자, 사실상 조선의 설계자라고 할 수 있는 인물이다. 성리학의 열성적인 신봉자이면서 과격한 이상주의자였고, 동시에 놀랄 만큼 현실주의자였다. 그래서 정몽주, 이색과 같은 동료들과 더불어 공민왕의 개혁에 동참했으며, 친구들이 무너져 가는 고려를 살리려 애쓸 때, 정도전은 등을 돌려 조선이라는 새로운 나라를 세웠다. 그리고 명나라와의 사이가 경색되자 반명파로 자신을 바꾸었다. 이렇게 화려한 경력을 보면 그를 변절자라고

47

치부할 수도 있겠지만, 정도전의 천도에 대한 의견을 보면 이 생각을 보류할 수밖에 없어진다.

> "신은 음양술수陰陽術數의 학설을 배우지 못하였는데, 이제 여러 사람의 의논이
> 모두 음양술수를 벗어나지 못하니, 신은 실로 말씀드릴 바를 모르겠습니다."

천도 논의가 한창 오가는 동안 정도전은 이렇다 할 의견을 피력한 적이 없었는데, 그 이유가 바로 이 구절에서 드러나는 듯하다. 아닌 게 아니라 정도전은 꽤 불만을 품고 있었다. 유교의 이상주의자이자 실천가였던 정도전으로서는 좋은 정치란 사람 손에 달려 있다고 믿고 있었는데, 풍수지리에 푹 빠져서 뭐가 길하다 뭐가 불길하다에 귀를 펄럭대는 당시의 세태가 이만저만 못마땅한 게 아니었던 것이다.

우선 정도전은 무악의 지리적 단점을 지적하며 왕자의 거처로 적절하지 않다고 포문을 열었다.

> "이곳이 나라 중앙에 위치하여 조운漕運이 통하는 것은 좋으나, 골짜기에 끼어
> 있어 궁궐과 시장, 종묘사직을 세울 만한 자리가 없으니 왕자의 거처로서 편
> 리한 곳이 아닙니다."

이후로 정도전은 자기는 음양술을 배운 적이 없으니 정말 할 말이 없지만, 평소에 배운 대로 말하겠다며 중국의 주나라부터 당나라에 이르기까지 온갖 수도 지정 관련 일화들을 있는 대로 나열했다. 이 다양한 이야기

들의 공통점은 풍수지리와는 아무 상관없이 인간의 잘잘못으로 나라가 흥하고 망한 사례였다는 것이다.

"나라의 잘 다스려짐과 어지러움은 사람에게 있는 것이지 풍수지리에 있는 것이 아님을 알 수 있습니다."

결국 나라를 잘 다스리거나 망치는 것은 사람에 따른 일이지, 풍수지리에 있는 게 아니라는 말이다. 그런 뒤 중국과 우리나라의 옛 왕조, 두 예로 나누어 말했다. 중국에서는 이제까지 수많은 왕조가 들어섰지만, 도읍지가 된 곳은 관중(현재 서안), 금릉(현재 남경), 연경(현재 북경) 등 몇 군데에 불과하다는 사실을 갈파했다. 결국 수도를 정하는 데 풍수와 지리를 꼬치꼬치 따지는 일 자체가 필요 없다고 주장한 것이다.

"지금 풍수지리를 말하는 자들은 마음속으로 깨달은 것이 아니라, 다 옛사람들의 말을 전해 들은 것이고, 신이 말한 바도 또한 옛날 사람들이 했던 말입니다. 어째서 술사만 믿을 수 있고 선비의 말은 믿을 수 없겠습니까? 전하께서는 잘 생각해서 나쁜 일이 없게 하십시오."

즉 지금 풍수지리를 말하는 사람들이나 자신이나 모두 옛사람이 했던 말을 따르고 있는 것인데, 왜 풍수지리를 하는 사람 말만 믿고 선비의 말을 믿을 수 없느냐며 잘 생각해 보라고 끝을 맺었다.

정도전은 무악이나 다른 수도 예정지에 대해 약간의 평을 하기는 했지만, 그보다는 사람들의 부화뇌동을 강도 높게 비판하였다. 그의 의견은 600년 전 사람의 말이라고 믿어지지 않을 만큼 과학적이고 논리적이다. 또한 정도전의 주장이 얼마나 과격했는지는 같은 날 발언이 기록된 문하시랑찬성사 성석린의 말과 비교해도 확연히 드러난다.

> "이곳은 산과 물이 모여들고 조운이 통해서 길지라 할 수 있으나, 땅이 기울어지고 좁으며, 뒷산이 약하고 낮아서, 규모가 왕자의 도읍으로 맞지 않습니다. …… 근처에 궁궐터를 잡아서 돌아가며 머무는 곳(별궁)으로 하고, 개경에 본궁을 지으면 괜찮겠습니다."

성석린은 무악이 좁다는 것에는 정도전과 의견이 같았지만, 부소(개경)를 수도로 하자고 주장했다. 그러면서 부소를 좌와 우로 나누어 돌아가며 거하자는 주장도 있었으니, 그 부근에 터를 잡아서 왼쪽 오른쪽 돌아다니며 살 수 있게 하고, 지금 개경의 왕궁을 본 궁궐로 삼자고 주장했다.

> "어찌 부소 명당이 왕씨만을 위한 곳이고 다음 왕조의 도읍이 되지 말란 법이 있겠습니까? 또 백성들을 쉬게 해서 두어 해 기다린 뒤에 의논하는 것도 늦지 않을 겁니다."

나름 현실적인 발언 같지만 결국 풍수지리의 길흉에 꽤나 마음을 쓰고 있는 의견이었다. 그 밖에도 태조는 판서운관사 윤신달과 서운부정 유한우 등을 불러놓고 의견을 물어보았는데, 관직명만 보아도 이 두 사람은 모두 서운관의 관리들이었다. 그들의 대답은 풍수지리에 따르면 무악은 도읍이 될 수 없는 땅이라는 것이었다.

"지리의 법으로 보면 여기는 도읍이 될 수 없습니다."
"너희들은 함부로 옳거니 그르거니 하는데, 여기가 만일 좋지 못한 점이 있으면 문서에 있는 것을 가지고 말해 보아라."

태조의 명령에 따라, 관리들은 그들끼리 의논을 시작했다. 이때 태조는 유한우를 따로 불러서 무악의 풍수를 물었다.

"이곳(무악)이 끝내 좋지 못하냐?"
"신이 보기에는 좋지 못합니다."
"여기가 좋지 못하면 어디가 좋으냐?"
"신은 모릅니다."

이런 말을 들으면 마음 넓은 부처님이라도 기가 막힐 텐데, 하물며 속 좁은 인간 태조라면 오죽했을까. 당연하게도 태조는 화를 냈다.

"네가 서운관이면서도 모른다고 하니, 누구를 속이려는 것인가? 송도의 지기地氣가 쇠했다는 말도 못 들어 보았느냐?
"그것도 도참圖讖에서 말하는 것입니다. 그런데 신은 지리만 배워서 도참은 모릅니다."

유한우의 궁색한 변명은 태조의 화를 돋웠다.

"옛사람의 도참도 지리를 근거로 말한 것이지, 어떻게 터무니없는 말을 했겠
느냐? 그러면 네 생각에 쓸 만한 곳을 말해 보아라."
"고려 태조가 개경에 터를 잡고 궁궐을 지은 이래, 다음 왕들은 여러 번 이궁離
宮으로 옮겼습니다. 신의 생각으로는 지덕地德이 아직 쇠하지 않았으니, 그대로
개경에 도읍을 정하는 것이 좋겠습니다."

하지만 이미 도읍을 옮길 것을 결정한 태조에게 이런 말이 귀에 들어 올
리 없었다. 무엇보다 태조는 풍수지리에 별 관심이 없었던 사람인 것 같
다. 지난 내력을 생각해 보면 그는 정쟁을 하며 싸워 승리를 쟁취한 장수
이지, 점을 치거나 명당을 찾아 굴러들어 오는 행운을 바라는 사람이 아니
었다.

"내가 장차 도읍을 옮기기로 결정했다. 만약 다른 길지가 없다면, 삼국 시대의
도읍도 길지일 수 있을 테니 의논해 보라."

이로써 태조는 도읍을 옮기기로 결정했다는 사실을 재차 강조한 셈이
다. 그리곤 좌시중 조준, 우시중 김사형을 불러 화풀이를 했다.

"서운관이 전조 말기에 송도의 지덕이 이미 쇠했다 하고 여러 번 상서하여 한
양으로 도읍을 옮기자고 하였었다. 근래에는 계룡산이 도읍할 만한 땅이라고

해서 백성을 동원하여 공사를 일으키고 백성들을 괴롭혔는데, 이제 또 여기가 도읍할 만한 곳이라 하여 와서 보니, 한우 등은 좋지 못하다 하고, 도리어 개경이 좋다고 하면서 서로 논쟁을 하여 나라를 속이니, 일찍이 벌을 내리지 않은 탓이다. 경들이 서운관 관리에게 시켜 도읍될 만한 곳을 말해서 알리게 하라."

결국 태조는 한성 천도의 문제부터 시작해서, 이후의 천도 논의가 복잡하게 꼬인 것을 모두 서운관의 잘못으로 몰아세웠다. 하지만 앞서 태조 2년 9월 6일, 서운관은 "도선道詵은 '송도는 500년 터이다' 했고, 또 '480년 터이며, 왕씨王氏의 제사가 끊어진 땅이다'라고도 했습니다. 새 도읍을 만들기 전에 좋은 방위로 옮기십시오."라는 어정쩡한 의견을 올렸을 뿐이다.

천도의 논의 자체는 태조가 시작했지만, 서운관의 의견이 이랬다저랬다 한 것 역시 사실이었다. 똑같이 "알지 못하겠다."라고 말했던 무학대사에게는 별말이 없었건만, 서운관들에게는 유독 까다롭게 군다는 인상이 든다. 결국 겸판서운관사 최융과 윤신달, 유한우 등은 우리나라 안에서 제일가는 명당이 부소, 곧 개경이고 그 다음이 남경(한성)이라는 글을 올렸다. 서운관들은 계속 풍수지리의 이론을 앞세워 개경 일대를 수도로 정하려 하고 있었고, 반대로 태조는 어떻게든 개경을 떠나고 싶어 했다.

그러니 개경이 제일가는 명당이라는 말은 곧 천도를 하지 말자는 의견을 돌려서 표현한 것이나 다름없었다. 이 결과는 당연히 태조의 마음에 들지 않았고, 그는 기분이 나쁘다는 사실을 노골적으로 드러냈다.

"내가 개성으로 돌아가 소격전昭格殿에서 의문을 해결하겠다."

그러면서 정작 남경, 즉 한양으로 향했다. 그리고는 무학대사를 초청해서 직접 밥을 차려 주는 등 지극히 정성스럽게 대했다. 실록에는 태조가 도읍지의 터를 보기 위해, 미리 무학대사를 부른 것으로 되어 있다. 아무래도 이 일이 무학대사가 한성의 도읍터를 잡았다는 전설로 승화된 게 아닐까 한다.

그런데 바로 이 행차는 다시금 수도 예정지로 한성이 부각되는 계기가 되었다. 앞서 무악에서의 일로 조금 울적한 마음이 되었을 태조가 남경에 도착해서 옛 궁궐터를 돌아보다 같이 있던 판서운관사 윤신달에게 물었다.

"여기가 어떠냐?"
"우리나라에서는 개경이 제일 좋고 여기가 다음으로 갑니다만, 안타까운 점은 건방(乾方, 북쪽)이 낮아서 물과 샘물이 마른 것입니다."

그러나 윤신달의 말 중 태조의 귀에 들어간 내용은 '남경이 좋다'라는 것뿐이었고, 개경보다 못하다거나 결점이 어떻고 하는 말은 들어가지 않았다.

"송경(개경)인들 어찌 부족한 점이 없겠는가? 이제 이곳의 형세를 보니, 왕도가 될 만한 곳이다. 더욱이 조운을 하는 배가 통하고 사방의 이수里數도 고르니,

백성들에게도 편리할 것이다."

그러면서 무학대사와 재상들에게 논의하게 했는데, 꼭 도읍을 옮기려면 여기가 좋겠다는 대답이 돌아왔다. 그리하여 한양이 도읍으로 결정되었으니, 이것이 8월 31일의 일이었다.

신하들도 고달팠을 것이다. 그러나 태조가 이처럼 강경하게 천도를 말하는 데 감히 반대하기 힘들었다. 유일한 소신파 하륜만은 한성이 산세는 볼만해도 지리의 술법으로 좋지 못하다고 반대했지만, 흘러가는 대세를 막을 수 없어 당연히 무시당했다. 덧붙여 이때 눈치 없이 대세를 타지 못하고, 풍수지리의 비법으로 적성 광실원이나 도라산이 좋은 땅이라고 주장한 사람들도 있었다.

그래서 태조는 두 곳에 모두 찾아가 보았지만, 광실원에는 강물이 없어 조운이 불편했고, 도라산은 더럽고 습한 단점이 있어서 모두 탈락했다. 모두 이론상의 길지였던 셈이다. 태조는 잠깐 불쾌한 기색을 내비치기도 했지만, 장단에서 뱃놀이를 하며 여유를 부리다가 개경으로 돌아왔다. 국토 이곳저곳을 맴돌았던 천도 예정지가 마침내 처음 예정지였던 한성으로 결정된 것이다.

가장 신이 나서 천도를 주도한 것은 태조였다. 한양이 새로운 수도로 결정된 지 고작 두 달이 지난 10월 28일부터 태조는 아예 한양으로 옮겨 나랏일을 보았다.

그리고 12월 3일, 새로운 수도 한성의 건설을 앞두고 태조는 목욕재계를 한 뒤 정도전에게 황천皇天과 후토后土의 신에게 제사를 올리는 고유문告由

文을 짓게 하고, 백악과 목멱산, 한강, 양진楊津의 신령과 물귀신들에게 제사를 지냈으니, 본격적인 공사의 시작이었다. 마찬가지로 종묘와 궁궐을 지을 곳의 오방지신五方地神에게 제사를 지내고 터를 닦았다. 이제까지의 한양부漢陽府가 한성부漢城府라는 이름으로 고쳐진 것은 이보다 조금 나중인 태조 4년 6월의 일이었다. 공사는 1년 가까이 계속되어 태조 4년 10월 즈음이 되어서야 대강 완성되었고, 정도전은 태조의 명을 받아 경복궁을 비롯한 모든 궁궐과 건물의 이름을 지었다. 일단 도성이 완성되기는 했지만 이후로도 성을 쌓는 일이 아직 남아 있었기 때문에, 태조 5년의 중반이 훨씬 넘도록 공사가 계속되었다.

하지만 새 수도 한성이 겨우 자리를 잡을 즈음인 태조 7년 1398년 8월, 1차 왕자의 난이 벌어졌다. 다섯 번째 왕자 정안군 이방원이 일으킨 쿠데타로 정도전이 살해당했고, 태조는 사실상 폐위되었으며, 조선의 수도는 다시 개경이 되었다.

정종,
개경으로의 환도

본의 아니게 왕이 되어서 2년을 간신히 재위한 정종의 시대에 그나마 중요한 역사적 사건이 있다면, 바로 개경으로의 환도일 것이다. 당시에는 한성이 흉한 곳이라는 인식이 널리 퍼졌던 것 같다. 길지라고 해서 골랐는데, 정작 몇 년이 지나지 않아 형제간에 피가 흐르고, 조정 중신들이 대거 죽어 나가는 사태가 벌어진 셈이니 찜찜하기도 했을 것이다. 이런 사람들의 마음을 부채질한 것이 바로 서운관이었다.

> "뭇 까마귀가 모여서 울고, 들까치가 와서 깃들고, 재이災異가 여러 번 나타났으니, 수성修省하여 변變을 없애야 하고, 또 피방避方하셔야 합니다."

정종 1년 2월 26의 일이었다. 피방이란 곧 장소를 옮긴다는 말이다. 가뭄이 든다거나 지진이 나타나는 정도도 아니고 고작 새가 우는 정도를 불길한 징조로 받아들였다는 게 현대인의 마음에는 딱히 이해가 가지 않지만, 그만큼 사람의 마음이 흉흉했다는 것이 아닐까. 무엇보다도 중요한 것은 바로 이것이 개경으로 돌아가는 빌미가 되었다는 것이다. 정종이 종친, 좌정승 조준, 그 외 신료들을 모아 피방한 일을 의논하자 모두 이구동성으로 도읍 안의 다른 곳에는 신하들과 지키는 군사들이 머물 곳이 없지만, 개경에는 궁전과 신하들의 집이 있다고 말했다.

> "경기 안에는 대소신료와 숙위^{宿衛}하는 군사가 머물 곳이 없고, 개경은 궁궐과 여러 신하의 집이 모두 완전합니다."

이렇게 개경으로 옮기기로 했는데, 말이 좋아 피방이었지 사실상의 환도였다. 도성의 사람들이 모두 구도^{舊都}, 그러니까 옛 도읍 개경을 그리워하고 있었는데 이 말을 듣자 '기뻐하며' 이사 준비를 후다닥 끝냈다고 한다. 사람들이 짐을 이고지고 길을 가득 매우는 소동이 벌어진 탓에, 특별히 성문을 지켜서 막으라는 명령을 내렸을 정도였다.

이런 내용들을 정리해 본다면, 징조가 불길하다든가 경기 일대 왕이 머물 곳이 없다는 것은 핑계일 뿐이었다. 그만큼 신하들은 '옛집이 있는' 개경을 그리워했던 것이다. 더욱이 이삿짐을 싸는 사람이 많았다는 점에서, 당시 도성 주민들 상당수가 개경에서 이주해 온 사람이었음을 짐작할 수 있다. 흔히 '사람들'이라고 하면 곧장 민심으로 해석하는 사람들이 있는데, 현실적으로 수도가 움직인다면 짐을 싸는 건 공무원이나 공기업 사람들이지 일반 백성은 아무래도 상관없는 일일 것이다.

하지만 개경으로 돌아가는 것을 싫어했던 사람도 있었으니, 바로 한성 천도를 계획했던 태조 본인이었다. 환도가 결정되어 넷째 아들 회안군 방간과 함께 개경으로 돌아가던 중, 태조는 신덕왕후의 무덤인 정릉貞陵을 지나며 머뭇거리다가, 눈물을 흘리며 간신히 발걸음을 옮겼다.

> "처음에 한양으로 옮긴 것은 오로지 내 뜻만이 아니었고, 나라 사람과 의논한 것이었다."

그러나 천도의 논의 과정을 살펴보면 언제 의논하기나 했나 하는 생각이 든다. 그런데 새어머니의 무덤 앞에서 눈물 흘리는 아버지의 모습을 보며 회안군은 무슨 생각을 했을까. 기록을 아무리 뒤져도 태조가 조강지처인 신의왕후 한씨를 그리워했다는 말은 없다. 그리고 그뿐만이 아니었다.

> "내가 한양에 천도하여 아내와 아들을 잃고 오늘날 환도하였으니, 실로 도성 사람에게 부끄럽도다. 그러므로 출입을 반드시 밝지 않은 때에 하여 사람들로 하여금 보지 못하게 하여야겠다."

멀쩡히 살아 있는 아들들이 들으면 대단히 서운해할 소리를 하며, 태조는 한밤중에 개경으로 돌아와서 궁궐도 아닌 시중 윤환尹桓의 옛집에 들어앉았다. 어쨌든 한성 천도로부터 채 5년도 지나지 않아 조선 왕조의 수도는 다시 개경이 되었다.

태조는 애처가로 유명했지만, 문제는 편중이 심했다는 데 있다. 태조가 신덕왕후와 로맨스를 찍는 동안 조강지처였던 신의왕후 한씨는 명백히 찬밥 신세였다. 그래서 태종을 포함한 한씨의 아들들은 두고두고 이를 갈았다.

태종은 왕위에 오른 후 강씨를 '나와는 아무 은의가 없지만 아버지가 총애했으니까'라는 이유를 들어가며 그녀의 신분을 사실상 첩으로 격하시키는 한편, 이미 만들어진 무덤의 격을 떨어뜨려 초라하게 이장했으며, 강씨와 합장되기를 원했던 아버지의 소원도 들어주지 않았다. 흔히 말년의 태조는 불행했다고 알려졌고, 태조 스스로도 아내 강씨와 두 아들, 한 사위를 잃었다며 불행해 했지만, 자기가 뿌린 씨를 거두게 된 것이니 자업자득이라 하겠다.

어쨌든 태종은 신덕왕후에게는 적개심을 불태웠어도, 아버지에게까지 그런 것은 아니었다. 오히려 아버지에게는 잘 보이려고 애썼다. 태조와의 화해는 태종 자신의 왕위 계승을 공고하게 한다는 의미도 분명히 있었지만, 또 한편으로는 자식으로서의 당연한 욕구인 인정받고 사랑받고 싶다는 마음이 없지 않았을 것이다. 신덕왕후에 대한 가혹한 처사도 아버지를 원망하느니, 나쁜 여자가 훌륭한 아버지를 홀린 것이라고 생각한 탓이 아닐까.

태조가 태종이 보낸 사자들을 모조리 죽였다는 함흥차사는 야담에 지나지 않는다. 실제로 그 사건이 사실이었다 해도 이상하지 않을 만큼 태조는 아들을 미워했다. 실록은 그렇지 않았다고 안간힘을 써서 변명하고 있긴 하지만.

태종,
두번째 천도 논쟁

개경은 이미 고려의 수도로 수백 년간을 지내며 기반을 갖추고 있었으니, 조선 왕조가 안착하는 데에는 큰 문제가 없었다. 그런데 왕이 구경, 곧 개경으로 돌아왔지만 조선 왕조의 종묘는 여전히 신도인 한성에 있었다는 것이 문제였다. 여러모로 모양새가 안 좋았기에 종묘를 개경에 새로 만들자는 의견이 나타났으나, 한성이 태상왕, 곧 태조가 만든 도읍이기 때문에 성사되지는 않았다.

종묘와 태상왕의 의지, 이것이 조선의 개경 환도가 편하지 않은 이유였다. 경제적인 문제가 아닌 대의명분 때문이었던 셈이다.

정종 2년에는 잠깐이나마 한양 환도의 의견이 일어나기도 했는데, 때마침 개경에 일어난 대형 화재를 불길한 징조로 보았기 때문이다. 그러나 그 본질은 앞서 말한 두 가지에서 벗어나지 않았다.

정종 2년 12월 22일, 평양백 조준, 창녕백 성석린과 그 외 10여 신하들을 모아 놓고 다시금 천도 문제를 논의하게 했는데, 이전 태조 때처럼 내가 옳다 네가 틀리다 북적였다. 여기에서 굳건히 무악으로 천도해야 한다고 주장한 사람이 있었으니, 당연히 우정승 하륜이었다.

"마땅히 무악에 도읍하여야 합니다."

지난 수년간 바뀌지 않은 그의 일편단심이었지만, 이번에도 깨끗하게 무시당했다. 이 토론이 어떤 결실을 맺지 못하고 갑작스레 결말이 내려졌기 때문이다.

"지금 참위讖緯 술수術數의 의견이 이러쿵저러쿵 그치지 않아 인심을 현혹하게 하니 어떻게 할까?"
"따를 수 없습니다."

마침내 정종은 참위, 술수의 이야기가 오락가락하고 사람 마음을 현혹하게 한다는 이유로 이를 거론하는 것 자체를 금지하고, 서운관의 관련 서적들을 감추도록 명령했다. 다시는 천도와 관련하여 풍수지리를 언급하지 말자고 결정한 것이나 다름없으니, 당시 쓸데없는 논쟁 혹은 말싸움이 얼마나 치열하게 벌어졌는지 간접적으로나마 엿볼 수 있다.

이후로 정종의 치세에서 천도의 이야기가 다시 나오지는 않았다. 어차피 정종의 치세는 2년 남짓으로, 동생이자 사실상의 권력자인 태종을 세제로 책봉한 뒤, 그에게 왕위를 물려주고 상왕으로 물러났기 때문이다. 이후로도 조선의 수도는 계속 개경이었다.

태종 1년, 남양군 홍길만은 그사이 한성이 참담한 지경으로 변한 사실을 알렸다.

> "태상왕 전하께서 나라를 열고 한양에 도읍을 정하고 경영하신 지 두어 해만에 종묘사직, 궁궐, 시장, 거리가 번성했는데, 몇 년 지나지 않는 사이 시장이 황폐해지고 거리가 조잔(彫殘)하여져서, 보는 자가 슬퍼하지 않는 이가 없습니다."

이 말에는 약간 과장한 내용이 있을지도 모르지만, 나라가 만든 도시에서 주인이 떠났을 때 어떤 지경이 되는지 짐작할 수 있다. 태상왕이 가끔씩 신도(한성)의 절에 찾아가는 것 말고는 한성은 버려진 도읍이었다.

훌륭한 핑곗거리,
한양천도

태종은 아버지와 또 다른 스타일의 독재자였다. 지는 것을 굉장히 싫어했으며, 자신의 마음대로 신하를 쥐고 흔들어야만 직성이 풀렸다. 또 그러는 데 탁월한 재능이 있었다. 그래서 그가 다스린 18년 내내 말싸움판이 벌어졌다. 한양 천도 이야기가 다시 나온 것은, 태종이 이것을 무기로 신하들을 위협하는 데에서 시작했다.

　태종 1년 7월, 태종은 개경의 궁궐이 낮고 좁다는 이유로 고쳐 짓게 했다. 이것을 위해 본궁은 물론 시좌궁 주변의 민가들을 사들여서 확장 공사를 벌였다. 정말 궁궐이 좁았을 수도 있지만, 7월은 한창 농번기이니 백성들을 동원하여 토목공사를 크게 벌이는 것은 당연히 잔소리 감이었다. 하지만 사간원의 윤사수 등이 토목공사를 반대하는 상소를 올리자, 태종은 벌컥 화를 냈다.

　"궁실을 처음 헐 때에는 말이 없었으면서, 이제 공사를 정지시키라니 경들은 나를 노숙하게 하려는 것인가? 내가 한양으로 돌아가겠으니, 서운관으로 하여금 떠날 날을 점치게 하라."

사실상 협박에 가까운 말이었다. 하지만 본디 사간원은 임금에게 잔소리를 하는 데 목숨을 거는 곳이었으니, 태종의 서슬이 퍼런데도 까딱하지 않고 용감히 토를 달았다.

"전하께서 신들을 용렬하거나 더럽다고 하지 않으시고 곁에 두신 것은 곧은 말과 강직한 의논을 들어 빠진 것을 보충하려 한 것이니, 신들은 말할 것이 있으면 마음에 있는 바를 다하여 총우寵遇의 은혜를 보답하지 않을 수 없습니다."

마침 그즈음 조선에서는 불길한 징조들이 끊이지 않았다. 이를테면 수창궁에서 불이 나고, 황충蝗蟲이 들끓거나 샘이 마르고, 압록강 물이 얕아진다거나, 숯비가 내리고 돌이 구르는 등 별의별 재이가 생겼다. 사간원은 이런 사례들을 하나하나 열거하면서 이처럼 하늘의 징조가 나타나고 있는데, 왕은 마땅히 자신의 정치를 반성하고 돌이켜 봐야 하거늘 오히려 대규모 공사를 하고 백성들을 부리는 것을 옳지 못하다고 주장했다.

"전하께서 스스로 반성하고 조심해서 재변을 없애려 하여도 오히려 안 될까 걱정인데, 이제 무일전無逸殿 등 수십여 채를 헐어 땅을 넓혀 공사하고 백성들에게 재목을 운반하게 하는데, 지금은 그럴 때가 아닙니다. 지난날 성을 쌓는 공사로 백성들의 피곤함이 극에 달했습니다. 전하께서 즉위하신 이래로 부로父老

^들이 눈을 비비고 한숨 돌리기를 기다렸사온데, 어째서 거듭 전하의 백성을 피곤하게 하십니까?"

그러면서 근검절약해서 재난을 가라앉히고 화기_{和氣}를 부르자고 끝을 맺었다. 따지고 본다면 구구절절하게 옳은 말이었지만, 태종은 여기에 대답하지 않았다. 어느 정도로 화가 났느냐 하면, 신하들을 아예 만나 주지도 않았다.

"한양으로 향하는 날을 기다려서 만나자."

즉 한양으로 천도할 때 만나자며 돌려보냈던 것이다. 왕이 신하를 안 만나 주다니, 이래서야 나라가 돌아갈 리 없다. 사태가 이리되자 태종의 화를 풀어 주기 위해 영사평 하륜, 판승추 조영무, 참찬문하 이직 등 대신들이 냉큼 달려와 한양으로 천도하지 말고 원하는 대로 궁궐을 지으라고 청했다. 그러나 태종의 화는 풀리지 않았고, 간관들을 줄줄이 순군옥_{巡軍獄}에 가두게 했다.

"영사평과 의정부가 내 뜻을 엿보는 거냐? 내 뜻이 이미 결정되었으니, 곧 나가라."

이날 신하들의 삐친 태종 달래기는 한편의 시트콤을 보는 것처럼 생기발랄하다. 태종이 신하들을 만나 주지 않자 하륜은 한탄했다.

"주상께서는 어찌하여 사람을 이기는 데만 골몰하시는가?"

그러고는 조영무와 합세하여 태종의 처남이었던 민무질을 등 떠밀어 들여보냈다.

조영무 "그대는 잘못을 바로잡는 게 힘든가? 지금 당장 들어가서 말씀드려라."
민무질 "문을 지키는 자가 있으니, 어떻게 들어가느냐?"
하륜 "예전에는 문을 밀치고 들어간 사람이 있었다."

그래서 민무질은 억지로 궁궐 안에 들어가게 되었다. 신하들은 아마 처남이라면 태종이 화를 덜 낼 것이라 예상했던 모양이지만, 민무질을 보자마자 태종은 벌컥 화를 냈다.

"너는 뭐하러 왔냐. 너의 잘남﹡으로 날 가르치려는 거냐?"

그것도 모자라 문지기에게 왜 들여보냈느냐며 화를 내기까지 했다. 민무질은 결국 제대로 말도 못 붙이고 쫓겨났고, 신하들은 나중에 도착한 좌정승 김사형, 우정승 이무와 함께 머리를 맞대고 이 문제를 의논하게 되었다. 결론은 왕이 저렇게 화를 내고 있으니 일단 말리고 보자는 것이었다.

"간관(諫官, 간언하는 신하)을 가두는 것은 옛 도리가 아니니, 다른 사람으로 바꾸십시오."

결국 신하들이 잘못한 것이라고 치고, 갈아치우라는 이야기였다. 그럼
에도 태종은 신하들과 만날 것을 거부했고, 도승지 박석명을 통해 신하들
과 말을 주고받았다. 또한 태조는 간관들이 한 말에서 잘못된 점들을 하나
하나 집어 가며, 간관들을 국문하라고 신하들을 압박했다.

"상소문에 '압록강의 물이 얕아졌다'라고 했는데 원래 강물이란 얕아지기도
하고 깊어지기도 한다. 강물이 지금 얕아진 거냐? 또 '백성이 70일을 고생한
다'라고 했는데 오늘날 일하는 것은 모두 승군僧軍들이다. 어느 고을 백성이 일
하는 거냐? 또 궁궐을 넓힌다고 하였는데, 누구의 말을 듣고 내가 궁전을 크게
하려는 뜻을 알았는가? 또 여러 번 천재지변과 이상한 징조가 나타난다고 했
는데, 궁궐을 만들 때 시작된 게 아니다. 이런 조목들로 국문鞠問하면 반드시 처
음 이야기를 꺼낸 사람이 있고, 붓을 잡고 상소문의 초안을 잡은 사람이 있을
테니, 끝까지 추궁하여 아뢰라."

이런 태종의 대답에 곤란해진 것은 중신들이었다.

이무 "주상께서 신등과 함께 동맹同盟을 맺고 공신을 삼았는데, 지금 신들의 말
을 듣지 않으시니, 이렇게 하시면 간관이 없어질 것입니다. 간관이 없으면, 나
라는 나라 꼴이 아닙니다."
하륜 "주상(태종)께서 즉위하신 이래로 한 번도 실덕失德하신 일이 없는데, 지금

실덕하는 것이 이렇구나.”

이 말을 듣고 도승지를 포함하여 그 자리에 있던 신하들 모두 눈물을 흘렸으니, 잠깐 사이에 궁궐은 중년 아저씨들의 눈물바다가 되었다.

이제 신하들은 도승지 박석명의 바짓가랑이를 잡고 늘어졌다. 태종을 말리긴 말려야 하는데 만나 주질 않으니 도승지가 직접 말할 수밖에 없었던 것이다. 박석명은 태종이 단단히 화가 나서 말하기 어렵다고 했지만, 하륜과 이무에게 떠밀려서 들어갔다. 그런데 박석명에게서 대신들이 단체로 눈물을 쏟았다는 이야기를 전해 듣고 태종은 말하였다.

“비록 낭사(郎舍, 사간원)들이 죄 지은 게 많지만 공신들이 그렇게 말하는 데 어떻게 내가 안 들을 수 있겠느냐.”

그리고 웃으면서 말을 이었다.

“내가 화를 낸 것은 아이들 장난이다. 나도 역시 내가 화낸 것이 그른 줄을 안다. 다만 내가 본래는 조그마하게 궁실을 지으려고 하였다. 그런데 간관들이 나더러 크게 전우殿宇를 세운다고 하므로, 내가 파罷하라고 명한 것이었다.”

이제까지의 상황을 보면 과연 무엇이 어린아이 장난인지 되묻고 싶어진다. 그리고 먼 훗날 상왕이 된 뒤 한양 곳곳에 궁궐을 잔뜩 지었던 태종의 경력을 보면 과연 세우려던 궁실의 규모가 어땠을지 역시 궁금해진다.

어쨌든 태종은 한양으로의 천도를 수단으로 삼아 자기의 잘못은 조금도 인정하지 않았다. 대신들에게 사간원들을 '알아서' 처벌하게 하고(귀양으로 정했다가 공신들의 부탁을 받아들이는 형식으로 용서했다), 자기가 원하는 대로 궁실도 지었으니 '손 안 대고 코 푼' 격이었다. 이때 태종의 '한양으로 천도하겠다'라는 말은 명백한 협박의 핑계였고, 이는 태종 스스로도 인정했다.

"내가 한양으로 돌아가려고 한 것은 간관을 꾸짖기 위한 것이었다. 태상왕께서 이미 이 도읍에 오셨으니, 내가 어찌 홀로 한경(漢京, 한성)을 좋아하여 돌아가겠는가?"

이 당시만 해도 태종은 한성으로 돌아갈 생각이 없었다. 아직까지는 말이다.

막판 뒤집기,
아버지의 부탁

앞서 말했듯이 조선의 수도를 개경으로 하기에는 종묘의 문제가 남아 있
었다. 태종 2년에 들어와서, 태종은 아예 개경에 종묘를 세울 생각을 하였
다. 그리하여 의정부에게 '순행하는 곳에 종묘를 세울 것'을 의논하게 했
지만, 이내 반대가 들어와 중단했다.

  하지만 태종 3년 1월에는 대간이 종묘를 개경으로 옮기자고 주장했고,
2월 23일에는 조정의 삼부가 개경을 도읍으로 정하고 예전 고려의 건
덕전 터에 궁궐을 짓기로 했다. 이로부터 1년여가 지난 태종 4년 7월, 개
경으로 재난을 피해 피방한 지 6년이 되었다. 당연히 사람들은 수고롭게
수도를 옮기느니 있는 자리에서 편안히 살고 싶어 했고, 태종은 이참에 종
묘를 개경으로 옮겨 와서 개경을 완전한 도읍으로 만들려고 했다.

"이곳 개경으로 옮겨 온 것은 천도가 아니라 피방한 것이었다. 그러므로 종묘
와 사직이 그대로 한경에 있고 옮겨 온 지 6년째다. 오랫동안 이곳에 살아서

사람들은 모두 살고 있는 땅에 만족하고 생업에 종사하고 옮기기 어려우니, 종묘사직을 이 도읍지로 옮기는 게 어떨까?"

그래서 종실 사람들과 신하들이 모여서 한성으로 돌아갈 것인지, 아니면 종묘를 개경으로 옮겨 올 것인지를 의논하게 되었다. 대다수는 종묘를 옮기자는 의견으로 모였다.

"한경은 다만 종묘가 있을 뿐이나, 송경은 장차 자손 만세의 땅이 될 것입니다."

다음 날인 11일, 태종은 다시 한성 천도를 의논하게 했는데, 여기 참여한 것은 영사평부사 하륜, 정승 김사형, 이무 등이었다. 옮겨야 한다, 말아야 한다는 의견이 각각 나왔고, 무악으로 옮기자는 말도 있었다. 하지만대세는 개경에 눌러앉고 종묘도 옮기자는 것이었다.

그러나 한성 또한 아버지 태조가 만든 도성이라 아예 버릴 수는 없었으니, 태종으로서는 곤란한 노릇이었다. 이때 남재가 의견을 냈다.

"수도를 옮기는 것은 중요하니 역사를 참고해서 시행합시다."

이에 조준은 옛날 중국 주나라 때의 양경兩京 제도, 곧 도읍을 두 개 두었던 예를 찾아냈다. 그래서 태종은 일종의 절충안으로 조선의 수도가 한성과 개경 모두라는 양경 체제를 내세웠다.

"한경은 태조가 창건했고, 또 종묘가 있으니, 가기도 하고 혹은 오기도 하여, 두 도읍이 폐지되지 않도록 하라."

그러면서 이런 말로 끝맺음을 맺었다.

"이제부터는 다시 의논하지 않을 것이다."

말싸움의 귀재 태종에게도 천도 문제는 다시 이야기하기 번거로울 정도로 치열하고도 뜨거운 감자였던 모양이다. 그러나 나중에 정작 이 말을 번복하게 된 것은 누구도 아닌 태종 자신이었다.

그로부터 불과 2달이 지난 9월 1일, 태종은 성산군 이직과 취산군 신극례를 이궁조성도감제조로 삼았고, 한성으로의 천도를 준비했다. 왜 이렇게 급작스럽게 결정한 것일까? 짐작이 가는 구석이 있기는 하다. 태상왕 태조가 지신사 박석명을 통해 태종에게 이런 말을 전달했던 것이다.

"일찍이 내가 한양에 천도했으니 도읍을 옮기는 번거로움을 내가 모를 리 있겠느냐만, 개경은 왕씨의 옛 도읍이니 그대로 머무를 수는 없다. 지금 왕이 다시 이곳(개경)에 도읍하는 것은 시조의 뜻에 따르는 것이 아니다."

결국 '한성으로 천도하자'라는 말의 우회적인 표현이었다. 불과 얼마 전까지 '그냥 종묘를 개경으로 옮길까?'라며 시큰둥하던 태종은 태조의 부탁을 받은 뒤 천도를 하고 말겠다는 집념의 화신이 되었다. 이날 태종은 의정부에 명령을 내려, 다음 해 겨울까지는 반드시 한성으로 천도하겠다고 선언했다.

> "한성은 우리 태상왕이 창건한 땅이고, 사직과 종묘가 있으니, 오래 비워 두고 거주하지 않으면, 선조의 뜻을 계승하는 효도가 아니다. 내년 겨울에는 내가 마땅히 옮겨 갈 테니, 응당 궁실을 수리해야 할 것이다."

이렇게 명령이 내려진 것이 9월이었으니, 당장 1년 남짓한 기간을 남겨 두고 갑자기 천도하자는 말이었다. 이 무리한 명령으로 조정이 들끓게 된 것은 당연했다.

하지만 앞뒤 사정을 보면 태종이 이렇게 서두른 것도 이해할 수 있다. 1차 왕자의 난 이후, 태조와 태종의 사이는 여간해서 회복될 기미가 없었다. 함흥차사 전설의 유래가 되었던 태조의 '동북면 가출'도 있었거니와, 태조는 아들이 문안 인사를 드리면 몸이 아프다며 안 만나 주거나, 술과 고기를 바치면 차나 마시겠다며 떼를 쓰는 늙은 아버지였다. 태종도 자기가 지은 죄가 있으니 아버지에게 화를 낼 수 있는 처지가 아니었다.

그렇게 속만 지글지글 끓이던 와중, 태조가 아들에게 부탁을 했다. 그리고 그 순간 태종은 닳고 닳은 정치가나 냉정한 군왕이 아닌, 아버지의 착한 아들이 되었다. 덧붙이자면 이 일을 계기로 찬바람 쌩쌩 몰아치던 부자 사이가 조금 누그러졌다.

10월 3일, 태종이 태조에게 노루를 선물로 바치자, 태조는 이를 먹으며 아들들에게도 고기를 먹으라고 권하기까지 했다. 그동안 "아버지가 고기를 드시지 않는데 어찌……."라고 하며 정종과 태종 모두 본의 아니게 채식 생활을 하고 있었던 것이다. 그러면서 태조는 떡밥을 뿌려 두는 것도 잊지 않았다.

"환경(還京, 한성으로 돌아감)할 때 얼굴을 보자."

태종은 한 마리의 월척이 되어 한성 천도를 열심히 추진했다.

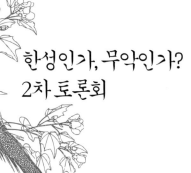

한성인가, 무악인가?
2차 토론회

하지만 태종이 한성 천도를 하겠다고 선언을 했어도, 당장 실현되는 것은 아니었다. 천도를 반대하는 다양한 주장들과 논의를 거쳐야 온전히 결정 나는 것이었다. 태종도 이 토론의 과정이 귀찮아서 천도를 하지 않으려고 했다. 그러나 어쩌겠는가. 이제 천도는 반드시 성사시켜야 할 것이었다.

처음 태종은 경복궁으로 돌아가지 않고 새로 궁전을 지으려고 했다. 그래서 서운관의 유한우, 윤신달, 이양달을 보내 한성에 이궁을 지을 땅을 알아보도록 명령을 내린 것이 9월 9일이었다. 그렇지만 4일 뒤인 13일, 성석린이 그냥 경복궁을 쓰자고 건의하였다.

"한성은 태상왕이 도읍했기에 궁궐이 있습니다. 그런데 꼭 이궁을 다시 지어야 합니까?"

이 덕에 이궁조성도감을 궁궐수보도감宮闕修補都監으로 바꾸었으니, 새로 짓지 않고 고치기만 하겠다는 것이다. 하지만 이후 태종이 경복궁에 돌아가는 대신 창덕궁을 지어 그곳에 머문 것을 보면, 어쩌면 가장 한성으로 돌아가기 싫어했던 것은 바로 태종 자신이 아니었을까. 이렇게 되면 아들의 등을 떠민 아버지가 위대하다고 할 수밖에.

그러나 여기에 또 다른 의견이 나왔으니 바로 진산부원군이 된 하륜이었다. 그는 이번에도 한성이 아니라 무악을 새로운 도읍으로 하자고 주장하는 글을 올렸다. 이유는 여전히 풍수지리상으로 길지라는 것이다. 도성의 논의가 벌어진 지 근 10년이 지났는데, 이렇게까지 줄기차게 무악을 주장하다니 감동적이기까지 하다. 마침내 태종은 조준, 하륜, 남재, 권근 등을 대동하고 직접 무악의 땅을 살피려고 했으니, 이것이 9월 26일의 일이었다.

그런데 하필이면 행차를 하기 전 당대의 사고뭉치였던 권희달이 왕의 일행에 포함되었다가, 사헌부에서 이 문제를 거론하는 바람에 소동이 일어났다. 그래서 태종은 10월 2일에야 비로소 신하들은 물론 종친들까지 거느리고 무악으로 행차했다. 그러면서 태종은 아버지가 계신 태상전에 찾아가서 문안 인사를 드리는 것도 잊지 않았다.

이렇게 무악으로 행차했을 때, 천도와 관련하여 마지막 토론이 벌어졌다. 태종은 몸소 풍수지리 책을 읽는 등 공부까지 하면서 천도의 의지를 불태웠다. 모악산의 중봉中峯에 올라간 태종은 한강에 하얀 깃발을 세우게 하고 흡족해서 말하였다.

"여기가 도읍하기에 합당한 땅이다."

그런데 그것으로 결정 난 것은 아니었다. 산을 내려오다가 태종은 대신들과 대간, 형조 그리고 서운관의 풍수지리를 아는 관리들을 모아 놓고 명당자리를 찾게 한 것이다. 왕의 질답은 먼저 서운관 관리들을 대상으로 했다.

"거리낄 것 없이 자기 말을 다하도록 하라. 이 땅과 한양, 어디가 좋은가?"

이때부터 서운관 관리들은 돌아가면서 저마다 한마디씩 이야기했다. 첫 번째는 윤신달이었다.

"한양은 앞뒤로 험준한 돌산이 있고 명당에 물이 없으니 도읍할 수 없습니다. 참서讖書에 따르면 여기는 왕씨의 500년 뒤에 이씨李氏가 나온다는 곳입니다. 이씨가 나오면, 삼각산 남쪽에 도읍을 만들고 북대로北大路를 막을 것이라고 했는데, 지금 무악은 북쪽으로 큰 길이 있으니 책의 내용과 맞아떨어집니다."

윤신달이 읽었던 참서가 무엇인지 기록되지는 않았지만, 어쨌건 고려가 망하고 조선이 들어선다는 영험함을 자랑하는 책이었다. 그러면서 윤신달은 무악 곳곳의 지형이 풍수지리 책과 딱 맞아떨어진다는 사실을 하나하나 설명했고, 이렇게 마무리 지었다.

"태상왕 때 이 땅을 얻지 못하여 한양에 도읍을 세웠던 것입니다."

다음으로 말했던 유한우의 말도 앞서 윤신달의 말과 비슷하다.

유한우 "한양의 앞뒤로 돌산이 험하지만 물이 없으니 도읍할 수가 없습니다. 지리서에 말하기를, '물의 흐름이 길지 않으면, 사람이 끊긴다' 했으니, 안 된다는 말입니다. 이 땅도 또한 길지의 기준과 맞지 않습니다."

민중리 "도읍을 정하려면 사방 천 리 안의 모두를 찾아봐야 합니다. 만약 삼각산에 올라가 사방을 뒤져 좋은 곳을 찾으면 운 좋게 찾을 수 있을지도요. 무악은 외산이 두르고 있지 않아 길지로 딱 맞아떨어지진 않습니다."

이양 "이 땅은 한양보다 훨씬 낫습니다."

이양달 "비록 한양 명당에 물이 없다고 하지만, 광통교廣通橋 이상에서는 물이 있으니 웬만큼 도읍할 만합니다. 이 땅은 길지의 조건에 합치하지 못합니다. 도읍하려 한다면 여기는 명당이 아니고, 아래쪽에 명당이 있습니다."

이렇게 풍수가들이 뒤죽박죽 의견을 피력하자, 태종은 벌컥 화를 냈다.

"내가 어찌 신도에 이미 지어진 궁실을 싫어하고, 이 풀이 우거진 땅을 좋아해서 다시 토목의 역사役事를 일으키겠는가? 다만 돌산이 험준하고, 명당에 물이 끊겨 도읍하기에 불가한 까닭이다. 내가 지리서를 보니 '먼저 물을 보고 다음에 산을 보라' 하였다. 만약 지리서를 쓰지 않는다면 그만이지만, 쓴다면 명당은 물이 없는 곳이니, 도읍하는 것이 불가한 것은 명확하다. 너희들이 모두

지리를 아는데, 처음에 태상왕을 따라 도읍을 세울 때 어찌 이러한 까닭을 말하지 아니하였는가?"

비록 실록에는 '태종이 화를 냈다'라는 말은 없지만, 화를 낸 것은 분명했다. 왜냐하면 태종의 말 다음으로 이어지는 풍수가들의 변명이 참으로 옹색했기 때문이다. 윤신달은 한성을 수도로 잡을 때 상중이라 오지 못했다고 했고, 유한우는 당시에 말을 하긴 했지만 단정 지을 수 없었다고 말했다. 이양달의 변명 역시 비슷했다.

그런 변명에 더 화가 났는지, 태종은 다시 혹독하게 따졌다.

"어찌하여 한양에 도읍을 세우고 크게 토목의 역사를 일으켜서 부왕을 속였는가? 부왕이 신도에 계실 때 편찮아서 거의 위태하였으나 회복되었다. 살고 죽는 것은 대명大命에 관계되는 것이다. 그 후 변고가 여러 번 일어나고 하나도 좋은 일이 없었으므로, 이에 송도에 환도한 것이다. 지금 나라 사람들은 내가 부왕의 도읍한 곳을 버린다고 허물한다."

이처럼 자기 탓은 안 하고 남 탓을 하는 태종의 좋지 않은 버릇이 또다시 나왔다. 그렇게 말하고서도 화가 풀리지 않았는지, 태종은 대신들에게 공격의 화살을 돌렸는데, 첫 번째 희생양은 조준이었다.

"도읍을 세울 때 경은 재상이었다. 어찌하여 한양에 도읍을 세웠는가?"

이에 조준의 변명은 조금 애처로울 정도였다.

"신은 지리를 알지 못합니다."
"그렇구나. 또 1리를 내려가서 명당을 찾도록 해라."

이것이 과연 태종이 직접 찾겠다는 것인지, 아니면 조준에게 어디든 잘 찾아보라는 것인지는 분명하지 않다. 다만 문맥과 흐름을 본다면 아무래도 후자인 것 같다. 앞서 풍수가들을 하나하나 말로 두들겼던 태종이었는데, 상대가 정승이라고 해서 "풍수지리를 몰랐으니 어쩔 수 없는 사정이 있었구나."라고 너그러이 이해할 리가 있겠는가.

이처럼 점점 험악해져 가는 분위기를 어떻게든 수습한 것은 하륜이었다. 그는 자신의 풍수지리 지식을 동원해서 말했다.

"좋은 명당은 개경의 강안전 같은 것인데, 무악은 개경의 수창궁과 같습니다."

결국 한성이나 무악 모두 좋은 명당이라는 것으로 무마했던 것이다. 무악에서의 두 번째 토론은 태종의 특기인 '물타기'가 가장 확실하게 발휘되었다. 이번에는 풍수지리의 좋고 나쁜 것은 크게 상관이 없었다. 신하들로서는 난감한 지경에 놓였다. 만약 무악이 한성보다 좋은 땅이라는 것을 주장한다면, 예전에 왜 무악을 추천하지 않아 아버지를 헛수고하게 만들었느냐는 태종의 역성을 사게 된다. 그러므로 혼나고 싶지 않으면 입을 다물고 왕이 하자는 대로 따를 수밖에 없었다.

태종은 처음부터 불타는 효심으로 한성으로 옮길 마음뿐이었던 것 같다. 다만 반대가 있을 테니 그것부터 때려잡고 보자고 나온 것이다. 여러 풍수가들과 대신들은 태종의 지극한 효심을 몰라준 덕에 거하게 욕을 본 셈이었다.

도읍의 운명을 정한
동전 던지기

무악의 풍수지리가 좋지 않다는 것만으로는 명분이 부족하다고 여긴 탓인지, 태종은 또 다른 방법으로 도읍 결정에 쐐기를 박았다.

한성으로의 천도가 확정된 것은 10월 6일이었는데, 상황을 보면 태종은 무악에서 내려와 곧장 한성으로 향한 것 같다. 태종은 한성에 지었던 종묘의 문 앞에서 이제까지 수도와 관련된 논의를 간단히 정리했다. 자신이 즉위하여 개경에 있었을 때 홍수나 가뭄의 재앙이 있었고 한성으로 돌아가자는 의견이 있었지만, 민심이 안정되지 않아서 미뤘다는 것이다. 개경에 머무르자는 의견은 언급조차 하지 않았다.

"이제 종묘에 들어가 송도와 신도와 무악을 고(告)하고, 그 길흉을 점쳐 길한 데 따라 도읍을 정하겠다. 도읍을 정한 뒤에는 비록 재변(災變)이 있더라도 이의가 있을 수 없다."

결국 점으로 수도를 결정하고, 한번 결정하면 무르지 않겠다는 선언이었다. 그런데 과연 무엇으로 점친단 말인가? 태종도 이 문제는 구체적으로 생각하지 않았던지, 제학 김첨(金瞻)에게 물어보았다.

"무슨 물건으로 점칠까?"

"종묘 안에서 척전(擲錢)할 수 없으니, 시초(蓍草)로 점치는 것이 좋겠습니다."

시초점은 시초라는 풀대로 작대기를 만들어서 점을 치는 것이고, 척전은 동전 세 개를 한번에 던져서 좋고 나쁨을 따지는 것으로, 한쪽은 양, 한쪽은 음을 뜻하며 총 3번 던져서 길흉을 결정하는 것이었다. 하지만 태종은 마침 시초도 없거니와 시대에 뒤떨어진 점이니 길흉을 알기 쉽지 않겠다고 보았다. 그리하여 마음대로 척전으로 결정하고, 조준에게 물었다.

"시초가 없고, 또 요즘엔 하지 않는 것이라 알기 어려우니, 여러 사람이 함께 알 수 있는 것으로 하는 것이 낫다. 척전은 중국에서도 했다. 고려 태조가 도읍을 정할 때 무엇으로 했는가?

"역시 척전을 썼습니다."

"그렇다면 지금도 척전이 좋겠다."

이렇게 해서 태종은 완산군 이천우, 좌정승 조준, 대사헌 김희선, 지신사 박석명, 사간 조휴 다섯 명만 거느리고 종묘 안에 들어가서 이천우에게 반(盤) 안에 동전을 던지게 했다.

그렇게 해서 나온 결과는 무악과 개경은 2흉 1길이었고, 한성은 2길 1흉이 나왔다. 이로써 새로이 수도를 옮길 곳은 한성으로 결정되었다.

그런데 이 동전 던지기는 상당히 문제가 있는 방법이었다. 일단 무악의 천도지를 살펴보겠다고 나왔다가, 개경으로 돌아간 것도 아니고 한성의 종묘에 들러서 조상의 권위를 빌어 나라의 수도를 결정하였으니, 그야말로 독단이었다. 약삭빠른 태종은 일단 정해지면 토를 달지 말라는 전제마저 못 박아 둔 터였다. 즉 중신들의 의견을 구한 것도 아니고 그럴 마음도 없었다.

게다가 이 역사적인 동전 던지기를 목격한 것은 태종을 제외하고 겨우 다섯 명이었다. 여기에는 무악을 지지했던 하륜도 포함되지 않았다. 이래서야 과연 동전을 몇 번 던졌는지 누가 알겠는가. 결국 동전 던지기는 이미 결정되어 있던 한양으로의 천도에 대의명분을 부여하는 의식이자 '쇼'였다.

태종은 한양으로 천도를 하되 향교동에 이궁을 짓게 했으니, 이것이 지금의 창덕궁이다. 효도를 명분으로 하여 천도를 하기는 했지만, 경복궁은 여전히 그에게 껄끄러웠던 것 같다. 그것이 풍수지리에서 불길하다는 것 때문인지, 아니면 왕자의 난 때 있었던 안 좋은 기억 때문인지 알 수 없다. 한성에 돌아온 태종은 창덕궁을 본궁처럼 썼으며, 조선 왕조는 이후 경복궁과 창덕궁을 모두 주요 궁전으로 삼는 양궁 체제를 취하게 되었다.

끝으로 재미있는 것은 갖은 무리를 해 가면서 한성을 수도로 정했건만, 이를 탐탁지 않게 생각했던 사람 그리고 무악에 미련을 가졌던 사람은 누구보다도 태종 자신이었다는 것이다. 천도를 결정짓고 개경으로 돌아가던 와중, 그는 광나루에서 이런 말을 했다.

"나는 무악에 도읍하지 아니하였지만, 후세에 반드시 도읍하는 자가 있을 것이다."

이런 태종의 말은 아직까지 이루어지지 않았지만 말이다.

한성으로 천도한 것을 가장 기뻐한 사람은 누구보다도 태조였을 것이다. 한성으로 옮겨 온 뒤 태조는 창덕궁에 머물면서 불교에 심취했고, 이들에게 원한을 불태우는 일 없이 조용히 살았다. 다시 몇 년이 지난 태종 8년 5월 24일, 태조는 창덕궁의 별전에서 승하했다. 아버지의 병이 위독하다는 소식을 듣고 급히 달려온 태종이 청심환을 건넸지만 미처 삼키지도 못하고, 태조는 아들을 바라보며 눈을 감았다.

향년 73세, 나름 천수를 누린 삶이었다. 말년에 아들들끼리 죽고 죽이는 비극을 겪었다고 하지만, 나라의 왕으로서는 성공적인 삶이었다. 태조는 그가 만들어 낸 나라, 그가 만들어 낸 수도에서 눈을 감을 수 있었다. 그런 의미에서 이 지리한 천도 논쟁의 승리자는 태조였다.

한성으로의 천도 후, 일 년이 지나고, 십 년이 지났다. 태종은 이제 명실공히 아버지의 아들이자 조선의 왕이 되었고, 한때 아버지가 그랬듯이 그 역시도 말썽쟁이 아들 양녕 때문에 속 썩이며 늙어 갔다. 그리고 개경을 그리워하던 사람들도 차츰 늙고, 마침내 세상을 등졌다. 하지만 이제는 한성을 고향으로 한 아이들이 태어났다. 그들은 개경을 몰랐으며, 고려를 알지 못하는 조선의 사람들이었다. 그렇게 한성은 조선의 수도가 되었다.

태조와 태종, 신하를 휘두르다

한성 천도를 놓고 벌어진 토론은 온전한 논쟁이라고 하기에 조금 애매하지만, 토론인 것은 틀림없다. 여러 사람들이 의견을 제시하고, 자신이 옳다고 주장했으니 말이다. 그렇다고는 해도 이 토론은 사회자에게 처음부터 끝까지 휘둘렸다.

여기에서 주목할 것은 태조와 태종의 신하 다루는 방법이다. 태조 이성계는 비록 세련되지 않았지만 정공법을 썼고, 태종은 물타기, 윽박지르기, 버럭 화내기 등 거의 협잡에 가까운 오만가지 방법을 써서 신하들을 구워삶아 원하는 목적을 이뤘다. 하지만 두 사람 모두 자기 내키는 대로 해야 직성이 풀린다는 점에서 붕어빵이었다.

일세의 영웅이란 그만큼 과격한 사람이기도 했다. 왕조 국가에서 독재라는 표현이 합당할 리가 없지만, 이 두 왕의 독재는 유난히 질이 나빴다. 그래서 한성 천도 논쟁은 진정으로 좋은 답을 이끌어 내기 위해 벌어진 것이 아니라, 천도의 목적을 윤색하기 위한 들러리였다.

그렇지만 토론이 아예 무의미한 것은 아니었다. 왕은 신하들의 의견을 들었고, 많은 사람들이 의견을 제시했고 그 실효성을 따졌으며, 실제로 반영하여 조금씩 정책을 수정하기도 했다.

재미있는 사실은 이제까지 알려진 상식임에도, 정작 풍수지리는 수도 선정

에 그렇게 큰 기여를 하지 못했다는 것이다. 이야기되긴 했으나 그 이론은 현실을 기반으로 두고 장단을 치는 것 이상은 되지 못했다. 유명한 무학대사만 해도 단지 자리만 지켰을 뿐이다. 하지만 그래서 이 천도 논쟁이 더욱 인간적이다. 여기에서는 신령한 사람이 나와서 500년 도읍지를 지정해 주는 신비한 일은 없었다. 다만 왕과 신하가 이것이 옳으니 저것이 옳으니 치고받으면서, 중간에 뒤엎기도 하고, 맞짱을 뜨다가 억지로 수도를 옮겼다.

이 논쟁에서는 왕과 신하들이 토론하지만, 백성들의 뜻이 어떠했는가는 전혀 알려져 있지 않다. 하지만 실록에는 사람들이 개경을 그리워하고 환도를 반겼다는 기록이 여러 차례 나타난다. 그렇다면 수도의 천도는 민심을 거스르며 추진된 정책이었다. 각종 무리를 감수하며 억지로 진행된, 결국 어처구니 없게도 동전 던지기로 결정된 수도의 천도는 과연 옳은 일이었던가? 이처럼 반대를 무릅쓰고 추진해야 할 정도로 중요한 일이었을까? 이제 서울을 당연히 나라의 수도로 알고 있는 우리로서는, 오히려 개경을 선호했던 조선 사람들을 이해하기 힘들 것 같다.

시간은 약이라고 하던가? 어떤 논쟁이라도, 어떤 사건이라도 시간이 흐르면 가라앉고, 아무리 깊은 상처라도 시간이 지나면 낫는다. 그리고 잊힌다. 다만 수십 년에서 수백 년쯤의 시간이 필요하다. 천도하면서 얼마나 많은 백성들이 얼마나 심한 고초를 겪었는지, 역사는 기록하지 않았을 뿐이다.

※ 논쟁2 ※
공법 실시
논쟁

조선의 최고 명군으로 일컬어지는 세종. 하지만 한글을 만들고 자격루를 만든 것만이 업적의 전부는 아니다. 세종 9년, 문제 많고 탈 많은 기존의 세금제도를 공법으로 고치는 것을 도모한다. 새로운 세금제도의 도입을 놓고, 세종은 관리는 물론 전국에 의견을 묻는 대백성 여론조사를 실시했다. 하지만 이것은 장장 17년 동안 이어지는 기나긴 논쟁의 시작에 불과했다. 어떻게 하면 찬성과 반대를 넘어 가장 좋은 결론을 이끌어 낼 수 있을까?

논쟁 2

공법 실시 논쟁

공법 실시 논쟁 일지

■ 세종 9년

3월 16일 | 세종, 책문을 통해 공법의 시행 방안을 묻다.

■ 세종 10년

1월 16일 | 세종, 풍흉 정도에 따라 3등으로 나눈 세금제도를 제안.

■ 세종 11년

11월 15일 | 세종, 호조에게 공법을 1, 2년 동안 시험해 볼 것을 제안.

■ 세종 12년

3월 5일 | 호조, 공법의 토대를 정비하여 보고.

7월 | 공법 실시를 놓고 조선 판 대국민 여론조사 결과 나옴.

8월 10일 | 여론조사 결과 내역을 발표. 세종, 공법 실시 중단.

■ 세종 18년

2월 22일 | 정인지, 공법을 다시 거론.

2월 23일 | 세종, 공법의 유용함을 알리며 시범 실시를 제안.

5월 21일 | 세종, 황희, 신개, 하연 등에게 공법의 실행을 논의하게 하다.

윤6월 15일 | 공법상정소 설치.

윤6월 19일 | 하연, 9개 등급으로 나누어 세금 책정을 건의.

10월 5일 | 의정부, 지역과 토지별로 9개 등급의 공법 시안을 올림.

■ 세종 19년

4월 14일 | 의정부, 공법의 미진한 부분 재검토를 건의.

6월 | 공법 시험 실시.

7월 | 가뭄, 홍수, 태풍, 곤충의 피해 발생.

8월 | 평안도, 경상도 백성이 세금제도를 원래대로 할 것을 건의.

8월 28일 | 세종, 공법을 중단하고 손실답험법으로 되돌림.

■ 세종 20년

7월 10일 | 난장판 토론이 벌어짐. 세종, 찬성파만을 모아 공법 시행을 확정.

10월 12일 | 경상도, 전라도에서 재해로 인해 세금 면제를 요청. 신개 및 신하들 세금 면제와 공
법의 불편함을 역설.

10월 15일 | 세종, 경상도와 전라도의 피해 정도를 확인하고 면세를 결정.

■ 세종 21년

5월 4일 | 세종, 공법 시행을 강행.

7월 21일 | 사간원, 공법 반대의 상소를 올림.

9월 18일 | 사간원, 다시 공법 반대의 상소를 올림.

■ 세종 22년

5월 8일 | 경상도, 전라도에서 공법을 시범 실시.

6월 4일 | 공법을 담당하는 공법제조로 이인손, 이보정을 둠.

7월 5일 | 세종, 공법의 문제점을 보완하는 논의를 벌임.

7월 12일 | 황희, 법을 함부로 바꾸는 폐단을 주장하며 공법 반대.

8월 30일 | 의정부와 호조, 공법의 보완안을 정리해 보고.

■ 세종 23년

7월 5일 | 신개, 토지의 구획을 5단계로 세분화할 것을 건의.

7월 7일 | 충청도에서 공법 시행.

■ 세종 25년

7월 10일 | 가뭄 대책회의 시작. 세종, 공법의 문제점들을 인정.

7월 19일 | 세종, 백성들의 찬반 의사를 알아보고 의논하자고 제안.

9월 11일 | 세종, 조선의 사정에 맞는 제도를 만들 것을 논의하며, 공법에 토지를 9등급으로 나
눠 적용할 것을 합의.

10월 27일 | 황희, 신개 등과 공법 및 토지의 등급 문제를 논의.

11월 13일 | 전제상정소 설치.

■ 세종 26년

1월 10일 | 세종, 의정부의 공법 반대에 반박 의견 제시.

4월 23일 | 병조판서 정연, 청안에서 굶주린 백성들을 발견.

6월 6일 | 세종, 년(年)은 9등급으로, 땅은 6등급으로 나누기로 결정.

윤7월 23일 | 김종서, 공법 실시의 필요성을 역설.

윤7월 29일 | 청안현에서 토지 등급을 매기는 시범을 시작.

8월 24일 | 청안현에서 확정된 토지 구획안을 전국에 적용.

11월 5일 | 왕세자와 신하들이 전제를 논의하고 공법의 내용을 결정.

11월 13일 | 전제상정소, 연분 9등과 전분 6등으로 결정된 공법을 공표.

세종

조선 시대 최대의 성군. 무골 가문에서 태어난 책벌레로, 성격은 조용하고 침착했으며, 남의 의견을 듣기 좋아했다. 그러나 그 역시 이씨 혈통 대대로 이어지는 외고집 성미를 갖추고 있었다. 자격루나 훈민정음 등의 업적으로 잘 알려져 있지만, 사실 조세, 토지제도의 정리 같은 나라의 근간을 만든 점이 역사상 더욱 중요하다. 공법, 곧 토지세의 개혁에 장장 17년을 들였다. 세종은 왕으로서의 근속 연차가 늘어남에 따라 신하들을 다루는 기술이 향상되었으며, 끝내는 공법을 시행하였다.

황희

세종 시대 최고의 재상으로 이름을 날린 사람. 파락호 양녕대군을 편들었다가 귀양을 갔고, 환갑의 나이에 재등용되어 80세가 넘어서까지 현역으로 활동하는 기록을 세웠다. 청렴결백하면서 노비에게까지 상냥했던 것으로 유명하지만, 실제로는 부정 혐의를 받고, 북방의 호랑이 김종서를 집고양이처럼 다룬 할아버지였다. 무엇보다 토론의 교통정리에 가장 탁월한 솜씨를 가졌으며, 그를 빼놓고는 세종 시대를 말할 수 없다. 세종 시대의 유명한 삼정승 중 유일하게 공법 실시를 처음부터 끝까지 반대함과 동시에 공법의 개량을 위한 의견을 내기도 했다.

맹사성

세종 때의 또 다른 유명한 재상. 물렁하고 착하기로 이름난 사람이지만, 덕분에 토론 와중 싸우는 사람들을 뜯어말리는 역할을 전담하였다. 토론에서도 무난하고 안전한 선택을 가장 잘 찾아내는 사람이었다. 첫 번째 논쟁에서는 공법 반대파였는데, 두 번째 논쟁부터는 나이 때문에 은퇴해서 참여하지 못했고, 마침내 노환으로 사망했다.

허조

완고하고 보수적인 성격인 덕에 인기는 없었지만, 대신 모두 그의 말이 옳다고 여겼다. 많은 반발을 사기도 했지만 언제나 원칙을 주장했고, 그 없이는 세종 시대가 있기 힘들었던, 당대의 소금이었다. 비록 지금 보기엔 지나치게 완고하고 갑갑한 발언들이 상당수 있지만 말이다. 첫 번째 논쟁에서는 가장 강력하게 반대 의견을 제시했다. 두 번째 논쟁부터는 나이와 건강 때문에 반쯤 은퇴했지만, 여전히 공법을 반대하던 중 70세의 나이에 병으로 사망했다.

신개
세종 후기의 정승. 처음에는 공법을 반대했지만, 이후 공법 찬성파의 필두가 되어 황희와 맞섰다. 공법의 주요 사항들은 그가 만들었다고 해도 과언이 아니었다. 그래서 때로 세종에게 아부한다는 비평을 듣기는 했지만, 그 역시 아닌 것은 'No'라고 말할 수 있는 배짱이 있었다. 공법의 제정이 끝나고 2년 뒤, 76세의 나이로 세상을 떠났다.

하연

세종 후기의 정승. 행정에 상당한 일가견이 있어 그가 올리는 방안이 가장 현실적이었다. 원래부터 밴댕이 소갈머리로 유명한 인물이었고, 공법 토론에서도 예전의 사소한 원한을 잊지 못해 계속 투덜거렸다. 그러나 수학 및 재정에 탁월하여 토론 중 가장 산술적이고 구체적인 안을 제출했던 인물로, 역시 공법의 주요 결정안을 만드는 데 중요한 역할을 수행했다.

정인지
행정가보다는 이론가이자 학자이다 보니 토론에서는 딱히 특별한 활약을 보이지 않는다. 하지만 세종 9년 처음 공법의 문제로 책문을 치른 이래, 전제상정소의 제조를 담당하고 하삼도(경상도, 전라도, 충청도) 도관찰사가 되어 공법의 시험 운영을 담당하여 실험했다. 공법의 시행을 처음부터 끝까지 함께하며 주로 몸으로 때우는 활약을 했다.

김종서, 최만리, 황보인, 하위지, 이개 및 그 외 신하들
공법을 논의하는 데 모두 한마디씩 참여했다.

* 황희 초상: 국립중앙박물관 소장
* 하연 초상: 일본 덴리대학교 소장

토론왕, 세종

세종은 역대 왕들 중에서 가장 토론을 좋아한 왕이었다. 그는 직접 말하기보다 남의 의견 듣기를 좋아했고, 또 이것을 권장했다.《세종실록》이 다른 실록보다 배 이상을 넘는 엄청난 길이를 자랑하는 것은 그가 다스린 시기가 길었던 탓도 있지만, 신하들과의 토론을 모두 기록하다 보니, 양이 뻥튀기처럼 늘어난 탓도 분명히 있었다.

왜 토론일까? 세종은 자신을 비롯해 사람의 한계를 매우 잘 알고 있었고, 혼자서는 나라를 움직일 수 없음을 알았다. 세종은 언제나 "이 문제는 어떻게 생각하나?"라고 물을지언정, "이것이 좋지 않은가?"라고 묻지는 않았다. 신하들의 말을 고루고루 듣고 장점을 살리고 단점을 보완하여 가장 좋은 의견을 만들어 냈다. 그래서 그의 조정에서는 다채로운 의견들이 제시되고 화려한 공방이 펼쳐졌다.

그런데 토론은 민주적인 의사결정 방안이지만, 동시에 여러 가지 부작용이 있다. 지금 우리나라 정치의 토론회장만 보아도 단점은 명백하지 않은가. 어떤 사안에 대해 다양한 의견들이 거듭되다 보면, 그 안에서 길을 잃고, 어느새 목적을 잃고 의미 없는 말놀이에 그치거나, 서로 험담하는 난장판이 된다. 이것을 지휘하여 반대 의견을 수렴하고, 나쁜 점을 없애고 좋은 점을 골라내어 정책으로 완성하는 것은 복잡하고도 고통스러웠다. 그나마 왕이 바라는 대로

토론이 흘러가면 좋지만, 왕이 원하는 방향과 전혀 반대로 결론이 나오면 어떻게 해야 하나? 그리고 마음에 드는 정책을 적극적으로 시행하고 싶은데, 신하들이 정반대의 의견을 내면 어떻게 해야 하는가?

세종은 인내심이 강하고 너그러웠지만, 그러면서도 옹고집이었다. 그의 이런 성격은 토론을 자신의 뜻대로 지휘하기에 적합했다. 그래서 사람들을 홀리는 자잘한 이벤트를 벌이기보다는 기본기에 충실했다.

물론 세종이 모든 일에 성공했던 것은 아니다. 때로는 폐단이 많아 백성을 괴롭히다가 결국 슬그머니 없어진 제도들도 많았다. 그럼에도 세종이 성군으로 불리는 것은, 잘되지 못한 것보다도 잘된 것들이 가치를 가지고 있기 때문이다.

세종의 토론정치에 비결이 있다면 그것은 정부의 구조였다. 말단, 혹은 전문 분야에 젊고 열정적인 신하들이 있다면, 상부에는 나이 들고 보수적인 신하들이 배치되었다. 그러니까 아래에서는 각 분야의 마니아들이 들이파고, 위에서는 고지식한 어른들이 지휘하는 형국이었다.

세종의 대표적인 삼정승은 황희와 맹사성 그리고 허조이다. 황희에게는 별다른 설명이 필요 없으리라. 비록 그는 사람들이 알고 있는 상식만큼 청렴하고 유하지 않았지만, 18년간 영의정 노릇을 했다. 그런데 황희의 단독 업적이라고 하면 눈에 띄는 게 없다. 사실 그의 가장 큰 장기는 토론을 지휘하는 것이었다.

황희가 토론을 지휘했다면, 맹사성은 싸우는 사람들을 말리는 역할이었다. 신하들끼리 다투거나 세종과 신하들이 충돌할 경우 주로 중재를 담당했다. 그래서 착하기는 한데 물렁하다는 평을 들었다. 하지만 개성이 강하고 고집 센 사람이 가득했던 세종의 조정에서 그는 반드시 필요했다.

마지막으로 허조가 있었다. 그는 요즘 속된 말로 하자면 보수골통이었다. 하지만 누구보다도 금욕적이었고 도덕적이었으며, 동시에 현실주의자였다. 유교의 이상을 외치면서도, 조선이라는 현실을 결코 잊지 않았던 그는 언제나 조선이 지켜 마땅할 원칙들만을 말했다.

이렇게 세 정승들이 나침반이 되고 기둥이 되었기에, 세종의 토론정치는 산으로 가지 않고 바다로 열심히 나아갈 수 있었다.

그렇다고 왕인 세종이 모든 일을 신하에게 맡겨 두고 구경만 했던 것은 아니다. 어떤 사안이 떠오르면, 왕과 신하들은 경연에서 함께 공부하며 토론을 벌였고, 세종의 브레인인 집현전은 참고문헌을 뒤지며 이전 사례들을 정리했다(집현전은 비단 과학이나 천문학, 한글만을 다룬 게 아니라, 정말 중요한 나라의 기틀을 잡는 일과 운영에도 일조했다).

이런 식으로 세종 시대 때 만들어졌던 행정제도로는 공법, 수령육기제 등이 있다. 그중 공법이란 세금 징수제도로, 요즘의 토지세와 소득세를 합친 것과 비슷했다. 여기에 부동산 문제도 포함된다. 나라에 망조가 들수록 소수가 국토 대부분을 독점하게 된다. 고려의 말년이 그런 지경이었기에 이성계와 정도전은 권문세족의 토지문서를 모조리 불태우면서 토지제도를 개혁했다.

하지만 조선 건국 이후, 건국에 한몫했던 이들은 공신의 타이틀을 거머쥐고 막대한 부동산을 챙겼다.

어떻게 하면 농민들의 생활을 보장하면서 나라의 재정을 충실하게 할 수

있을까? 이에 태조는 손실답험법損失踏驗法 혹은 수손급손법隨損給損法이라고도 하는 세금제도를 시행했는데, 매년 관원이 현장에 나가 농사의 풍흉 정도를 측정해서 세금을 매기는 방식이었고, 이는 태종 때까지 이어졌다. 하지만 세종 때 이르러 공법貢法으로 바꿀 것을 논의했고 마침내 시행했다.

공법은 지금 우리의 기준으로 보면 부동산, 세금, 사회복지 등 여러 분야를 망라하고 있다. 당시에도 토지와 세금의 문제라는 점에서 사람들과 나라의 이해관계가 얽혀 있었고, 세종이 이를 시행하기까지 무려 17년이나 걸렸다.

그러나 공법은 세종의 의지 혹은 황소고집만으로 실행 가능했던 것은 아니었다. 수많은 사람들이 아주 오랫동안 의논하고, 타당성을 검증하고, 설득당하거나 반발했던 토론의 결과였다.

1차 공법 시행 논쟁

공법의 문제가 처음으로 거론된 것은 세종 9년 3월 16일의 일이다. 세종은 시험의 형식을 빌려 과거에 참여한 선비들에게 질문을 던졌다.

"예로부터 제왕帝王이 정치를 할 때에는 반드시 일대一代의 제도를 마련한다."

이렇게 말문을 연 세종은 역대 중국 왕조의 제도의 실시와 실패는 물론 할아버지 태조와 아버지 태종의 업적을 나열했다. 자신은 '덕이 없는 사람'이라고 겸손하게 말하며 신하들에게 이렇게 말했다.

"제도에 따라 백성들이 부유해지기도 하고, 괴로워하기도 한다."

특히 백성들에게 세금을 거두는 전제田制와 공부貢賦가 가장 중요한데, 당시 지방 관리들이 백성들을 잘 돌보지 않는 것이 문제였다. 또한 지형이

험난하고 고원과 습지가 많아 중국의 제도를 그대로 시행할 수 없었다.

> "그대들은 경술經術에 통달하고 정치의 큰 줄기를 알아 이를 공부하고 익혔을 것이다. 그러니 숨기는 것 없이 진술하라. 내가 장차 채택하여 시행하겠노라."

이날 과거에서 급제한 사람은 정인지 등 12명이었다. 원래 책문은 과거 시험의 일종으로, 왕이 질문을 던지면 수험자가 여기에 대한 대답을 했다. 조금 쉽게 말하자면 국가인증 논술시험이었다. 그런데 세종은 급제자들을 시험하는 데 그치지 않고, 그들이 제출한 아이디어를 직접 정책에 반영하겠다고 한 것이다.

왜 세금제도를 고쳐야 했을까? 그것은 책문에서 언급된 대로 손실답험법의 폐단 때문이었다. 관리들이 매년 농사의 정도를 점검하는 것이 정확한 조세를 매기는 방법 같지만, 당시는 교통과 통신이 발달하지 않았던 조선 시대였다. 정확한 기준이 없었고, 주먹구구식으로 관리되었다. 실제로 관리들이 미처 돌보지 못하는 곳에서는 아전들이 멋대로 세금을 매겼으니, 그만큼 나라 살림은 빈약해지고 백성들의 고충은 배가 되었다.

또 조선이라는 새로운 나라가 들어선 지 이미 수십 년, 손실답험법은 관리의 재량에 맡긴 임시 제도였으니, 나라의 틀을 제대로 갖추기 위해 다시 정비할 필요가 있었다.

하지만 나라의 근간이 되는 제도를 뒤집어엎는 것은 결코 쉽고 만만한 작업이 아니었다. 가장 큰 문제가 된 것은 '어떻게 바꿀 것인가'였고, 세종은 공법에 눈을 돌렸다.

공법은 중국의 하나라에서 시행한 제도로, 농민에게 얼마간(50무)의 토지를 지급하고, 그중 10퍼센트인 5무의 땅에서 거둔 수확을 세금으로 거두는 고정비율의 세금이었다. 주먹구구식으로 시행된 답험법에 비하면, 공법은 한결 정리된 제도라고 할 수 있지만, 이 역시도 현실에 적용하려면 보완이 필요했다.

그로부터 1년이 지난 세종 10년 1월 16일, 세종은 직접 세금 개정 문제를 논의했다. 공법의 기본 뼈대는 틀림없이 중국에서 온 것이지만, 세종은 수입산, 그것도 까마득한 고대의 유산을 그대로 시행할 만큼 어리석지 않았다. 그래서 신하들에게 풍년-평작-흉년의 3등급으로 나누어 세금을 매기는 게 어떻겠느냐는 제안을 했다.

"만약 공법을 한번 시행하게 되면 풍년에는 세금을 많이 거둔다는 걱정을 안 할 수 있겠지만, 흉년에는 반드시 근심과 원망을 면할 수 없을 것이니 어찌하면 옳겠는가."

그의 할아버지와 아버지가 이미 자신만의 답을 결정하고 명령을 내렸던 것과 달리, 세종은 진심으로 주변 사람들의 의견을 구했다. 그리고 이것은 분명 쉽게 결정할 수 없는 문제이기도 했다.

먼저 대두된 공법의 문제점은 풍년과 흉년의 차이였다. 고정비율의 세금이다 보니 풍년에는 괜찮아도 흉년이면 큰 부담이었던 것이다. 가장 먼저 대답한 사람은 당시 좌의정인 황희였다.

"원컨대 공법을 기준으로 하되 땅 몇 부॑에 쌀 몇 알이 나오는지 수량을 미리 정하여, 추수할 때마다 각 도의 각 고을로 하여금 농사의 풍흉을 살펴서 3등급으로 나누어 아뢰게 하고, 이에 따라 세금을 징수하는 것이 옳을 것입니다."

즉 일정 토지마다 세금의 액수(곡식량)를 정하되, 각 고을에서 풍년과 흉년의 정도를 보고해서 세 단계로 나누어 세금의 양을 조절하게 하자는 것이다. 호조판서 안순도 여기에 찬성했지만, 이것으로 세금제도가 완전히 확정된 것은 아니었다.

세종 11월 11월 즈음에도 공법의 내용은 아직까지 결정되지 않고 있었다. 지지부진한 상황에도 세종은 공법의 제정을 서둘렀다. 조선의 인구는 점점 늘어나고 있지만 농사지을 수 있는 땅은 한정되어 살림이 부족해지고 있었다. 하지만 공법을 시행하면 백성들의 부담이 줄고 국정의 운영도 한층 쉬워질 것이다. 그러니 1~2년 기간을 잡고 시험 삼아 공법을 운영해 보는 게 어떨까. 그것이 세종의 생각이었다.

"가령 토지 1결에 쌀 15두를 받는다면 1년 수입이 얼마나 되며, 10두를 받는다면 얼마나 되는지를 호조로 하여금 계산하여 보고하도록 하고, 또 백성들에게도 그 찬성과 반대를 논의하게 해서 올리도록 하라."

세종은 또다시 의견을 묻고 있었다. 신하들은 물론, 세금을 내는 당사자인 백성들에게도 말이다. 그래서 정부와 육조, 각 관소와 서울 안의 각 품관 그리고 각 도의 감사와 수령, 품관, 게다가 여염의 백성들에 이르기까지 이런 세금제도가 좋은지 나쁜지를 물어보는 조선 시대 판 대국민 여론조사가 벌어졌다. 세종이 명령을 내리기는 했지만, 실제로 시행되었다는 게 경이롭기까지 하다.

이에 호조가 공법의 대략적인 뼈대를 잡아 건의한 것은 4개월 가까이 지난 세종 12년 3월 5일의 일이었다. 호조에서 건의한 내용은 다음과 같았다.

1. 세금은 1결마다 10말. 단 평안도와 함길도(함경도)는 7말.
2. 태풍, 서리, 홍수, 가뭄으로 인한 흉작 때에는 세금 완전 면제.

들인 시간에 비하면 너무나도 간단한 내용이었다. 아무래도 아직까지 무르익지 않은 논의인 탓도 있었으리라.

여론조사의 대략적인 결과가 나온 것은 7월이었다. 호조판서 안순의 보고에 따르면 지역별로 경상도는 찬성했고, 함길도, 평안도, 황해도, 강원도에서는 반대했다. 전라도나 충청도 일대의 의견은 기록에 없는데, 아마도 보고가 늦은 탓인 것 같다.

결과를 보면, 고정세율은 농업 생산량이 많은 지역에서는 환영했지만, 그렇지 않은 곳에서는 반대했다. 지역색이 확연히 드러나는 결과이기도 하거니와, 지금이나 그때나 자기에게 불리한 것은 싫어하는 지역이기주의가 있었다는 것이다.

"백성들이 좋아하지 않으면 시행할 수 없다. 그러나 농사의 잘되고 못 된 것을 책정할 때 저마다 자기주장을 고집하여 공정성을 잃은 것이 자못 많았고, 또 간사한 아전들이 잔꾀를 써서 부유한 자를 편리하게 하고 가난한 자를 괴롭히고 있어, 내 심히 우려하고 있노라."

세종은 백성들이 좋아하지 않는다면 시행할 수 없긴 하지만, 세금제도의 문제는 해결해야 한다는 입장을 고수했다. 그러면서 여론조사의 결과를 바탕으로 공법의 좋은 점을 살리고 폐단을 보완하는 문제를 관리들에게 논의하게 했다. 사실 경상도를 제외한 다른 지역에서 모두 공법 시행을 반대하고 있었지만, 세종은 굳건한 의지, 살짝 바꿔서 말하면 고집을 부린 것이다. 그 역시 그 할아버지의 손자이자 그 아버지의 아들이었다.

조선 최대 규모의
관리, 백성 합동 여론조사

한 달이 지난 8월 10일, 호조에서는 여론조사는 물론 신하들의 의견을 정리해서 올렸다. 우선 찬성했던 이는 지돈녕부사 안수산, 이천 등 3품 이하(당하관) 현직 관리 259명, 전직 관리 443명이었다. 그리고 반대한 사람은 예산부원군 송거신, 곡산부원군 연사종 등 3품 이하 현직 관리 393명과 전직 관리 117명이었다. 그리고 의정부의 좌의정 황희, 우의정 맹사성, 찬성 허조 등이 모두 반대했다.

이후 실록에서는 화려한 토론의 장을 기록하고 있는데, 찬성한 사람들과 반대한 사람들이 저마다 한마디씩 의견을 피력했다.

찬성 의견을 제시한 가장 대표적인 사람은 당시 병조판서 조말생이다. 하지만 그의 주장은 완전한 찬성이라기보다는 절충안 쪽이었다. 그는 세금제도란 본디 백성들을 기르기 위한 것이고, 우리나라의 형편상 중국의 제도들을 고스란히 쓸 수 없다고 하였다. 또한 이제까지 쓰던 손실답험법에는 관리들이 부정을 저지르는 폐단이 있었으니, 공법을 조선의 현실에 맞게 시행하자고 말했다.

> "예로부터 토지제도를 바로잡아 민생 문제를 해결한다는 것은 정치 중에 가
> 장 어려운 것이었습니다. …… 신이 민간의 의견을 들으니, 평야에 살고 세금
> 을 많이 내는 백성은 이를 즐거서 환영하고, 산골에 살고 세금을 적게 내는 이
> 들은 모두 이를 반대하고 있사온데, 이는 각기 욕망에서 나온 것입니다. 나라
> 를 다스리는 길이란 마땅히 민심을 따라야 할 것이니, 좋다고 말하는 백성들
> 에게는 그 뜻에 따라 공법을 행하고, 좋지 않다고 말하는 백성들에게는 그 뜻
> 에 따라 예전대로 손실답험법을 행하십시오."

결국 여론의 결과에 따라 평야에는 공법, 산골에는 손실답험법을 시행
하자는 말이다. 전 동지총제 박초 역시 절충안을 주장했다.

> "공법이 비록 좋지만 땅의 비옥함과 척박함을 구분하지 않고 시행하면 백성
> 들 사이에는 좋아하는 사람이 있는 반면에 걱정하는 사람이 있게 될 것입니
> 다. …… 공법을 시행할 만한 전지에는 공법을 시행하고, 그 나머지의 척박한
> 산밭 등 공법을 시행하기에 부적당한 곳에는 손실답험법을 시행하여, 두 가지
> 법을 겸행토록 하소서."

한편 집현전의 부제학이던 정인지는 적극적으로 찬성했다.

> "경기도에 시험적으로 시행한 뒤, 각 도에 모두 시행해야 합니다."

도관정랑 유지함, 좌랑 윤처공, 권준은 애매한 찬성파였다.

"척박한 산밭은 매년 경작하지 않고 번갈아 묵혀 두는데, 평야와 같이 다룬다면 폐단이 될 것이오니, 수령에게 먼저 땅 주인의 신고를 받고 직접 경작 여부를 답사한 뒤 세금을 거두도록 하십시오."

도관서령 김달성, 도관서승 원내인은 공법이 좋기는 하지만 강원도와 황해도는 토지가 척박하니 이것을 감안해야 한다고 말했다.
공법을 지지하되, 좀 더 구체적인 방안을 제시했던 것은 봉상시주부 이호문이었다.

"(토지의) 매 등급마다 3등으로 나누어서 9등을 만들고는, 상상전上上田은 1결마다 세금 16두를 내게 하고, 한 등급에 1두씩을 체감遞減하면 하하전下下田에서는 다만 8두를 거두게 될 것입니다."

그리고 평안도와 함길도는 이보다 낮은 세율로 거두자며, 찬성파 중에서는 가장 구체적인 의견을 제시했다. 토지 정도를 9등급으로 나누자는 것에는 예조좌랑 조수량, 좌랑 남간도 같은 의견이었다. 정리를 하자면, 시행하는 것은 좋지만 지역 차와 토지의 좋고 나쁨을 반영하는 보완 장치가 필요하다는 것이었다. 이에 비해 반대 의견에는 당대 최고의 말발, 의견발, 거기에 더해 무쇠 고집까지 갖춘 이들이 줄줄이 포진하고 있었다. 황희나 허조는 물론, 착하기로 유명했던 맹사성마저 반대한 것이다. 모르긴 해도 이들의 반대를 받았을 때, 세종은 크게 난감했을 것이다. 이들은 정승인데다가 수십 년간 행정업무에 잔뼈가 굵은 이들이었고, 영향력 역시 막강했다.

그럼 이들은 어째서 공법을 반대했을까. 의정부의 의견은 이랬다.

"경전에 이르기를, 땅을 다스리는 데는 조법^{助法}보다 더 좋은 것이 없으며, 공법보다 더 나쁜 것이 없다고 하였습니다."

그리고 이미 손실답험법이 있는데 세금제도를 함부로 바꾸면 민폐가 생긴다고 강조했다. 지금의 세금도 이미 비축분과 공무의 비용, 관리의 급료, 역참의 비용 등을 참작해 정한 것이다. 하지만 공법을 시행하면 전체 세금의 양이 줄어드는데, 이래서는 군대의 비용을 대는 군자전^{軍資田}이 남지 않을 테니 국방 및 공무를 수행할 때 구멍이 뚫릴 수 있다는 것이다.

"비옥한 땅을 점유하고 있는 것은 거의 부강한 사람들이고, 척박한 땅을 가진 자는 거의 모두 빈한한 사람들인데, 만약 호조에서 신청한 공법을 시행한다면, 이는 부자에게 행^幸일 뿐, 가난한 자에게는 불행한 일이 되고 말 것입니다."

이것만 보면 백성들의 생활을 걱정해서 공법을 반대한 것 같지만, 엄밀하게 따지면 그런 것만은 아니었다. 어디까지나 나라를 운영하는 입장에서 세율의 변화 때문에 파급될 여러 문제점을 우려하고 있었다.

"만약 군대의 동원이나 큰 흉년이 있을 경우 이를 감당할 도리가 없을 것입니다. 신들의 생각으로는 실시하기 어려울 것 같으니, 선대에서 정한 법에 따라 이전대로 시행하는 것이 편하고 유익하지 않을까 하오며, 그 폐단을 구제 방지하는 조건을 아울러 기록하여 아뢰나이다."

그러면서 시행할 수 있는 현재 세금제도의 개정 방안을 세 가지 적어서 올렸는데, 그 내용을 간단히 정리하면 이렇다.

1. 손실답험법에서 농사 정도를 가늠하는 손실경차관의 자질이 문제이니, 앞으로 시간과 임무, 직위에 상관없이 명망 있는 사람을 보낼 것.
2. 경차관이 가면 감사가 자기 일이 아니라고 하거나 바쁘다는 핑계로 잘 살펴보지 못해 폐단이 있었다. 이제부터는 경차관과 감사가 함께 상의하고, 이 일을 우선으로 삼아 힘을 기울여 처리하게 할 것.
3. 더욱이 손실 정도를 가늠하는 손실위관들은 본디 높은 관리들이 임명되어야 하는데, 그들이 이런 일을 천하게 여겨 회피하고 대신 시골의 천한 이들이 맡아 폐단이 생겼다. 그러므로 앞으로 이 관직을 답험관이라고 하되 3품 이하의 관리 혹은 국가고시(과거) 합격자를 시키자.

건의 내용을 보면 수백 년 전이나 지금이나 공무원 사회는 비슷하다. 게다가 구체적으로 정리된 보완 계획을 보면 여전히 문제가 있다. 과연 높은 직위의 관리들이 지방의 비천한 이들보다 도덕적이란 증거가 어디에 있단 말인가? 하지만 옛날의 상식은 달랐다. 높은 관직을 지내는 사람은 그에 합당한 품성을 가지고 있고, 그에 비해 낮은 직책이나 문서 처리나 계산만 잘하는 관리는 천박하다고 여겨졌다.

공법 문제에서 가장 적극적으로 반대 의사를 표명한 것은 그 시대의 최고 고집불통이자, 동시에 최고의 말발을 가지고 있던 허조였다. 그는 상당히 긴 의견을 말하였다.

"땅의 조세는 손실답험법만큼 좋은 것이 없습니다."

허조는 이렇게 포문을 열었다.

"지금까지 계속하여 제도가 잘못 시행된 것은 법이 아닌 시행한 관리의 문제입니다."

이렇게 지적하고, 관리들이 적당한 사람을 뽑는 대신 시기를 맞추는 데만 급급해서 폐단이 만들어졌다고 주장했다. 그러면서 관리들이 손실위관의 직책(손실경차관)을 기피하는 풍조를 막기 위한 여러 가지 대비책들을 제시했다. 또 오히려 현재의 토지세금제도(손실답험법)가 십일법(十一法), 즉 1/11의 비율이라서 토지 주인들이 거의 만족하고 있었지만, 중간의 관리들이 뒷돈을 너무 많이 챙겨서 문제라고 보았다. 토지세금제도를 개혁하려는 것까진 좋은데, 현재 공법의 세율(1/10 ,1/7)로 본다면 국가 재정이 크게 줄어든다는 문제도 지적했다.

"전하께서 이런 폐단을 길이 염려하시어 다시 전지의 세법을 제정하사 영구히 대대로 전하실 법도로 삼으려고 하시는데, 1결의 토지세를 단지 10두나 7두를 거둔다면 그 세액이 어디서 다 나오겠습니까. 신은 성조(聖祖, 태조)께서 제정하신 세제와 맞지 않는 것이 아닌가 생각합니다."

그러면서 법의 개정 이후 세금 징수액이 변하는 정도를 계산해서 예를 들었다. 허조의 계산에 따르면, 세액이 크게 줄어들어 주 이래 현까지 지방 관청의 저축이 80~90퍼센트가량 없어질 것이라고 보았다. 따라서 "이익은 한두 가지도 되지 않는데 손해는 열 가지, 백 가지나 되지 않을까 걱정이다."라고 우려했고, 그러면서 공법 시행 대신 손실답험법의 폐해를 개혁하는 방향으로 가자고 주장했다.

판부사 최윤덕을 비롯한 일단의 신하들 역시 반대했다.

"한동네의 전지도 비옥하고 척박한 것이 같지 않고, 한 해의 곡식도 잘되고 못되는 것이 있습니다. 또 부유한 백성들의 땅은 좋은 것이 많고, 가난한 백성들의 땅은 척박한 것이 허다한데, 좋은 땅에 10두를 징수하는 것은 너무 가볍고, 척박한 땅에 10두를 징수하는 것은 너무 무겁습니다. 그러면 이익은 모두 부유한 백성에게 돌아가고, 가난한 백성들만이 손해를 보게 될 것입니다."

형조판서 김자지, 형조참판 정연 등도 역시 같은 이유로 반대했다.

"벼와 곡식이 그해의 가뭄 또는 장마에 따라 풍흉이 달라지고, 척박한 밭들은 몇 년 동안 묵혀 두는 게 보통인데, 만약 일괄적으로 공법을 시행하여 세금을 거둔다면 백성들 중에 어찌 원망하고 탄식하는 자가 없겠습니까."

또 문제점이 있다고 해서 갑자기 옛날 법을 바꾸는 것을 부정적으로 봤다. 판한성부사 서선, 부윤 고약해 등도 관리를 보내지 말고 지방의 수령이 직접 답사하게 하자는 의견을 제시했다.

동부훈도관 이보흠은 중국의 선인 맹자가 공법은 나쁘다고 말했던 것을 인용하면서, 우리나라 토지의 비옥함 정도가 들쭉날쭉한 것도 문제이지만 가뭄이 들었을 때도 똑같은 세금을 거두면 민생이 버티지 못할 것이라 주장했다. 그러면서 손실법의 시행을 주장했다.

"신이 초야에 살고 있어 여염의 일을 모르는 것이 없사온데, 오늘날 문제는 관리들의 불공평한 심사만이 아닙니다. 그 집의 식구를 참작하여 농경지의 많고 적음을 정하고, 권력 있고 부강한 자가 많은 땅을 강점하는 폐단을 없애 외롭고 약한 영세민이 생활을 영위할 수 있게 해야 합니다. 그 후에 손실법을 시행해서 불평이 없게 한다면, 실로 국가의 무궁한 이익이 될 것입니다."

총제 하연은 중국의 전설적인 성인 하우夏禹가 세금제도(공법)를 정했을 때는 잘 다스려졌지만, 우리나라는 지형에 산이 많고, 기후 역시 다른데다 땅의 질과 곡식의 생산이 달라 빈부의 차이가 심하다는 사실을 지적했다.

그래서 경상도와 전라도에서는 농사가 잘 지어지지만, 경기도와 강원도에서는 그렇지 못해 일률적으로 세금을 거둘 수 없다고 주장했다. 그러면서 세금제도의 여러 가지 폐단을 지적하고, 땅을 9개의 등급으로 나누어 상상전에서는 30두를, 하하전에서는 5두를 거두어 차등 있게 세금을 거두자고 하였다.

"사신使臣을 각 도로 나누어 보내 토지의 낮고 높고, 건조하고 습하고, 기름지고 척박한 것 등을 하나하나 관찰한 뒤에, 9등급으로 나누어 조세를 거두는 세금제도를 정하셔서 백성의 바라는 바를 위로하시고, 만약 수재와 한재, 바람과 우박 등의 재해가 벌어지면 감사가 직접 감면의 정도를 살펴 알리게 해 영원한 법으로 삼으소서."

대신 여기에도 세부적인 내용이 있었으니, 왕의 명령을 시행할 일이 많은 경기도 지역의 세금은 낮게 매겨 우대하자고 주장했다. 또한 세종이 나라의 폐단을 없애려고 제도를 고치는 것은 이해하지만, 공법은 부유한 사람들에게나 편리한 제도이며 가난한 사람에게 그렇지 않으니, 나라의 백성으로서 빈부의 격차가 벌어지는 것을 보고 있을 수만은 없다고 말했다.

"공법에 따른다면, 상전上田을 점유하고 있는 자는 길이 그 혜택을 누릴 것이나, 척박한 땅을 가진 자는 대대로 우수憂愁와 한탄을 안게 되어, 한 나라의 백성으로 그 고락苦樂의 현격함을 차마 좌시할 수 없사옵니다."

이와 같은 논의 와중 세종 12년 8월 10일, 공법 실시에 대한 여론조사 결과의 세부적인 내용이 발표되었다. 그것을 표로 정리하면 다음과 같다.

지역	찬성		반대	
	관리	품관·촌민	관리	품관·촌민
유후사[1]	1,123명		71명	
경기도	수령 29명	17,076명	수령 5명	236명
평안도	수령 6명	1,326명	관찰사 조종생 및 수령 35명	28,474명
황해도	수령 17명	4,454명	수령 17명	15,601명
충청도	수령 35명	6,982명	관찰사 송인산 및 수령 26명	14,013명
강원도	수령 5명	939명	관찰사 조치 및 수령 10명[2]	6,888명
함길도	수령 3명	75명	관찰사 민심언과 수령 14명	7,387명
경상도	수령 55명	36,262명	수령 16명	377명
전라도	수령 42명	29,505명	관찰사 신개 및 수령 12명	257명
총계	98,657명		74,149명	

1. 조선 초 개성을 통치하기 위해 설치한 지방 관아.
2. 특히 강원도 관찰사 조치(曹致) 등은 강원도에는 화전의 비율이 높기 때문에 공법을 시행하면 폐단이 많다고 말했다.

＊ 이 총계는 실록에 수록된 그대로 기재한 것이다. 실제로 총계를 내면, 찬성은 97,934명, 반대는 73,439명이다. 이것은 누락된 숫자가 있거나 호조에서 실수한 것으로 보인다.

  총계를 내 보면 찬성 98,657명, 반대 74,149명으로, 모두 172, 806명이 참여한 조선 시대 최대의 설문조사였다. 요즘의 다수결 원칙에 입각해서 본다면 찬성이 반대보다 2만 4천 표 정도 앞섰다.

  그러나 이 결과를 받은 세종은 "황희 등의 의견에 따르라."라는 명령을 내렸다. 그러니까 이제까지의 손실답험법을 계속 유지하되 폐단을 수정하라는 것이었다.

  이런 여론조사를 보면, 각 관리들도 관리들이지만 많은 백성들의 여론을 어떻게 수렴했는지 궁금해진다. 당시 공정한 선거 원칙은 둘째치고, 백성의 의견 수렴이라는 관념 자체가 마련된 시기가 아니었으니 부정이 개

입될 여지가 있지 않았을까 하는 생각도 든다. 그런 것치고는 여론 수렴 결과가 꽤나 현실적이다.

공법의 시행으로 세금 수입이 줄어들 가능성이 있었기에 국정을 운영하는 정승들은 우려를 표명했다. 또 토지별로 똑같은 세금을 내니, 생산량이 많은 곳에서는 환영했지만 적은 지역에서는 싫어했다. 그럼에도 찬성한 사람들이 더 많았던 것은, 그만큼 곡창지대에 사는 사람들의 숫자가 많았기 때문일 것이다.

한편 찬성 의견이라고 해 봐야 절충안을 주장하는 정도로 미적지근했다. 그리고 반대 의견은 일반 백성뿐만 아니라 세종과 함께 나라를 굴리는 주요 관리들도 제기하였다. 이들 반대파는 굳건한 논리와 주장, 고집으로 강력하게 공법을 반대했다.

태조라면 역정을 내고, 태종이라면 협박을 했을 상황이었지만, 그러지 않았으니 세종이 얼마나 마음이 넓은 왕인가. 이렇게 신경을 주르륵 긁어대는 상소를 연달아 받으면 자연스레 인상이 써질 법도 한데 말이다. 하지만 마음이 넓다는 것이 성격이 약하거나 고집이 없다는 건 아니었다. 세종의 특기였던 '신하들 구워삶아서 찜 쪄 먹기 20년 프로젝트'는 이제 겨우 시작에 불과했다.

9년 후, 2차 공법 시행 논쟁

시간이 흘러 세종 18년. 이제 세종은 완연한 장년이 되었다. 20세의 파릇 파릇한 나이에 형 대신 세자가 된 지 고작 두 달 만에 왕이 되고, 아버지 태종 아래에서 4년간 인턴을 지낸 뒤로도 14년이다. 왕 노릇에 관록이 붙고 나라를 굴리는 재주도 갈고 닦여진 즈음이었다. 즉위 20년 이후로 세종이 질병에 시달렸던 것을 감안하면, 이 시기야말로 그의 최전성기라고 해도 무리는 없을 것 같다.

그리고 다시금 공법의 문제가 고개를 들었다.

발단을 제기한 것은 당시 충청도 감사였던 정인지였다. 정인지는 염법 激法의 시행을 두고 자신의 견해를 정리해서 올리면서, 8년 전 공법의 시행 이 중단되었던 사건을 서두에서 꺼냈다. 세종은 이 일을 계기로 다시금 공 법의 문제를 본격적으로 다루기 시작했다. 정인지가 의견을 낸 것이 2월 22일이었는데, 바로 이튿날인 23일 공법의 시행 문제를 논의하게 한 것이 다. 정인지가 앞서 세종 9년 때 문과시험에서 공법의 책문으로 급제했던 점을 생각하면, 단순한 우연이 아닐 수도 있다. 그해 황희의 나이는 73세, 맹사성은 76세, 허조는 67세였다. 맹사성과 허조는 거의 은퇴한 상태인 한편, 세종은 39세로 한창 나이였다. 그간 관록이 붙고, 그 이상으로 자신 감도 생긴 세종은 8년 전의 그가 아니었다.

> "우리 국가의 손실은 답험하는 일이 지극히 중대한데, 근래에 적당함을 잃어, 많이 받으면 걸왕桀王처럼 되고 적게 받으면 오랑캐처럼 되니, 내가 심히 염려된다. 조신들은 각각 자기주장을 고집해서, 의논이 부산하여 따를 바를 알지 못하니, 어떻게 이를 처리하겠는가. 옛날의 공법이 좋은데 시행하고자 해도 하지 못했다. …… 내가 세무稅務에 통달하지 못하니 조종의 법을 경솔히 고칠 수 없는 까닭으로 공법을 지금까지 시행하지 못했으나, 지금 그 폐단이 이와 같으니, 1~2년 동안 이를 시험하는 것이 어떻겠는가."

이때 대사헌 이숙치와 찬성 신개는 적극적으로 세종의 말에 찬성하고 나섰다.* 그 외에도 여러 신하들은 옳다며 우르르 찬성했다. 이전 강력하게 반대했던 허조의 조카인 예조판서 허성은 이렇게 말했다.

> "원전元典의 손실의 예例에 따라 시행하소서."

이 역시 반대라고 하기엔 애매한 말이었다. 대체 8년 전 그렇게 반대했

···

* 신개는 앞서 세종 9년에 있었던 여론조사에서는 반대를 표명한 인물로, 후에 좌의정 자리에까지 오른 세종 시대의 명신이다. 그러나 졸기에는 '왕의 눈치를 잘 살펴서 비위를 맞추는 의견을 곧잘 냈다'라는 악평이 실려 있다.

던 사람들이 다 어디로 간 걸까?

그로부터 3달이 지난 5월 21일, 세종은 황희, 안순, 신개, 하연, 심도원 등에게 함께 공법 문제를 의논하게 했다. 공교롭게도 여기에 거론된 사람들 모두가 8년 전에 적극적으로 반대한 사람들이었다.

이제 황희는 영의정, 안순은 찬성이 되었다. 신개는 참찬이었고, 하연은 형조판서가 되었다. 또 심도원은 호조판서의 자리에 있었다. 허조는 판중추원사였는데, 이날 논의에는 참여하지 못한 듯하다. 이날 상당히 오래 논의가 이루어졌겠지만, 실록에 실려 있는 것은 아쉽게도 황희로 대표되는 신하들의 정리된 의견이다.

여기에 따르면, 조선의 지방 행정구역인 도는 좌도와 우도로 나누어지는데다 땅의 비옥함 정도가 다르니 도행장道行帳을 참고해서 작년의 생산량에 따라 세금의 상중하를 책정하자고 했다. 세종은 이 문제는 급히 결정할 게 아니니 내일 다시 의논하자는 식으로 마무리 지었다.

이때 참여한 사람들의 대부분이 과거 공법 반대파였는데, 8년 만에 오히려 찬성으로 돌아서게 되었다는 점이 놀랍다. 세종 18년 윤6월 15일에는 공법상정소貢法上程所를 마련했다. 이는 공법의 제정과 실행을 논의하는 전문 회의소인 셈이니, 공법 시행을 추진하려는 세종의 의지는 굳건했다.

사람이 할 일을 다했거늘,
하늘이 따라주지 않다

그로부터 4일 뒤인 19일, 하연은 새로운 건의를 올렸다.

"토지대장에 있는 상중하의 전토가 수확량에서 다소 차이가 있는데도 세금이 모두 같은 것은 본조本朝 고금의 제도이긴 하오나, 그 사이에 상과 중의 전토를 경작하는 사람들 중에서 당초 양전(良田, 토질의 측정)이 바르지 못했던 것을 원망하는 자가 자못 많사온데, 이제 그 등급으로 조세를 거둔다면, 어리석은 백성이라 할지라도 공평하지 못하다는 원망의 소리가 일어날 것입니다."

앞서 공법의 시행 방안을 논의하며 토지의 등급은 상중하로 구분했는데, 그러면 일부 사람들(특히 상과 중의 토지를 가진 사람들)은 등급이 공정하지 못하다고 불평하니 좀 더 자세하게 등급을 나누어야 한다고 본 것이다.

"중국의 하나라에서도 공법을 시행하면서 상황에 맞춰 변동했을 텐데, 지금 공법을 있는 그대로 시행하면 문제가 생길 것입니다. 비판을 거울삼아 토지를 9개 등급으로 나누어 세금을 책정하되, 중국의 주나라에서 매년 관리들이 농지를 돌아다니며 풍흉을 알아보았던 것처럼 각 도의 감사가 그해의 농사 정도를 재어 조세를 책정하게 해야 합니다."

그러면서 시행해 볼 만한 공법의 등급을 제시했는데, 그 내용을 표로 정리하면 아래와 같다.

표 안의 숫자는 1결당 거두는 곡식 두의 숫자이니, 지역별과 토지별로 다른 세금을 매기자는 것이다. 언뜻 보기에 복잡하고 까다로운 내용이지만, 이전의 손실답험법처럼 관리 마음대로 세금을 매기는 게 아니라 구체적인 조세의 기준이 만들어진 셈이다. 8년 전 하연의 반대 의견을 감안하면, 훨씬 자세하게 구체적인 부분까지도 마련되었음을 확인할 수 있다. 물

		상상	상중	상하	중상	중중	중하	하상	하중	하하
상 (전라도)	풍년	22	21	20						
	중년				19	18	17			
	흉년							16	15	14
중 (경기도)	풍년	19	18	17						
	중년				16	15	14			
	흉년							13	12	11
하 (평안도)	풍년	16	15	14						
	중년				13	12	11			
	흉년							10	9	8

＊ 상상~하하는 토지의 등급.
＊＊ 곡창지대인 남부의 전라도는 상으로, 중부인 경기도는 중으로, 토지가 가장 척박한 북쪽의 평안도를 하로 삼았으며, 각 등급을 다시 풍흉에 따라 세 개의 등급으로 나누었다.

론 이것은 하연 혼자만의 생각은 아닐 것이다. 이 내용은 공법이라는 이름이 붙었어도 손실답험법의 장점이 잘 살아 있기 때문이다.

세종은 다시 하연이 올린 시험안을 황희를 비롯한 일전의 신하들에게 보이고 검토하게 했는데, 반응은 그리 좋지 못했다.

> "토질의 상하와 수확량이 많고 적음을 나누었다고 하나, 큰 차이가 없고 다만 5~6척尺 정도 가감하였을 뿐입니다. 중전中田의 소출이 상전上田에 미치지 못하고, 하전下田에서의 소출이 중전에 미치지 못하는데도, 등급을 나누지 않고 일괄적으로 세금을 거두면 소득이 고르지 못할 것이며, 세금제도가 공정함을 잃을 것입니다. 또 그해의 풍흉에 따라 세금을 거두어 매년 등급을 고치면, 마음대로 더했다 뺀다는 원망이 답험踏驗할 때와 다름이 없게 되니, 그 이름만 고쳤을 뿐 옛날 그대로 되고 말 것입니다. 신들의 생각으로는 이전에 정한 논의가 이보다는 나을 것 같습니다."

상당히 완곡하게 표현하기는 했지만, 반대 의견이었다.

하지만 다시 석 달여가 지난 10월 5일, 세종은 또다시 공법 문제로 교지를 내렸다. 공부를 많이 한 세종답게 풍부한 지식과 역사적 내용들을 섞어서 작성한 명문이다. 여기에서 세종은 공법이 한나라, 당나라 그리고 지금 명나라에서도 시행되는 유래 깊은 법이고, 조선의 지형상 가장 적당한 조세제도라고 강조했다. 그리고 고려 말 토지제도가 엉망진창이 되었을 때 할아버지 태조와 아버지 태종이 이를 정리해서 '진실로 아름다운 법'을 만들었지만, 실행하는 관리들의 문제로 폐단이 생겼다고 말했다.

"내가 일찍이 공법을 시행해서 예로부터 전해 내려오는 답험의 폐해를 영원히 없애고자 모든 대소 신료들과 서민들에게까지 물어보매, 시행하기를 원하지 않는 사람이 적고, 시행하기를 원하는 사람이 많았으니, 백성들의 뜻을 알 수 있었다. 그러나 조정의 의논이 어지러워 감정적으로 정지하고 시행하지 않은 지가 몇 해가 되었다."

이렇게 토지제도의 역사와 실태 그리고 관리, 백성에게 시행했던 지난 여론조사의 결과를 보면 백성들이 공법 시행을 원하고 있지 않느냐고 돌려 말하고 있는 것이다.

어쩌면 그것이 그가 8년 전에 하고 싶었던 말일 것이다. 그러면서 세종은 이제까지 공법에 문제가 있었던 것은 운영하는 데 폐단이 있기 때문이라 보고, 호조에서 폐단을 줄이고 앞으로도 계속해서 쓸 수 있는 방안을 마련해서 아뢰라는 명령을 내렸다.

이에 의정부는 먼저 손실답험법의 주요 폐단을 자세하게 언급했다,

"추수 때의 땅을 책정할 때 늘 시골의 사람을 위관委官으로 삼으니, 대부분 용렬해서 주체를 모르고, 무지몽매해서 함부로 책정하거나 혹은 사정을 봐주기도 합니다. 또 하인들의 접대비는 모두 백성들이 부담합니다. 그들이 나돌아다니면서 마음을 소란스럽게 하니, 농민들은 술과 음식을 가져와 여러 날 영접하면서 간청하여 잘 봐주기를 바랍니다. 명목 없는 비용이 세금의 액수에 맞먹어 관청과 민간에 이롭지도 못하고, 여러 해 동안 큰 폐단이 되었습니다."

결국 답험하는 관리가 파견 나오는 것 자체가 민폐라고 하였다. 백성들은 이들을 성대하게 영접하느라 고달파지고, 이 때문에 세금이 쓸데없이 낭비가 되었다는 것이다.

그리고 폐단을 말하는 데에서 그치지 않고, 예전의 제도와 현재의 상황 그리고 토지산출량의 평균을 골라 시행할 만한 새로운 법의 예를 제시했다. 우선 각 도별로 토지의 등급을 정했다. 경상도, 전라도, 충청도를 상등으로 삼고, 중등에는 경기도, 강원도, 황해도를 두었으며, 하등은 함길도, 평안도로 잡았다. 그리고 토지의 등급 역시 상중하로 나누어 상등도의 상등급 밭에서는 1결당 18두를 거두고, 이후 중등과 하등에는 세금을 13~15두로 적당하게 차등을 두었다. 그리고 하등도의 상등급 역시 14두로 세금을 매겼다. 그렇게 나온 지역별, 등급별 세금의 액수를 표로 만들어 보면 다음과 같다.

이런 세금제도는 이전 10퍼센트 세금이나, 조선 초기의 세금보다도 대체로 가벼운 편이다. 농사를 짓지 않고 묵혀 두거나 포기한 땅은 제대로 파악하고, 논과 밭은 바뀌더라도 완전히 생산량을 측정하기 전에는 처음 원칙을 지키게 하고, 묵혀 둔 토지는 본인이 아닌 타인이 신고할 수 있게

	상	중	하
상 (경상도, 전라도, 충청도)	18두	15두	13두
중 (경기도, 강원도, 황해도)	15두	14두	13두
하 (함길도, 평안도)	14두	13두	10두

했다. 또한 정량 세금이다 보니 백성들이 세금 액수를 알고, 관리들의 중간단계를 거치지 않아 간단하다는 장점이 있었다. 흉년이 들면 부담일 수도 있지만, 풍년에는 가벼운 세금을 거두게 되니 조선의 실정에 맞고 폐단이 없는 온전한 세금제도가 되리라고 기대했다. 그러면서도 1~2년 시험을 하자고 건의했으니, 세종은 이 의견에 따랐다.

결국 무난하게 합의안을 도출한 것인데, 그래도 조금 의아해진다. 어째서 8년 전과 이렇게 분위기가 달라진 것일까? 아무리 시간이 지나도 공법에 있던 문제점이 없어지는 게 아니었으며, 이전에 반대했던 사람들이 늙어서 힘이 빠졌다고 해도, 반대하지 않을 인물들은 아니었다(훨씬 후에 세종의 불교 정책에 맹렬하게 반대했던 것을 보아도 그렇다). 아무래도 지난 8년간 세종은 공법의 시행을 위해 많은 것을 준비했던 것 같다. 실록이라는 공식 기록에는 없으나 세종은 계속 공법의 좋은 점, 손실답험법의 문제점, 세제 개혁의 필요성을 끊임없이 신하들에게 설명하고 설득시켰을 것이다. 그리고 세종 자신도 신하들의 의견을 받아들여 문제점을 보완하는 데 애썼기에 세종은 물론 신하들 역시 받아들일 만한 결과가 나온 게 아닐까.

그럼에도 아직 갈 길이 멀었다. 세종 19년 4월 14일, 의정부는 공법을 정했지만 아직 세율 확정에 미진한 부분이 있으니 다시 검토를 하자는 건의를 했다. 세종은 여기에 수긍했고, 몇 달 뒤인 7월 9일, 세종은 다시 신하들과 함께 공법의 구체적인 시행 방안을 덧붙였다.

> "우리나라는 토지가 메말라서 10분의 1의 세금도 역시 과중한 것 같다. 그대들 호조에서는 예전의 폐단이 없었던 법을 살펴보고, 후세에도 오래도록 시행

할 만한 방법을 참작하여, 아울러 시행할 항목들을 세밀하게 마련해서 아뢰도록 하라."

해서 호조가 올린 세금 제도의 개선 방안을 표로 만들면 아래와 같다.

이렇게 거두는 세금은 이전 10퍼센트 세제와 비슷하되 손실답험법보다는 많이 가볍다. 또 묵혀 두거나 재해로 손실을 입은 땅은 토지 주인이 신고하게 하고, 수령이 이를 점검해서 세금 액수에 반영하게 하며, 불성실하게 일하면 처벌하게 하면 된다는 것이다.

"한 사람의 아전이 나가도 종이 한 장의 경비도 들지 않게 되며, 세법은 만세萬歲 대대로 행해질 것입니다."

이런 표현은 조금 과장된 것이겠지만, 그만큼 공법의 내용은 차츰 정리되고 있었다. 이로써 토론형 정치의 가장 긍정적인 모델을 찾아볼 수 있을 것 같다. 왕과 신하들은 반대하기보다는 고민하고 좀 더 멀리 보고, 계속

	상		중		하	
	수전	한전	수전	한전	수전	한전
상 (경상도, 전라도, 충청도)	조미 20두	황두 20두	조미 18두	황두 18두	조미 16두	황두 16두
중 (경기도, 강원도, 황해도)	조미 18두	황두 18두	조미 16두	황두 16두	조미 14두	황두 14두
하 (함길도, 평안도)	조미 16두	황두 16두	조미 14두	황두 14두	조미 12두	황두 12두

* 단, 제주도는 등급 없이 수전, 한전 모두 10두씩.

의논해서 문제를 보완했다. 사람의 일이 완벽해질 수는 없지만, 이처럼 끈질기고 집요한 토론을 통해 가능한 한 폐해와 잡음을 줄여 나갔다.

그런데 이렇게 오랜 토론과 의의를 거친 끝에 본격적으로 시행된 공법에 심각한 반격이 돌아왔다. 그것은 바로 날씨였다.

공법이 본격적으로 시행된 것은 세종 19년 6월경이었다. 마침 그해는 비도 적당히 와서 날씨가 좋았기에 무난한 풍작이 예상되었다. 그런데 7월부터 갑자기 가물었다가 홍수가 나고, 태풍이 몰아닥치며 벌레들이 곡식을 해치는 대재해가 연달아 벌어졌다. 워낙 공법이란 고정세율제도라서 농사가 잘되면 농민에게 유리하고 흉년에는 불리했는데, 운 나쁘게도 흉년이 된 것이었다.

상황이 이렇게 되니 사람들은 공법제도의 시행에 반발했고, 신문고까지 두들기면서 억울함을 호소했다. 또한 황해도 감사가 흉년이니 공법 시행을 늦추자고 건의했으나 세종은 허락하지 않았다. 그러나 그해 8월에는 평안도의 백성 15명이 아무것도 나지 않은 땅에서조차 조세를 거두는 문제를 알리고, 이전의 손실답험법대로 세금을 매겨 달라고 건의했다. 경상도 감사 역시 농사가 흉년이라며 피해를 구제해 달라고 요청했다.

사태가 이렇게 되자 세종은 함길도를 비롯한 각 지역의 세금을 낮추게 하고, 8월 27일에 공법 문제를 의논하게 했다. 여기에 참여한 것은 세종 자신과 도승지 신인손, 좌부승지 권채 등이었다.

신인손 "우선 공법을 정지하고 다시 수손급손법(손실답험법)을 시행한 후에 풍년을 기다리는 것이 편리하겠습니다."

세종 "나의 뜻도 그러하나, 이미 정한 것을 감히 경솔하게 고치지 못한다. 그러나 억지로 공법을 시행하게 되면 백성들이 떠돌아다니거나 혹은 죽는 자가 있을까 염려되니, 마땅히 대신들과 이를 의논하라."

이때까지는 세종이 망설이고 있었던 것 같다. 하지만 신인손이 밖으로 나가자, 세종은 그를 다시 불러 앉히고 이렇게 말했다.

"7월 이후에는 비와 가뭄이 고르지 못해 농사가 부실하고, 풍재風災와 충재蟲災도 있어서 백성이 살 수 없게 되었으니, 이 법을 시행하기에는 어려울 것 같다. 그러나 원래 대신들과 함께 정한 일이라서, 나 혼자 마음대로 할 수 없으니, 공법제조들과 의논하여 아뢰라."

아무래도 그해의 재난은 어지간히 심각했던 것 같다. 영의정 황희, 이조판서 하연은 세종의 공법 반대 의견에 찬성하면서 금년의 조세는 손실답험법대로 매기자고 주장했고, 찬성 신개와 판중추 안순은 이미 시행한 공법을 고칠 수 없으니 피해가 심각한 지역의 세금을 줄여 보완하자고 주장했다. 이렇게 둘로 갈린 의견들을 전달받은 세종의 대답은 이러했다.

"제조들의 의논이 같지 않으니 정부와 육조가 함께 의논하여 아뢰라."

하지만 바로 다음 날인 28일, 세종은 공법을 폐지하고 손실답험법을 시행하게 했다. 승지들을 시켜 의정부와 육조에게 의견을 물었을 때, 조서강은 찬성을 했고, 우의정 노한과 판서 황보인은 가뭄이 든 올해만큼은 시행을 정지하자고 했다. 참찬 조계생은 각 고을이 풍년인지 흉년인지를 확인하고 공법의 세금에 등급을 두자고 했으니, 사실상 손실답험법의 부활이었다. 한편 권제는 영원히 시행할 수 없겠다며 딴죽을 걸었다. 결국 세종은 이렇게 말했다.

> "내가 부덕하여 20여 년을 왕위에 있으면서 한 해도 풍년이 없었고, 해마다 흉년이 들었으나 뒤 세상의 풍년도 기약할 수 없으니, 이 법은 당연히 시행할 수 없겠다."

그러면서도 세종은 이미 공법의 법류를 적어 전국에 반포했으니 후세의 자손들이 좋아하게 되리라는 여운을 남기며, 공법을 폐지하고 민생에 좋도록 옛날의 손실답험법을 그대로 시행하게 했다. 세종으로서는 자신 있게 시작하려던 공법이 천재지변으로 물은 먹은 셈이었다.

난장판 토론
그리고 날치기 통과

그로부터 또다시 1년이 지난 세종 20년 7월 10일, 다시금 공법 시행의 문제가 도마 위에 올라왔다. 의정부와 육조는 합동으로 공법과 손실답험법에 대해 기나긴 토론을 벌였다.

먼저 회의의 주최자인 세종은 공법 문제를 놓고 자신의 심정을 허심탄회하게 털어놓았다. 이제까지의 세금제도의 폐단이 많았다는 사실을 언급하면서, 자신도 지쳤다는 사실을 솔직히 밝히고 있다.

> "내가 평소 일을 할 때 처음과 끝이 뜻이 같지 않은 게 많았는데, 근래에 와서는 기운이 쇠하여 비록 그 이익과 손실이 쉽게 보이는 일들도 오히려 옛 제도를 고치려 들지 않거늘, 하물며 이런 흉년으로 새 법의 시행에 따른 이해를 철저하게 보지도 못했는데 내가 이를 강행하려 하겠는가. 공법은 지금 행하지 않아도 후세 자손들이 반드시 다시 의논하여 행할 사람이 있을 테지만, 법제를 이미 제정하여 백성들도 익히 알고 있어 경솔하게 버릴 수도 없거니와, 여

러 해 미루면 일의 어렵고 쉬운 사정도 다시 현실과 동떨어지게 될 것이다."

그러면서 우선 경상도와 전라도에서 조사를 실시하며, 그곳의 백성들 중에 3분의 2가 찬성하면 공법을 시행하고 그보다 적으면 하지 말자고 하였다. 무려 현대 민주주의의 다수결 정족수 원칙을 내세워 가며 공법의 시행을 완곡하게 주장한 것이다. 그런데 이 하교의 백미는 가장 마지막 구절이다.

"그러나 내 마음은 반드시 이 법을 시행하려는 것도 아니니, 경들은 이 법의 이해利害를 잘 알아서 속히 의논하여 아뢰도록 하라."

자신의 군건한 고집을 자세하게 말하면서도 말꼬리를 흐려서 설레발을 친 셈이었다. 물론 본심은 아니겠지만.

이날의 황희와 우찬성 이맹균은 평소의 그들이라고 생각하기 어려울 만큼 상당히 까칠했다. 이들은 경상도와 전라도는 워낙 땅이 비옥해서 공법을 좋아했지만, 강원도와 황해도는 그렇지 않아서 공법을 시행하지 않았던 것이라고 지적했다.

"만약 공법을 시험하시려면 먼저 강원도와 황해도에 시행해서 백성들이 좋아하면 하삼도下三道에서 시행하여도 무엇이 어려울 게 있겠습니까."

평소에 돌려 말하지 않고 직설적인 표현을 구사했던 황희였으니 이번

만큼은 빈정댄다는 느낌마저 든다.

다음으로 우의정 허조는 여전히 원칙을 고수했다.

> "공법은 경상도와 전라도의 백성들이 시행하기를 희망하오나, 다른 도의 백
> 성들은 원하지 않는 자가 많으므로 결단코 행할 수가 없사옵니다. 이전대로
> 손실법을 써서 중정中正을 얻도록 하옵소서."

경상도와 전라도의 백성들이 공법을 좋아해도 다른 곳의 백성들이 원하지 않으니 절대로 시행할 수 없다며, 이전처럼 손실답험법을 쓰자고 주장했다.

좌찬성 신개, 좌참찬 조계생, 병조판서 황보인, 공조판서 성억, 참판 유계문은 입을 모아 임금의 말대로 하자고 간단히 찬성하였다. 신개는 그렇다곤 해도 왠지 눈에 익은 이름인 황보인이 재미있다.

그 외에 형조판서 정연은 주장했다.

> "경상도와 전라도에서 공법 시행에 찬성하는 이들은 모두 부자들인 듯합니
> 다. 손실답험법에 폐해가 있다 해도 공법으로 인해 부익부 빈익빈이 심화되는
> 것보다 낫지 않겠습니까? 신은 다시 손실답험법을 쓰는 게 좋겠다고 여깁니
> 다."

병조참판 신인손은 올해는 재해가 심하니 내년에 공법을 시행하자고 주장했고, 겸판호조사 안순은 아무리 작은 일이라도 급하게 하면 폐단이 생

기니 전라도와 경상도에서 여론조사를 한 뒤에 다시 논의하자고 말했다.

예조판서 권제는 새것이 옛것보다 10배나 낫다면 고쳐도 되지만, 제도라는 게 쉽게 고칠 수 없다며, 안순과 같은 의견을 제시했다.

당시 예조참판이었던 안숭선은 공법 자체보다 여론조사의 문제점을 지적했다.

> "손실답험법은 진실로 성상의 하교와 같사오나, 자손만대의 법을 행하려고 하면서 졸속으로 백성들에게 물으면, 그들이 어찌 진정한 정원과 법제상의 이해를 분명히 알고 선택을 하겠습니까. …… 어리석은 백성들이 이익과 손해에 현혹되어, 백성들의 좋아하고 싫어하는 것을 막고서 발언한다면, 소수를 좇느냐 다수를 좇느냐 하는 것에도 결단을 내리기 어려울 것입니다."

결국 여론조사는 백성들의 뜻을 알아보는 것이지만, 그 뜻이 정말 제대로 된 뜻이겠냐는 것이다. 그러면서 천천히 민의를 물은 다음 의논을 하자고 말했다.

호조참판 우승범은 세종의 뜻대로 경상도와 전라도에 공법을 몇 년간 시험하자고 주장했다. 이조판서 하연은 이제까지의 손실답험법 폐단을 다시 언급하였다. 만약 세종의 말대로 공법의 시행 여부를 여론조사로 결정하려고 하면, 자기 생각으로는 땅이 척박한 경상도 안동과 전라도 금산은 반대할 것이라며, 다수결로 피해 입는 소수가 언제 어디서나 생겨나게 됨을 강조했다.

"엎드려 성상의 하교를 보옵건대, 공법에 대한 가부를 경상도와 전라도 백성에게 묻는다 하셨습니다. 신의 요망한 생각으로는, 경상도 안동과 전라도 금산의 백성들은 하지 않으려고 할 것입니다. 안동과 금산은 그 토지가 척박한 곳이온데, 똑같이 세금을 거두게 되면 어찌 원성이 없겠습니까. 또 경상도와 전라도라 해도 어찌 매년 상등[上等]이 될 수 있겠습니까. 이는 지난날을 살펴보면 알 수 있는 일입니다."

그렇다고 하연이 무조건 반대만 한 것은 아니었다. 그는 자신이 이전에 주장했던 9등급의 세금제도를 언급하면서, 먼저 백성들에게 공법의 시행 여부를 묻고, 다음으론 9등법의 세금제도를 물어본 다음에 시행하자고 주장했다.

"신의 건의가 중의[衆議]와 상부하지 않았던 것을, 신은 지금까지도 이를 다시 생각해 보면 민망함이 없지 않습니다."

그런데 이 구절은 그의 주장 속에 정말 뜬금없이 들어가 있긴 하다.
호조판서 심도원은 무려 대세론을 주장했다.

"조정 논의에 이동[異同]이 있는 것은, 그 법이 아직 갖춰지지 못해서 그렇단 말씀입니까, 아니면 새 법을 시행하기가 어려워서 그렇단 말씀입니까. 대저 사람은 새 법을 겁내는 법이니, 경상도와 전라도 백성들에게 물으신다면, 비록 시행을 원해도 대세에 휩쓸려 반대한 것입니다. 하지만 이는 새 법이 아니고 오래된 법法을 되찾으려는 것이니, 하필 다수를 따를 것이 무이 있습니까."

　공법 시행의 문제를 놓고 이렇게 조정에서도 왈가왈부하는데, 이를 경상도와 전라도의 백성들에게 물어보면 대세에 휘말려 반대할 것이 틀림없다며, 의견을 구하지 말고 그냥 시행하자고 주장했다.

　그러자 세종은 의견이 모두 뒤죽박죽이니 내일 다시 의논하자고 답을 내렸다. 이날 토론에 참여한 사람 중 원래의 페이스를 지킨 것은 허조 정도였다. 다른 사람들의 의견은 이상할 정도로 감정적이 되어 있다. 황희는 빈정댔고, 하연은 이전에 쌓였던 섭섭함을 토로했으며, 안숭선은 중우정치를 이야기 했고, 심도원은 여론조사 무용론을 외쳤다. 원래 점잖게 정리되는 회의의 내용이 이렇게까지 중구난방이었다는 것은 특이하다.

　이날의 토론은 꽤 격렬해져서 드잡이질을 하거나, 재떨이가 날아가고 삿대질이 오가는 정도는 아닐지라도 (아직 담배가 전래되지 않았던 시기이기도 했다) 치열한 공방전이 벌어졌던 게 아니었을까. 마침내 참여자들은 감정을 폭발시켜 자기 할 말만 열심히 했던 것 같다. 의견들만 해도 '그래, 왕 네 맘대로 해봐라', '임금님 멋져요', '전하 그냥 밀어붙여요', '이전에 날 무시 했겠다' 등이니, 요즘도 여의도에서 가끔 볼 수 있는 난장판을 떠올리게 한다. 세종도 도저히 수습이 되지 않자 지친 나머지 '휴정'을 선언했다.

　그런데 바로 다음 날, 왕이 불러들인 것은 안순, 신개, 조계생, 하연, 심도원, 황보인, 유계문, 우승범, 안숭선 등이었다. 이 중 하연을 제외하고는, 아니 어쩌면 하연까지도 모두 공법에 찬성 의지를 표명했거나 혹은 그런 적이 있었던 사람들이었다. 황희나 허조를 비롯한 반대파들은 모두 어디로 갔을까. 당시 조정도 나랏일로 바빴을 테지만 반대파들이 하나도 오지 않은 것이 수상하다.

어쨌든 멤버가 이러하니, 그날의 의논이 공법 찬성 쪽으로 모이는 것도 당연한 결과였다.

"큰일을 도모하는 사람은 여러 사람과 더불어 모의하지 않습니다."

안숭선은 이렇게 말하며, 공법의 강행을 주장했다. 이로써 경상도와 전라도 두 곳에 공법의 시험 실시가 시작되었으니, 한마디로 날치기 통과였다.

우리나라 성군의 상징인 세종이 이렇게까지 공법을 강행했다는 사실이 조금 충격일 수도 있지만, 결국 세종도 인간이고 왕이었다. 수많은 신하들과 백성들을 이끌어야 하는데 사람들의 의견을 모두 들어줄 수는 없었다. 그렇다고 날치기가 잘했다는 건 아니지만.

계속되는 시행,
계속되는 반대

하지만 여전히 운이 따르지 않아서, 또다시 심각한 자연재해가 벌어졌다. 세종 20년 10월, 그해의 재해는 정말 유난해서, 홍수가 나고 젖은 곡식들이 썩어 나갔다. 12일, 강무(講武, 군사 훈련)를 위해 잠시 궁 밖으로 나온 세종이 장단현 관송에 머물던 중, 경상도와 전라도에서 재해 피해가 너무 심각하니 세금을 면제해 달라는 요청이 들어왔다. 경상도는 그나마 관찰사가 아뢰었지만, 전라도에서는 익산 등의 백성 600명이 올렸으니, 그만큼 생존이 위협받을 만큼 심각했던 모양이다.

세종이 이 문제를 호조에게 논의하게 하자, 농사가 완전히 결딴난 게 아니라면 조세를 면제해 줄 수 없다는 답이 나왔다. 그러자 여기에 반대한 것은 이제까지 공법 찬성파였던 신개였다.

"전라도의 비옥한 들판과 경상도 낙동강 주변이 물에 잠기고 모조리 썩어 한 포기의 벼도 없사옵니다. 이제 공법을 시행하는데 백성의 원망이 심하오니,

신은 조세를 걷을 수 없다고 여깁니다."

그러면서 아무리 공법을 시험한다고 해도 재해가 난 곳은 세금을 면제해야 한다고 주장했다. 이런 신개의 발언은 세종도 놀라게 했다. 그래서 세종은 도승지 김돈 등에게 다시 물어보기까지 했다.

"공법의 시행은 답험하는 폐단을 없애고자 함이다. 이제 공법을 시험하면서, 피해 정도를 살펴서 조세를 면제한다면 무엇 때문에 공법을 시행하는가. 그래서 경상 감사의 보고나 전라도 백성의 상언 ^{上言} 을 시행하지 아니하였는데, 이제 신개가 아뢰는 것이 이 같으니 너희들의 뜻으로는 어떻게 생각하느냐."

공법은 좋은 뜻에서 시행하려고 시험하는 것인데 어떻게 조세를 면제할 수 있겠느냐며 다른 신하들의 뜻을 물은 것이다. 세종은 내심 자신의 편을 들어주길 바란 듯도 하지만 김돈은 신개의 의견에 찬성했다. 이렇게 되자 세종은 궁궐로 돌아간 뒤 다시 의논하자고 말했다.

그로부터 3일이 지난 10월 15일, 세종은 승지들을 모아놓고 또다시 공법 문제를 논의했다.

"만일 극심한 천재지변이 벌어지면 임시로 백성에게 조세를 면제시키는 것이 옳을 것이요, 비록 한 도는 아니라도 한 고을이 모두 피해를 입었다면 면세할 수 있다. 하지만 조금 피해 입은 곳을 답험한다면 공법을 시행하는 본의가 아닌 것이다. 만약 동쪽 밭의 세금을 감한다면 서쪽 밭의 조세를 바치는 자는 원망해서 소송을 할 것이고, 또 풍년이라 해도 반드시 상한 곳이 있을 것이니, 단지 한 곳만의 토지를 면세하고서 어찌 백성들의 원망을 막을 수 있겠는가, 비록 그렇지만 신개의 의논이 있고 너희들의 의견도 또 그러하니, 그곳 감사에게 판단하게 할 것인가, 조정 관리(조관)를 파견하여 썩고 손상된 상황을 심사할 것인가."

결국 세종은 피해로 인한 세금 감면 조치가 장기적으로는 도움이 안 될 거라고 보았다. 그렇지만 신개가 세금을 면제하자는 주장을 했고 신하들 역시 그랬으므로, 주장을 굽힌 것이었다. 형식상으로는 재해 대책의 방안 및 공법을 논의하라는 것이었지만, 내심 세종은 이 기회를 빌려 신하들이 계속 공법을 반대하는 데 섭섭한 마음을 보이고 있다.

하지만 임금의 응석을 받아 줄 영의정 황희가 아니었다.

"공법의 좋지 아니함이 이러합니다."

이렇게 발언의 포문을 연 황희는 공법의 폐해를 열심히 비판했다.

"우리나라가 산천이 많아서 중국의 평탄한 지형과 다른데다, 올해 농사 망친 사람이 많을 텐데 만약 9할의 경작지를 망쳤으면 그 나머지 1할로 먹고 살아야 하는데 여전히 세금을 똑같이 매기면 어떻게 먹고 살겠습니까? …… 관찰사가 이미 지방을 관장하고 있는데 왜 따로 조관을 보냅니까?"

다음으로 발언한 것은 최사강이었다. 최사강은 만약 관찰사를 시켜 피해를 확인하게 하면 논란 및 소송이 많아질 테니 관리를 보내자고 말했다. 결국 세종은 후자의 손을 들어주었다. 애초에 그것이 자신의 뜻이기도 했다.

> "관찰사를 믿지 않는 것은 아니지만 조관을 보내서 그 썩어 손상된 곳을 심사한 뒤에 시행하고자 한다."

그래서 판내섬시사 변효문을 경상도로, 군기감정 민공을 전라도로 파견했다. 그 결과는 11월 중순께에 올라왔는데, 경상도의 재난 지역은 1,800여 결이었고 전라도는 1,570여 결이었다. 본디 곡창지대인 곳이었으나, 이 정도 재해가 났다는 것은 그만큼 나라의 국정에 위협이 되었다는 말이다. 그래서 10결 이상의 피해가 난 곳에만 면세를 허락하자는 결정이 나왔다.

이렇게 되자 황희와 허조는 반대하는 글을 올렸다.

> "지금 나라 안이 평화로워 인구가 많아졌지만 땅은 한정되어 있어 백성들이 땅을 많이 가지고 있지 않은데, 10결 이상을 피해 입은 사람에게만 면세 조치를 내리면 부자만 유리할 수 있습니다."

그러면서 중국의 여러 역사적인 예를 들어 보였고, 끝으로 이렇게 주장했다.

"백성들을 넉넉하게 하는 정치는 백성들에게 적게 세금을 거두는 것이지, 곡식을 풀어서 백성을 진휼하는 것은 아닙니다."

호조참판 이견기는 면세를 시행하는 것도 공법을 통해 시험해 보자고 했고, 세종은 여러 사람들의 의논을 따랐다.

한 해가 지난 세종 21년 5월 4일, 세종은 다시 공법 시행의 문제를 들고 나왔다. 경상도 관찰사인 이선이 공법에 반대하자 세종은 솔직한 마음을 털어놓았다.

"우리나라는 산천이 험하고 평지와 언덕이 뒤섞여 오로지 공법만 시행할 수 있다. 내가 공법을 시행하려고 마음먹은 것은 20여 년이고 대신들과 모의한 것은 6년째인데, 이제 시행한 지 고작 2년이라 좋고 나쁜 것을 구분하기 어렵다. 공법이 잘못되었다며 관찰사인 그대가 시행하지 않으면 어떻게 하느냐? 경이 말한 바가 비록 옳을지라도 실로 대체에 어긋나니, 경은 그리 알지어다."

과연 왕의 이런 글을 받아든 이선은 무슨 생각을 했을까. 하지만 공법에 반대하는 사람은 그 혼자만이 아니었다. 겸지병조사 정종성 역시 공법의 절차를 바꿀 것을 상언했다. 그 내용은 농사가 잘 되고 안 되고를 관리들에게 점검하게 하자는 것으로, 사실상 손실답험법의 부활이었다. 당연히 세종은 이를 허락하지 않았다.

하지만 7월 21일, 사간원은 상소를 올려 본격적인 공법 반대의 기치를 높이 들었다.

"백성은 나라의 근본이요, 먹는 것은 백성의 하늘이니, 백성에게 시행하는 제도가 중도中道를 잃으면, 백성이 그 폐해를 입는 것입니다."

그러면서 고정세율인 공법의 폐해를 차근차근 나열했다.

"지금 공법의 시행에는 그 폐단이 여러 가지입니다. 우리나라의 땅은 산천이 겹치고 평지와 습지가 꾸불꾸불해서, 비옥한 땅은 적고 척박한 땅은 많습니다. 공법이 시행되니 비옥한 밭을 가진 자는 기뻐하고, 척박한 밭을 가진 자는 기뻐하지 않습니다. 비옥한 밭은 세금이 적어지니 나라에 해가 되고, 척박한 밭은 세금이 많아지니 백성에게 피해가 갑니다."

그리고 공법의 시행을 위해 농사짓는 토지를 측량했는데, 이것이 제대로 시행되지 않아서 원래 농토가 아닌데 농토로 등록되기도 하고, 이걸 기반으로 공법이 시행되니 억울한 백성들의 원망이 많다는 것이다.

그러면서도 사간원은 일전에 세종이 "지금 흉년이라 세금이 무겁다고 하는데, 풍년이 들면 세금이 가벼우니 이걸로 보충할 수 있다."라고 했던 말을 언급하며 이렇게 말했다.

"백성들이 비록 풍년을 만났더라도 작년에 꾸었던 것을 다 갚고 나면 겨우 그해의 굶주림을 면하게 되는데, 무슨 남은 게 있어서 이듬해의 빈곤을 보충할 수 있겠습니까. 하물며 근년 이래로 홍수와 가뭄이 연이어 풍년은 적고 흉년은 많습니다. 엎드려 생각하옵건대, 전하께서는 한결같이 조종祖宗의 성헌成憲을 좇으시어 나라의 백성들을 기쁘게 하십시오."

결국 공법을 그만두자는 말이었다. 이에 세종의 대답은 간단했다.

"지금 큰 법을 세우고자 하는데 너희들이 어찌하여 이렇게 번거롭게 청하는
가."

그러나 사간원이란 본디 왕에게 잔소리하는 벼슬이었다. 아무리 상대가
세종이라고 해도 그 한마디에 알아서 꼬리를 말 리 있겠는가. 9월 18일, 이
들은 또다시 공법 문제를 비판하는 글을 올렸다.

"신들이 지난번에 공법을 시행할 수 없다는 상소를 갖추어 아뢰었사온데, 허
락을 받지 못해서 실망을 이기지 못하여 다시 전하께 말씀을 올립니다. 부득
이하게 공법을 시행하신다면 그 폐단을 고쳐야 합니다."

그러면서 사간원은 지금의 공법제도가, 손바닥만 한 땅이 있어도 무조
건 세금을 매겨서 오히려 백성들이 경작을 포기하게 만들고 있다고 지적
하고, 농작지 중에서 농사를 짓지 않고 묵혀 둔 곳이 있으면 관청에 신고
하게 하고 이에 따라 세금을 매기자고 건의했다. 이에 세종이 어떻게 답변
을 했는지는 기재되어 있지 않다.
　이듬해인 22년 5월 8일, 다시금 경상도와 전라도에 공법이 시행되었다.
그런데 이것을 주청한 것은 놀랍게도 이제까지 공법을 반대했던 의정부

였다.

"금년에 곡식에 조금 풍년이 들고, 또 이 공법이 시험한 지가 이미 2년이 되었
으나 별로 큰 폐단이 없사오니, 청하건대 이제부터는 경상도와 전라도에게 모
두 공법을 행하게 하소서."

세종이 따른 것은 물론이었다.

그러면서 6월 4일에 세종은 좌승지 성염조를 시켜 의정부에서 의논하
게 하고, 공법 시행을 관장할 사람을 뽑게 했다. 이렇게 천거된 사람이 의
정부사인 이인손, 동부지돈녕부사 이보정이었다. 이들에게 세종은 이런
명령을 내렸다.

"공법의 시행을 싫어하는 자가 많다. 그러나 이미 세워진 법을 고칠 수는 없
다. 우선 각 도로 하여금 그 토질의 좋고 나쁨을 상세히 살펴서 3등을 만들어
서 아뢰도록 하라."

이 결과를 의정부에서 의견을 정리해 아뢴 것은 13일이었다. 원래 각도
를 상중하로 나누었는데, 실상을 보니 한 도는 고사하고 마을별로도 땅의
질이 달라 같은 세금을 매기는 것은 옳지 않으므로, 9등급으로 나누되 이
전 손실답험법 때의 기준을 그대로 써도 괜찮을 것이다. 그러니 각 지역의
관찰사들에게 땅의 등급을 매기게 하고, 이것을 합산해서 세금 액수를 정
하자고 했다. 공법을 시행하되 이전보다 현실과 타협한 내용이었다.

하지만 세종은 아직까지 OK 사인을 내리지 않았다. 시일이 조금 지난 7월 5일, 세종은 사간원과 의정부가 말했던 공법제도의 폐단을 언급하고 다시 의논하라는 명령을 내린 것이다. 다시 신하들의 의견이 올라온 것은 13일이었는데, 의정부의 우의정 신개, 좌참찬 최부, 우참찬 박안신은 모두 공법의 시행을 찬성했다. 하연은 중국의 고전과 주자朱子 등 유학자들이 공법을 거론했던 예를 정리했다. 그러면서 그는 지금의 공법에는 두 가지 문제점이 있다고 보았는데, 토지의 비옥함의 등급에서였다.

> "땅의 질을 나눌 때에는 두 가지 어려움이 있는데, 우리나라 지형은 중국과 같
> 지 않아서 큰 산과 냇물이 막아서고, 들판과 하수가 뒤얽히며 춥고 따뜻함이
> 같지 않습니다. 날씨에 따라 벼농사가 해마다 변하는데, 무엇에 근거하여 일
> 정한 수량을 정하겠습니까. 또 공법 시행 이후로 중전中田의 조세를 상전上田과
> 같게 하고, 하전의 조세를 중전과 같게 하니, 백성들이 원망하게 되었습니다.
> 지금에는 또 척尺으로써 땅을 재지 않고 눈어림으로만 재니, 등급이 오락가락
> 해서 번거롭고, 억울함을 호소해도 몇 년이 지나도 분별하지 못하니, 그 어려
> 움이 둘째입니다."

하지만 이런 문제를 고려하지 않고 억지로 세금을 결정하니 폐단은 여전하므로, 9등급의 세금을 정하고 지방의 감사가 그해의 농사를 살펴서 등급별로 세금을 거두게 하자고 주장했다.

여기에 더해 각 지역과 고을별로 등급을 나누면 한결 나을 것이라고 주장했다. 그러면서 지적됐던 공법의 여러 문제점에 대해 하나하나 반론을

	상		중		하	
	수전	한전	수전	한전	수전	한전
상 (경상도, 전라도, 충청도)	현미 20두	콩 20두	현미 19두	콩 19두	현미 18두	콩 18두
중 (경기도, 강원도, 황해도)	현미 16두	콩 16두	현미 15두	콩 15두	현미 14두	콩 14두
하 (함길도, 평안도)	현미 12두	콩 12두	현미 11두	콩 11두	현미 10두	콩 10두

들었다. 그런데 하연은 여전히 오래전 자신의 의견이 무시당했던 일에 섭섭함이 남아 있었던 모양이다.

"당초에 공법을 정할 때 신의 소견은 여러 신하의 논의와 합치되지 않았습니다. 특히 이런 뜻으로서 아뢰었으나, 윤허를 받지 못하여 진실로 황송하였사옵니다. 지금 다시 그치지 않고 아뢰는 것은 땅마다 답험하는 것은 그 폐단이 아주 대단하기 때문입니다. 일정한 수량을 정해서 조세를 거두는 것(공법)은 간편할 듯하나 메마른 땅과 흉년에는 통하지 못합니다. 또 고을마다 농사 정도에 따라 등급을 나누는 것은 상세하지만 일이 번거로워 원망이 생기기 쉬우며, 흉년에는 통하지 못합니다. 그러나 9등급으로 나눈다면 일이 간편하면서 폐단도 없을 것이니, 결단하여 시행하기를 엎드려 바랍니다."

하지만 하연의 의견보다는 이제 여든을 바라보는 영의정 황희의 의견에 눈길이 더 가는 것은 어쩔 수 없다. 황희는 공법을 시험한 지 3년인데, 아직도 싫어하는 백성들이 많다고 지적하였다. 또한 원래 나라의 세금제도는 지역별로 다르다는 것을 감안해야 하는데, 지금은 토지 등급도 잘 나뉘지지 않았다고 보았다. 그런데 황희가 정말로 반대한 것은 제도의 잘못보다는 '일이 일을 만드는' 상황 그 자체였던 것 같다.

> "지금 비록 고을마다 토지를 9등급으로 나누려고 하나, 물物이 가지런하지 않은 것은 물의 본정本情인 까닭으로 한 고을 안에도 또한 같은 등급으로 하기 어렵습니다. 장차 무엇으로써 원망을 없게 할 것이며, 또 전지가 묵고 곡식이 여물지 못한 것을 잘 조사하지 못했다는 원망은 무엇으로써 그치게 하겠습니까?"

그래서 지금 농사가 잘 되는 경상도, 전라도, 충청도에서도 감히 싫다는 말을 못하고 이것저것 핑계를 대고 있다고 꼬집었으며, 농사가 잘 되는 곳도 그런데 그렇지 않은 곳은 얼마나 싫어하겠냐고 했다.

> "신은 그윽이 생각하건대, 이 법을 마침내는 시행하기가 어려울 것이니, 바라옵건대 위관이 손실을 정확하게 조사하는 제도를 엄하게 하고, 조종 때부터 마련한 수손급손隨損給損의 성헌成憲대로 하는 것이 어떠합니까."

그리고 이렇게 말한 것도 부족한지, 또 다른 글을 올려서 법을 함부로 바꾸는 폐단에 대해 구구절절하게 논했다.

> "나라를 다스리는 예에는 신뢰만큼 중요한 것이 없습니다. 이전에는 백성이

반석처럼 편했는데 어째서 시끄럽게 고쳐서 일이 많아지게 합니까. 안정된 다스림을 시행해서 백성들을 진정시키면 그게 다스림의 도리에 다행인 것입니다."

그러면서 이런 말도 덧붙였다.

"무릇 시행하는 바는 한결같이 《육전六典》을 따라 백성에게 신의를 보이고, 안정한 다스림을 시행하여 백성의 뜻을 진정하면 다스림의 도리에 매우 다행입니다. 옛날 고려 왕씨가 조정공사朝廷公事 3일이라는 비난을 면치 못한 것은 법을 경솔하게 바꾸었기 때문인데, 신의 소견은 이와 같기에 천위天威를 무릅쓰고 다시 말씀드립니다."

'조정공사 3일'이란, 곧 무슨 일을 해도 3일 만에 법을 뒤엎는다는 말이었다. 황희는 공법 자체의 문제도 있지만, 법을 함부로 바꾸어 생기는 폐해와 복잡함, 그를 통해 백성들의 신뢰를 잃을 것을 우려한 것이었다.

황희의 말에 무게가 있는 것은, 그가 고려 때부터 벼슬을 해 왔던 사람이기 때문이다. 그는 고려가 망하는 것을 보았고, 조선 초의 혼란도 겪으며, 개혁이 성과 없이 주저앉는 것도 보았다. 따라서 지금 마음에 들지 않으니 바꾸었다가 더 많은 폐해가 생길 것을 우려하고 있었다. 이를 보수적이라거나 겁이 많다고 할 수 있겠지만, 반대로 신중하다고 볼 수도 있을 것이다.

당시 황희의 나이는 77세, 관 안에 한 발을 집어넣은 나이였다. 그 나이

쯤 되면 영의정이라는 지위와 권력을 만끽하며 놀아도 될 것을, 젊은이들 틈에 끼어 나랏일을 논의하며 길고 긴 의견서를 올린 것이다. 맹사성은 2년 전, 허조는 1년 전에 이미 세상을 떠났다. 처음 공법을 반대했던 의정부의 세 사람 중 두 사람이 늙어 죽을 정도로 많은 시간이 흘렀다. 황희로서도 쉬고 싶은 마음이 어찌 없을까. 그래도 침침해진 눈과 깜빡이는 기억력을 채찍질하며 자신에게 남아 있는 열과 성을 다해 반대의 글을 올린 것이다. 이런 늙은 영의정의 글을 받아들고도 마음은 약해질지언정 고집으로는 황희에게 지지 않는 것이 세종이었다.

그래서 공법의 시행에 다시 재가가 떨어졌고, 8월 30일에 의정부에서는 호조와 더불어 그간 있었던 공법의 미진함을 보완하는 방안을 정리해 올렸는데, 그 자세한 내용을 정리하면 대략 이러했다.

이제까지 상등급에 있던 충청도가 중급으로 내려가고, 중등급에 있던 강원도가 하급으로 내려갔다. 전체적으로 하연이 앞서 올린 시범안과도 비슷해 보이지만, 고을 내 밭의 비옥도를 상과 중이 같게 매겨, 조세의 하한선이 조금 더 높아졌다.

	상등 고을			중등 고을			하등 고을		
	상전	중전	하전	상전	중전	하전	상전	중전	하전
경상도, 전라도	20두	20두	17두	19두	19두	16두	18두	18두	15두
충청도, 경기도, 황해도	18두	18두	15두	17두	17두	14두	16두	16두	13두
강원도, 함길도, 평안도	17두	17두	14두	16두	16두	13두	15두	15두	12두

이런 변동에 대해 의정부가 설명을 덧붙였다.

1. 농토를 측정한 내용을 살펴보니 상전과 중전은 토질에서나 면적에서나 그리 큰 차이가 나지 않으므로 같은 세율을 매기자.

2. 진전陳田, 즉 묵혀 둔 땅은 수령이 보고를 받고 직접 파악하게 하고 지금 농사를 짓는 땅에만 세금을 매긴다.

3. 자연재해가 벌어지면 감사가 보고하게 하고, 사신을 파견해서 파악한다. 피해가 생긴 만큼 적당히 세금을 깎아 주고, 나머지는 이전에 내린 교지대로 한다.

이 의견은 통과되었다.

마침내 시행!

이렇게 해서 공법이 잘 시행되었느냐고 하면, 그건 절대로 아니었다. 그해 9월에는 경상도 주민 1천 명이 등문고登聞鼓를 치면서 공법이 불편하니 손실답험법을 다시 시행하자는 말을 올렸다. 등문고는 곧 신문고이다. 아쉽게도 이들이 왜 공법을 반대했는지는 기록이 없으며, 세종도 이를 허락하지 않았다. 그렇지만 바로 다음 해의 실록에서 왜 반대했는지의 단서를 발견할 수 있다.

세종 23년 7월 5일, 우의정이 된 신개는 공법의 문제로 상소를 올렸다. 여기에 따르면 공법을 시험 삼아 실시했던 경상도와 전라도에서는 상과 중에서 같은 세금을 거두어도 별말이 없는데, 하등의 땅을 가진 사람들이 유난히 반대했다는 사실을 언급하고 있다. 그렇다면 앞서 반대했던 경상도 사람들은 대체로 하등급의 땅을 가진 사람이었으리라.

신개는 이들이 반대하는 이유를, 땅이 좋은 곳과 달리 메마른 땅은 재난이 없어도 손해 보는 게 많고 흉년이 되면 농사가 전부 결딴나기 때문이라고 보았다.

"경작자에게 다른 실한 밭이 있으면 그래도 세금을 바칠 수 있사오나, 만약 외롭고 가난한 자라서 오직 피해 입은 밭뿐이면 빚을 얻어 세금을 낼 것이오니, 어찌 그 처자식의 굶주림을 구할 겨를이 있겠습니까. 이것이 원망이 없을 수 없는 이유입니다."

부자들은 상과 중의 땅을 가지고 있어도 가난한 사람은 하등이 많은지라 지금 공법은 가난한 사람들에게 많이 불리하다고 말했다. 그러면서도 지금 공법의 시행을 바라는 백성들이 많은데, 이제까지 손실답험법의 폐해에 시달렸지만 공법은 그렇지 않아 기뻐하고 있다는 말도 했다. 그러면서 신개는 다시 보완 방법을 주장했다.

"공법 중 상등과 중등은 그대로 두고 하등은 다시 3등으로 세분해서 실시하면 백성들의 원망이 줄어들 것입니다."

그런데 이날 신개의 상소가 무엇보다 중요한 것은 당시 조선 왕조의 세금 수입액을 거론하였다는 점이다. 그는 이전 손실답험법과 공법의 세금 액수를 비교하고 있는데, 이만큼 공법 시행의 실상을 자세히 알 수 있는 자료도 없다.

신개의 상소에 의하면 공법을 시행하니 입이 떡 벌어질 정도로 세금의 액수가 대폭적으로 늘어났다. 물론 이는 실제로 공법을 시행했던 게 아니

	갑인년(손실답험법)①	공법②	증가액③
경상도	169,811석	257,728석 13두	+87,917석 13두
전라도	158,184석 11두	268,986석 19두	+110,802석 8두
충청도	90,451석 12두	187,839석 22두	+97,388석 10두
황해도	41,573석 10두	143,330석 10두	+101,757석
강원도	20,099석 13두	31,407석 16두	+11,308석 3두
경기도	37,390석 3두	50,200석 14두	+12,810석 11두
함길도	29,244석 8두	56,232석 9두	+26,988석 1두
평안도	54,746석 12두	142,339석 18두	+87,593석 6두

* 1석=20두
** 실록에는 손실답험법과 공법의 시행 시 세액의 증가액만 기재되어 있다. (①+③=②)

라 산술적인 예상 수치이다.

세금 액수가 많아지니 백성들을 더욱 쥐어짜는 것이 아닌가 하는 의문이 들기도 한다. 세종을 애민의 군주라고 하지 않던가? 그런 세종답지 않은 일이라고 생각할는지도 모른다.

그런데 애민이란 것은 백성들에게 좋은 것만 해 주는 것은 아니다. 이를테면 백성들을 생각한다고 세금을 마냥 낮추기만 한다면, 갑자기 재해가 벌어지거나 전쟁이 벌어졌을 때 나라가 움직일 힘이 없어지게 된다. 그렇기에 세종은 백성들에게 나라에서 빌려 준 곡식을 갚도록 독촉하기도 했는데, 이는 '훗날 어려울 때를 구제하기 위한 저축을 위해서', '나라의 창고를 채워두기 위해서'였다.

이런 결과는 이제까지의 손실답험법이 제대로 세금을 매기지 않았다는 것을 보여 주는 예가 아닐까. 앞에서 여러 차례 강조한 대로, 손실답험법은 관리들이 제멋대로 평가를 하거나 중간에 착복하는 등 많은 폐단이 있었다. 결국 공법은 이제까지 세금제도의 문제점을 없애고, 나라 운영을 중앙집권 체제의 기준으로 정리해 제도를 확립하며, 이로써 국가의 재정을 충실하게 한다는 의의가 있었던 것이다.

다시 신개의 주장으로 돌아가면, 그는 하등의 땅을 가진 사람들의 피해를 줄이기 위해 하등을 다시 3등급으로 나누어 세분하자고 했다. 같은 날 세종은 도승지 조서강과 동부승지 성봉조를 불러 공법이 편한지, 어떤 점이 나쁜지를 물어보고 다시 의정부에게 의논하라고 했다. 그리고 이틀 뒤 의정부에서는 충청도에도 공법을 시행하자고 건의했고, 이는 받아들여졌다.

세종은 이제 공법을 활용하고 보급하는 데 전심전력을 다했다. 그저 시행하라는 명령만을 내리는 게 아니었다. 세종 23년에서 24년까지, 세종은 도사를 비롯해 지방관으로 임명되어 임지로 떠나는 사람을 한 명 한 명 직접 만나 지역을 잘 다스리라는 덕담을 내리고, 동시에 공법을 실시하는 이유와 당위성을 차근차근 설명했다.

일견 공법의 세율은 이전보다 무거워 보여 백성들이 반발하지만, 손실답험법의 잡비가 드는 것보다는 오히려 가볍다는 것을 이야기했다. 심지어 세종은 직접 궁궐의 후원에 농장을 만들어 날씨에 따른 수확량의 변동, 풍년과 흉년을 가늠했던 경험을 말하기도 했다.*

세종이 만난 이들은 경상도, 홍주, 구례, 영동, 연풍, 홍산, 개녕 등 도의

* * *
* 이때 밭을 간 것은 아들 중에서 가장 힘이 좋은 수양대군이었는데, 그래서인지 세종도 "아무리 가물어도 인력이 넉넉하면 풍년이 들더라."라는 평을 하고 있다.

감사는 물론이거니와 현감의 수령까지도 포함되어 있었다. 이때 세종은 백성들을 사랑할 것을 강조하며, 자신이 공법을 만든 것은 백성에게 편하게 하기 위해서라고 말했다. 이런 과정들은 극성스럽기는 해도 결코 고압적인 분위기에서 이루어진 것은 아니었다.

세종,
자신의 잘못을 인정하다

하지만 공법의 반대자들은 여전히 신경을 곤두세우고 있었고, 다시금 논쟁에 불이 붙었다. 세종 25년, 그해에도 '또' 지독한 가뭄이 들었다. 5월 중순이 되도록 비가 올 징조가 없었다. 솔직히 세종의 시대에는 넉넉한 풍년이 들었던 때가 대체 언제인가 싶을 만큼, 가뭄과 홍수, 화재 등 각종 재해가 밥 먹듯이 벌어졌다.

어쨌든 가뭄의 발생은 공법 시행에 문제가 생긴다는 소리였다. 당연히 정부에 비상이 걸렸고, 사간원은 또다시 공법의 문제를 물고 늘어졌다. 공법에는 이미 재해 대책도 마련되어 있었지만, 밭이 전부 망가져 아무것도 거둘 수 없어야 면세해 주는 조치였다. 이는 너무 미비하니 80퍼센트 손해가 난 것도 세금을 면제해 주자는 건의가 있었다.

그러나 여전히 가뭄은 심각했고, 7월 10일에는 가뭄 대책회의가 벌어졌다. 이때 논의된 것은 하늘에 기우제를 지내는 것은 물론, 실질적인 구호 대책까지 포함하고 있었는데, 여기에 참여한 것은 황희, 신개, 하연, 권제,

이숙치, 김종서는 물론 훗날 세조가 되는 수양대군(당시는 진양대군), 안평대군이었다. 기우제의 논의 다음으로는 백성들에게 빌려 준 곡식의 채무를 줄이는 문제가 거론되었다.

"각 도의 환상還上을 삭감해 줄 액수를 가늠하여 아뢰게 하고, 백성이 원망하는 것과 백성을 기쁘게 할 일을 각각 진술하라."

부채를 줄일 방법을 말하되, 좋은 점과 나쁜 점을 함께 말하라는 소리였다. 그러면서 세종은 이런 말도 했다.

"내가 명철明哲하지 못해서 일의 옳고 그른 것을 내다보지 못하여 조소를 받기에 이르렀다."

도대체 회의 분위기가 어떠했기에 세종 스스로 웃음거리가 되었다는 말을 했을까. 한편으로 공법이 거론된 지 벌써 수십 년째인데도 아직까지 해결이 안 되고 계속 문제점이 생기니, 천하의 쇠고집 세종으로서도 지칠 수밖에 없었다.

마침내 이 길고 긴 논의가 시작된 이래 처음으로 세종은 공법에 문제가 있다는 사실을 인정했다. 손실답험법의 폐단을 해결하기 위해 공법을 만들었는데, 세금을 줄이자는 의견과 세금이 무겁다는 반대가 빗발치고 상황이 개선되지 않으니, 법이 잘못 만들어진 것을 인정할 수밖에 없었다.

이제까지 공법의 내용을 정리하자면, 상전과 중전은 세금을 가장 많이 내도 20두에 그치니 원래의 30두에 비하면 크게 가벼워진 셈이었다. 그러나 하전의 경우 12말에서 17말에 달해 세금 부담이 커진 것이다. 그러나 세종은 '법은 아침에 고치고 저녁에 바꿀 수 없으니' 공법을 시행하면서 백성들의 편의를 도울 방법을 강구하라는 명령을 내렸다.

신하들은 토론 끝에 하전의 세금을 줄이는 방안을 제시했으니, 이는 앞서 신개의 의견에 따른 것이었다. 다만 시행 방안은 조금 더 구체적으로 정했는데, 특히 환곡은 경기도는 1/3, 충청도는 1/7, 강원도와 황해도는 1/4, 평안도와 함길도는 1/5을 줄이게 했다. 그리고 그해 7월 11일, 세종은 호조에 명을 내려 충청도, 전라도, 경상도에 수정한 공법을 시행하게 했다. 다만 이전에 문제가 되었던 하전의 세금을 줄이겠다는 사실을 공포하고, 임시로 1결당 2두의 세금을 줄이게 했다.

나흘 뒤인 15일에 세종은 다시 승정원에 공법을 의논하게 하고, 그러면서 그간 오고간 신하들의 의견을 정리해서 설명했다. 우선 공법 반대파의 필두는 당연히도 황희였고, 찬성파의 정점은 신개였다. 세종은 당시 조정의 의견이 둘로 갈려 있음을 밝히고 있다.

"희(황희)는 '신에게 말하는 자는 다 공법이 불편하다고 말합니다' 말하고, 개(신개)는 '신과 말하는 자는 다 공법이 편하다고 말합니다' 말하니, 내가 생각하건대, 공법을 혁파하고자 하는 것은 희의 뜻이므로, 희에게 말하는 자는 다 불가하다고 한 것이요, 공법을 실행하고자 하는 것은 개의 뜻이니, 개에게 말하는 자는 다 가히 행할 것이라 하는 것이다. 두 의논이 같지 아니하므로 좇을 바를 알지 못하여, 나도 역시 결단할 것을 알지 못하겠다."

조정 내에서도 공법을 놓고 찬반 의견이 나누어져 황희, 신개를 중심으로 한 각각의 파벌이 만들어져 있었다는 소리인 것이다. 세종도 기가 찼으니 이런 말을 직접 언급하지 않았을까. 이래서야 공법의 폐단을 줄이겠다는 의도도 보람이 없는 지경이었고, 세종도 이 문제를 인정했다.

> "부득이하게 공법을 실행하려면 그 조세를 줄여야 백성에게 편할 것이다. 너희들은 다 근신權이다. 이미 그 의논의 본말＊＊을 알았을 것이니, 그 소견을 얽매이지 말고 거리낌 없이 힘써 생각하고 다 말하라."

이러니저러니 해도 공법의 진행을 강력히 추진해 왔던 것은 바로 세종 자신이었다. 그런 사람이 스스로 자신의 잘못을 인정하는 것은 참담한 기분이었을 것이다. 그렇지만 세종은 잘못을 인정하는 한편, 신하들에게 어찌하면 좋겠느냐고 물었다. 오래전 세종이 국정을 처음 잡고 공법의 문제를 물었던, 경험 없던 시절의 질문과는 달랐다. 참으로 오랫동안 고민하고, 실험하고, 토론했지만 그래도 여전히 문제가 없어지지 않자 애가 타는 마음으로 물었던 것이다.

이에 조서강을 비롯한 승지들은 세금의 액수를 줄인 공법을 다시 몇 년간 시험하자는 의견을 주장했고, 세종은 세자, 곧 문종에게 승지들과 만나 함께 의논하라는 명령을 내렸다. 그즈음의 세종은 건강이 나빠졌기 때문에 세자를 비롯한 아들들이 국정을 나누어 맡고 있었다.

이제 세종도 늙고 지쳤다.

또다시 시작된
공법 토론

다시 공법의 유용함과 실행에 대해 논의가 벌어진 것은 7월 19일의 일이었다. 세종은 공법을 시범적으로 시행하고 있던 전라도, 경상도, 충청도 관찰사들에게 명령을 내렸다. 이때 세종은 이제까지 있었던 공법의 논의 과정을 자세히 설명했다. 왜 손실답험법이 문제가 되었는지, 이것을 고치고자 어떻게 공법을 도입하게 되었는지, 과정을 모두 설명하는 한편 이제 가장 큰 문제가 된 하전의 세금 부담이 극심하다는 것까지 거론했다.

그리고 공법의 시행에 찬성과 반대로 나뉜 현재 조정의 상황을 말하며 자신은 깊은 궁궐 안에 있다 보니 민간의 일을 모른다고 털어놓았다.

"내가 공법의 편부便否를 시험하려고 우선 하삼도에 시험한 것이 이미 여러 해 되었으나, 내가 깊이 궁궐 속에 있으므로 민간의 일을 알지 못하니, 어찌 공법과 손실의 편부를 살펴서 하나로 정하겠는가. 백성이 바라는 것으로 가부를 살피고자 하나, 서민의 마음이 무상無常하여서, 한 사람이 가하다고 하면 다 가하다고 말하고, 한 사람이 옳지 않다고 하면 역시 옳지 않다고 말하여, 바람에 타고 따라가는 형세가 진실로 그러한 것이다."

이러니 공법과 손실답험법의 좋고 나쁜 점을 알아서 결정할 수 없다는 것이다. 그래서 백성들에게 물어 결정하고자 하였으나, 자칫 군중심리에 휩쓸릴 위험이 있고 세종은 자신이 이미 그런 바를 알고 있다는 말도 덧붙였다. 그러면서 이렇게 말했다.

"감사와 수령은 백성에게 가까운 직무이니, 이 법의 편부를 자세하게 알 수 있을 것이요, 서민들의 원하는 바를 역시 알지 못하는 것이 없을 것이다. 여러 사람의 일치하지 못한 말에서 지당한 하나의 결론을 듣고자 하니, 경은 나의 지극한 마음을 알아서, 각 고을 수령들과 여러 사람의 뜻을 참작하고, 자기 의견도 합하고, 각기 경내 백성이 바라는 것과 두 가지 법 가운데 행해서 폐단 없는 것과 마땅히 행할 수 있는 조건을 다시 생각하고 의논을 더하여 밀봉해서 아뢰라."

그러니까 공법의 실행 여부와 문제점을 지적하여 보완하되, 백성들에게 직접 묻기보다는 관리들에게 사정을 총체적으로 분석해서 이를 수합하게 한, 일종의 간접투표였던 점이다. 세종이 이런 방법을 선택한 것은 지난 10년 넘게 있었던 의견 수합 방법에서 나타났던 좋은 점과 나쁜 점을 통해서 배운 것이 있었기 때문이다.

관리들 사이에 찬성과 반대가 치열했지만, 저 나름의 정당함과 근거를 가지고 있었다. 백성들 하나하나에게 뜻을 묻는 것이 가장 이상적이지만, 현실적이지는 않았다. 어차피 어떤 의견 수렴 방법에도 문제가 있다면, 그나마 가장 문제가 없을 내용을 골라내는 것이 중요하지 않은가. 그리고 지방의 관리들에게 글을 보낸 것은 공법의 문제점을 보완하기 위한 것이었지만, 이런 '방법'을 선택했다는 점에서 더욱 눈길이 간다.

덧붙여 세종은 수령관만으로는 법 시행이 어렵다는 판단 아래 경차관을 파견하는 방법을 고안하였다. 이 역시도 찬성과 반대 의견이 분분하자 세종은 중의를 따르자는 답변을 내렸다.

그리고 8월 5일, 사간원에서는 다시 조세가 3분 되는 폐단을 문제 삼아 상소를 올렸다. 이때 사간원의 주장 중에 특히 주목할 만한 것은, 손실답험법의 시행이 공정하지 못한 것은 일을 맡은 사람, 곧 관리에게 잘못이 있지만, 공법의 시행이 공정하지 못한 것은 국가의 입법立法에 있다는 것이다. 그래서 공법을 시행하면 백성들은 겨울에 굶주리게 되고 세금을 원망하고, 정작 손실답험법의 폐해가 무엇인지 알지 못한다고 했다.

사간원은 공법의 가장 큰 폐해를 지목한 것이나 다름없었다. 손실답험법의 폐단은 관리 개인의 잘못이다. 그러나 공법을 시행하게 되면서 그 문제는 나라의 잘못이 된다. 백성들에겐 손실답험이나 공법이나 곡식을 거둬가는 것은 똑같고, '왕'인 세종이 보기에 빤히 보이는 손실답험법의 폐해가 무엇인지도 모른다. 당장 내는 세금이 많아졌으니 공법이 나쁘다고 불평하는 것이다.

더욱이 지방 수령의 수작도 문제였다. 세금 납부 시기마다 백성들을 쥐어짜되, 정해진 양을 채우지 못하면 빚을 얻어서라도 내게 하고, 그러고도 내지 못한 액수는 장부를 조작했다가 다음 추수 때 건는다. 이래서야 백성들의 부담은 나날이 늘어나지만 정부에는 별다른 이상이 없으니 감찰을 나온 감사는 물론이거니와 왕인 세종도 밝혀낼 도리가 없다.

어쩌면 이것이야말로 구중궁궐 속에 갇혀 세상을 움직이는 왕, 세종의 한계였을지도 모른다. 하지만 사간원은 공법을 반대한 것은 아니었다.

"신들은 그윽이 염려하옵건대, 각 고을에서 수입收入한 군자軍資에도 혹시 허수虛數가 있을까 함이옵니다."

공법을 시행한 뒤 괴로운 건 백성만이 아니었다. 관리 역시 세금을 거두는 게 괴로웠다. 특히 공법 시행 이후 거둔 곡식의 양이 10배 이상으로 어마어마하게 늘어나서 창고가 부족했다. 불과 3년 사이에 조선의 관창이 넘쳐났던 것이다.

이렇게 늘어난 세금은 나라살림의 증가가 아닌, 백성들의 굶주림을 뜻할 수도 있었다. 그럼에도 공법을 시행하지 않을 수는 없었다. 이제까지 시행한다고 준비를 하고 여론조사까지 했는데 하루아침에 그만둔다면 나라가 위신을 잃고, 이후의 명령이 통하지 않을 것이었다.

사간원은 이에 따른 공법의 수정 방안을 정리해 올렸다. 올해의 세금은 농사가 잘 되었을 때, 곧 상년을 기준으로 삼고, 중년과 하년은 줄이고, 농토의 비옥함 역시 9등급으로 나누자고 했다. 꽤 자세한 시행 방안을 담고 있었지만, 세종은 이를 거절했다.

"현재 의논이 결정되지 않았는데 너희들이 알지 못한다."

사간원의 정리가 꽤 논리 정연한 것에 비하면 세종의 이런 반응은 조금 뜻밖이다. 무엇보다도 자신 스스로 공법의 잘못을 인정했지만, 어떻게 대처해야 할지 모르는 지경이 계속되었던 게 아닐까. 그래서인지 1달 뒤 9월 11일, 세종은 신하들을 붙잡고 토로했다.

"조세의 일은 반복해 생각해도 그 요령을 얻지 못하겠으니 장차 무슨 방법으로 대처한 연후에야 정리情理에 합하겠는가. 또 1결의 소출이 몇 석 몇 말이나 되는가."

첫 번째 물음도 난감했지만, 두 번째는 더욱 그랬다. 각 지역과 땅별로 질이 다른데 거두는 것이 똑같을 리 없지 않은가. 신하들의 이런 답을 들은 세종은 각 도의 수령에게 시켜서 1결당 평균 수확량을 산출하라고 말했다.

"조용조租庸調의 법은 사정事情에 오활한 것으로 결코 우리나라에 행할 수 없다. 그러나 그 마땅한 것을 얻으려고 생각하여도 그 요령을 얻지 못하겠으니, 어찌하면 하나로 귀결되는 이론을 얻을 것이냐."

결국 중국의 조세제도는 우리나라에는 맞지 않는 제도이며, 우리나라에 맞는 제도를 만들어 내려고 하는데 어떻게 하면 하나로 모이는 의견을 낼 수 있겠느냐고 푸념한 것이다.

그럼에도 이조참의 이변이 다시 손실답험법의 실시를 건의하자, 세종은 그 제도의 폐해가 너무 많다며 물러서지 않았다. 그러면서 자신이 생각한 수정 방안을 말했다. 이전에 사간원이 주장했던 대로, 공법을 시행하되 땅의 비옥함을 9등급으로 나누어서 세금의 액수에 차등을 두자는 것이다. 하지만 다시 토지의 비옥함을 측정하여 이전의 등급과 다르게 되면 논란이 생길 테니, 이전 측정했던 것을 토대로 하자고 했다.

세종이 이런 방안을 생각해 낸 것은 백성들의 불만이 상, 중, 하전의 농사 정도에 따라 세금이 적절하지 못한 데에서 나온 것이기 때문이었다. 그래서 1결당 산출량의 평균을 내자고 하는 한편, 현재 상과 중의 토지에는 세금 1두를 줄이고, 하전에는 세금 4두를 줄이게 했다.

그렇게 세종이 의견을 물었을 때, 신하들은 어차피 9등으로 나누려면 다시 땅의 비옥함을 측량하지 않을 수 없다고 반박했다. 하지만 각자 다른 사정을 반영하여 세금을 줄이자는 의견은 좋다며 부분적으로 긍정을 했다. 이렇게 왕과 신하들이 머리를 맞대고 속을 썩인 것은, 지나친 세금으로 백성들이 괴로워한다는 문제 때문이었다. 조선 왕조의 어떤 왕도 이렇게 오랫동안 백성들의 삶과 어려움에 관심을 가지고 고민한 '때'가 없었다. 그저 왕과 신하들의 사정이나 정권 다툼, 천체의 이변에 더 많은 관심을 가지고 기록했을 뿐이다.

이날의 토론 결과는 1달 뒤 실제 적용되었다. 그해의 가뭄이 유별나게 심해서 세금을 1결당 2두씩 줄였는데, 거기에 더해 경상도, 전라도, 충청도의 상전과 중전에서는 1두를 줄이고, 하전에서는 4두의 세금을 덜 걸게 했다.

그러나 이것으로 해결된 것은 아니었다. 10월 27일, 세종은 황희, 신개, 하연, 황보인, 권제, 정인지를 불러 공법의 문제를 의논하게 했다. 정인지가 본격적으로 공법을 담당한 것이 이즈음의 일이었다.

이번에 현안이 된 것은 역시 토지의 등급을 다시 나누는 것이었다. 우선 1~2년 안에 전국의 토지를 조사해서 등급을 매기는 것은 불가능에 가까웠다. 따라서 세종은 예전의 토지 정보를 바탕으로 5등급을 나누되, 다만 세금을 매기는 단위를 바꾸기로 했다. 이전까지 결結, 복卜, 속束, 파把였던 것을 경頃, 묘畝, 보步로 바꾸어 9등급으로 매기는 것이다. 즉 땅으로는 5등급이요, 이제까지 농부들의 손대중을 단위로 삼았던 경묘법 대신 면적을 과세 단위로 하는 결부제로 바꾼 것이다. 그리고 한 해의 농사 정도를 9등급으로 나누게 했다. 그 외의 많은 일에도 신하들의 의견을 물었다.

"만일 이 안이 좋다면 금년에 하삼도 땅을 전부 심사하게 할 것인가? 전라도만 심사하게 할 것인가? 또 경차관을 나누어 보낸다면, 보는 것이 각각 달라서 등급을 나누는 것이 달라질까 걱정되니, 따로 대신 한 사람을 보내어 도맡아 그 일을 다스리게 하려는데 또한 어떻겠는가? 또 토지의 질을 따지는 일은 쉽지 않으니, 금년에는 금천과 수원 등지에만 시험하고자 하는데 어떻겠는가?"

여기에 대한 신하들의 의견은 어느 정도 긍정적이되, 세종의 의견에 약간 수정을 더했다.

"이미 삼도三道에 모두 공법을 행하였으니, 삼도를 아울러 심사하는 것이 타당하옵니다. 다만 흉년이니 따로 대신을 보내는 것은 폐단이 있습니다. 경차관에게 위임하되 감사에게 이 일을 겸직하게 하는 것이 좋습니다. 만약 시험 삼아 토지의 질을 측정하시려면, 금천의 땅은 5등급을 모두 갖추지 못하였으니, 수원으로 시험하여야 하겠습니다. 비록 금년에 못하더라도 안될 것이 없습니다."

이로써 정부와 육조 모두 공법의 개정안에 찬성했다. 황희라면 한마디 반대를 했을 것도 같은데, 이날의 기록에는 그런 흔적이 없다.

세종은 앞서의 중신들 외에도 다른 신하들을 대거 불러들여 공법의 문제를 의논했는데, 그 많은 신하들의 목록 중 특히 눈에 뜨이는 이름은 대사헌 민신, 집현전 부제학 최만리, 직전 이계전, 응교 정창손, 교리 어효첨, 수찬 하위지, 양성지, 박사 이개 등이다. 공법이나 정국과 직접적인 연관이 없는 각계의 인물들을 모두 모아놓은 셈이다.

세종은 앞서 중신들과 의논했던 이야기를 이들에게도 빠진 데 없이 고스란히 이야기해 주고 그들의 생각을 물었다. 이때의 논의는 이제까지에 비하면 짧고 간단했다. 갑자기 시행하면 어렵겠다, 백성을 편하게 하는 법이니 작은 폐단은 신경 쓰지 말자 등등이었다.

"지금 흉년이라 급히 시행할 것이 아니니 마땅히 풍년을 기다리고, 또 년을 9등으로 나누는 것은 불가하니 3등 혹은 5등으로 나누는 것이 편하겠습니다."

최만리를 필두로 하여 이계전, 하위지, 이개 등이 포함된 집현전파(편의상 이렇게 부르겠다)는 이렇게 의견을 모았다. 회의에서 바로 확정되지는 않았지만, 땅을 5등급으로, 풍흉을 9단계로 나누는 것으로 일단 정착되었다. 공법 시행의 선두에 선 것은 하연과 정인지였다. 특히 정인지는 전법상전소의 제조를 담당하는 한편, 특히 충청도, 전라도, 경상도 도순찰사로 임명되었다. 공법의 찬성자인 그가 하삼도의 도순찰사가 된 것은 그만큼 공법을 시행하려는 세종의 의지가 확고하다는 소리였다. 그런데 재미있는 것은 실록에서 하연, 정인지 두 사람이 이 문제로 비난을 받았다는 점이다.

이때에 하연과 정인지는 국가의 대신으로서 풍년, 흉년을 헤아리지도 않고 급하지 않은 일을 강행하여 뜻을 맞추어 찬성하니, 백성들이 많이 원망하고 지식이 있는 사람들이 비난하였다.

정작 공법제도를 밀어붙인 것은 세종이었는데, 욕은 신하들이 듣고 있으니 신기한 노릇이다. 이런 상황이 한 번만 벌어진 것은 아니긴 했지만.

특히 세종 26년 1월 10일, 세종이 정인지에게 보낸 글에는 세종과 의정부 사이에 있었던 작은 논쟁이 실려 있다. 의정부에서 공법의 안 좋은 점을 꼬치꼬치 따지는 상소를 올렸는데, 세종은 의정부가 제기한 안건 하나하나마다 친히 반박을 했다. 공법의 실제 시행안(연9등급, 전5등급)을 제시하며 이렇게 답을 내렸다.

"부자는 많이 내게 되고 가난한 자는 적게 내게 되어 일이 마땅한데, 무엇을 떠들어 말한다는 것이냐."

그런데 세종을 더욱 답답하게 한 것은 백성들의 태도였던 것 같다. 백성들이 아무리 좋아해도 나라의 전체를 다스리다 보면 누군가는 싫어할 수도 있다. 특히 공법이 시행되면 지레 세금이 올라갈 것이라는 소문마저 도는 안 좋은 상황이었다.

> "어리석은 백성이 이 뜻을 알지 못하고 함부로 세금이 오른다고 말하고, 도리를 아는 선비들까지도 부화뇌동하는데, 만일 세금을 조금 내린다고 하면 사람이 모두 즐거워하겠지만, 세금이란 먼저 총수總數를 정하여 놓고 나누는 것이니, 내리거나 안 내리거나 무엇이 달라지겠는가. 아침에 넷 저녁에 셋을 주겠다 하니, 원숭이들이 모두 기뻐했다는 조삼모사의 비유와 같은 것이다. 다만 백성들이 공평하지 못하다는 한탄을 할까 염려된다.

세금제도의 제정이 얼마나 어려운지를 토로하는 것이지만, 다른 방향에서 세종의 특색을 엿볼 수 있게 하는 대목이기도 하다. 다른 신하들은 중국 고전의 우공이 어떻고, 용자龍子가 어떻고, 성현의 말씀이 어떠네 하고 고전을 떠들어 대고 있을 때, 세종은 실제 있을 법한 예를 들어 '이해하기 쉽게' 말했다. 그리고 이 논의를 보면 당시 공법의 장점과 단점을 누구보다도 잘 알고, 남에게 설명할 수 있는 전문가는 바로 토론의 진행자인 세종이었다. 결국 의정부에서는 백기를 들었다.

"신들은 이 뜻을 자세히 알지 못하였습니다. 상교上敎가 모두 옳습니다."

권위가 아닌 지식으로 밟은 셈이다.

이제 토지의 등급은 5단계로 나뉘게 되었다. 이것은 앞서 정인지 등이 주청한 바이기도 했다. 하지만 백성들은 자신의 토지 등급에 불만을 가질 수밖에 없었다. 낮은 등급을 받을수록 세금을 적게 내니, 어떤 등급의 사람도 자신의 땅이 좀 더 낮은 등급이 되기를 바랄 수밖에 없었다. 그래서 관리가 한번 파견될 때마다 토지 등급을 다시 매기자는 논의가 분분했던 것이다. 정인지도 파견되는 즉시 등급을 다시 매길 작정을 하고 있었던 모양이다. 하지만 세종은 이렇게 말했다.

"백성이 (토지 등급이) 적중하지 못한다고 한탄하는 것은 자연스러운 이치이다."

그러면서 파견된 이후로는 열심히 일하되, 나라가 세금을 많이 거두려고 하는 게 아님을 '어리석은 백성들에게' 알리라고 명했다. 어차피 모든 백성들에게 만족스럽게 나누는 건 불가능하니 너무 힘을 빼지 말라는 것이다.

세종 26년 6월 6일, 세종은 기록상으로 거의 마지막에 가까운 공법 토론을 벌였다. 제일 처음을 장식하는 세종의 발언은 이제까지 모든 토론의 총집편이라고 해도 될 만큼 많은 내용들을 다루고 있다.

우선 세종은 반대자들의 의견에 조목조목 반론을 했다. 대표적인 반대

	주척(周尺)	증감량	조세(천 보당)	세금의 격차
상전척(上田尺)	18,054보	+4,229보	40두 9승 1홉 7작(68두)	중등보다 +25두
중전척(中田尺)	21,582보	+7,753보	30두 1승 9작(43두)	하전보다 +13두
하전척(下田尺)	13,829보		20두 1승 6홉 9작(30두)	

의 근거가 된 것은 땅田分을 5등급, 풍흉年分을 9등급으로 나눌 경우 경우의 수가 무려 50여 개가 되니 번거롭다는 점이다. 이로써 관리의 부정이 생길 수 있거니와 세금 매기는 것 자체가 복잡해질 수 있었다. 또 다른 문제점은 세금의 단위를 바꾸는 일이다. 하지만 세종은 이제까지 있었던 반대 의견들을 하나하나 들어가면서 문제점을 지적하고, 공법의 타당함을 하나하나 설명했다.

그러면서 세종은 또다시 친절하게도 공법의 실행 및 세금의 액수를 예를 들어가며 구체적으로 거론했다.

그 외에도 세금의 단위를 새로이 정하는 결부법, 경묘법의 문제와 논과 밭에 매기는 세금을 달리해야 하느냐의 문제도 물었다. 이제까지 있었던 모든 의견을 수렴하고, 때론 반론을 하거나 의견을 제시한 세종은 변함없이 의견 가장 마지막에 이렇게 말했다.

"어느 말이 옳은가. 잘 의논해서 아뢰라."

이번 토론이 중요했던 것은 더 이상 공법을 시행하느냐 마느냐의 문제가 아니라 어떻게 공법을 잘 시행할 것인가를 의논했다는 것이다. 물론 조정의 뜻이 하나로 뭉치는 드라마틱한 일이 벌어진 것은 아니다. 찬성이든 반대든 일단 가장 좋은 방안을 강구했다는 것이다. 이제까지 수십 년간 공법에 반대했던 황희 역시 여기에 참여했다. 그는 놀랍게도 공법을 반대하는 의견을 내놓기는커녕, 개량 방법을 제시하였다.

"한결같이 이미 행한 공법을 따라야 합니다. 만일 미진한 데가 있으면 다시 상정詳定하게 하십시오."

이날 회의로 왕과 신하들은 경묘법 대신 결부법을 시행하되 땅의 등급은 6등급으로 하자고 합의했다.

나물을 먹는 백성들, 청안현의 토지 구획 실험

시계를 조금 앞으로 돌려 마지막 토론이 벌어지기 전, 세종 26년 중순에 있었던 한 사건은 공법 실행에 있어 분수령이 되었다.

새삼스럽지만 그해에도 또 흉년이 들었다. 작년의 흉년이 워낙 심각했던 터라 굶주리는 백성들을 구휼하는 데만도 정신이 없었건만, 여기에 또다시 지독한 가뭄이 겹친 것이다. 게다가 아산과 태안 일대에는 바닷물이 범람하여 논밭을 못 쓰게 되어 특별한 구휼 조치가 시행되었다. 양수기도 없고 경운기와 농약도 없으며, 모든 걸 하늘과 땅에 기대야 했던 게 당시의 농사였다. 그러니 당연히 재해에 취약할 수밖에 없었다. 이런 와중 또다시 공법의 시행으로 논란이 벌어졌다.

그해 세종은 궁궐의 바깥으로 나섰다. 당시 세종은 눈병을 심하게 앓았기에 초수, 곧 광천수를 이용해 치료하기 위해 출궁한 것이다. 출발했던 것은 세종 26년 2월의 일로, 죽산을 거쳐 3월에는 진천현 북평천을 지나 청주의 초수리에 도착했다. 세종은 왕의 행차로 일대의 백성들에게 민폐를 끼칠까 걱정했고, 각 집마다 술과 고기를 내리는 한편 쌀 2섬씩을 하사하라는 명령을 내렸다.

그런데 눈을 치료하고 있던 와중인 4월 23일, 병조판서 정연이 세종에게 보고를 올렸다. 초수리의 부근인 청안, 지금의 괴산 일대에 갔을 때 30여 명의 남녀가 모두 먹을 것이 없어 나물로 배를 채우고 있는 광경을 목격한 것이다. 정연은 이를 세종에게 알리고, 백성들을 도와줄 것을 건의했다.

"신이 청안에 가니, 남녀 30여 인이 나물을 캐고 있기에 하인을 시켜 살펴보니 모두 나물만 먹고 (굶주린) 빛이 있었습니다. 또 지인(知印, 관직명)이 서울에서 와서 말하기를, '나물을 캐는 자로 들판을 뒤덮고, 대부분 나물만 먹은 빛이 있다' 하오니, 신은 백성들의 굶주림을 걱정합니다. 바라옵건대, 가까운 곳에 사람을 보내서 검찰하게 하고 한두 수령에게 벌을 내리면, 이 소문을 들은 자는 백성을 구휼하지 않는 자가 없을 것입니다."

이 사실을 들은 세종의 제일 처음 대답은 이러했다.

"혹시 내가 여기에 오래 머무른 탓이 아닌가. 빨리 사람을 보내어 검찰하게 하라."

나물 캐 먹는 백성들에게 눈길을 준 정연도 정연이었지만, 구휼을 제대로 하지 않은 지방 관리를 다그치는 대신 자신을 탓한 세종도 세종이다. 되도록 객관적으로 보려고 해도, 세종은 정말 다른 왕들과 기본 마인드부터 다르다는 느낌이다. 아니, 어쩌면 요즘의 지도자와도.

세종은 즉시 청안은 물론이거니와 괴산, 충주, 음성, 회덕, 연산, 청산, 연기, 공주, 부여, 안성, 죽산 등으로 관리들을 파견했다. 백성들의 굶주림 정도를 확인하고 흉작의 정도 역시 확인하기 위해서였다. 이 사건은 새로운 공법제도를 실시하는 시험무대로써 청안현을 선택한 계기가 된 듯하다. 온천 치료를 다녀오던 세종은 낙생역, 즉 요즘의 분당구 수내동 부근에 일종의 임시정부인 행재소를 설치했다. 그리고 청안은 행재소와 가까워서 세종이 직접 공법의 시험 운영을 확인하는 데 유용했다.

세종 26년 7월, 전제상정소에서는 각 지역 토지의 곡식생산량을 추산하는 방법을 건의했다. 땅의 품질과 각 해의 풍흉 정도를 상등, 중등, 하등의 세분화된 등급으로 나누고, 논과 밭별로 씨앗으로 뿌린 곡식의 양과 이에 따른 수확의 정도를 정확한 등급으로 책정하는 방법이었다. 뿐만 아니라 관리들은 물론이거니와 경험 많은 농부들에게 자문을 구하고, 5년 단위로 수확한 곡식의 양을 측정하게 했다.

이후로도 공법의 논의는 계속되었다. 윤7월 23일, 병조판서 한확, 예조판서 김종서, 우참찬 이숙치를 불러 국정을 논의하던 중, 세종은 갑작스레 자신의 잘못을 탓했다.

"내가 여러 가지 일에 여러 사람의 의논을 따르지 않고, 대의를 내세워 강행한 적이 자못 많았다. 수령육기제나 양계축성(兩界築城 4군 6진 개척)과 행직行職, 수직守職을 자급資級에 따르는 등의 일은 남들은 다 불가하다고 하는 것을 나 홀로 여러 사람의 논의를 물리치고 행하였다. 근일에는 공법을 시행하고자 하니,

모든 신하와 백성들이 또 모두 불가하다고 하므로, 내가 상세하고 명확하게 효유하였으나 아직도 오히려 깨닫지 못하니, 내 공법의 시행을 정지하고자 한다."

한숨처럼 시작한 세종의 한탄은 공법으로 이어졌다. 자신이 시행하려고 했지만 신하와 백성들이 모두 안 된다고 말하고, 자신이 자세하고 알기 쉽게 설명했건만 알아주지 못하니, 공법 시행은 그만두겠다는 것이다.

이때 나선 것은 김종서와 승지인 이승손, 유의손이었다.

"공법은 폐지할 수 없습니다. 매년 가을에 경차관을 파견해서 땅의 품질을 자세히 살펴보고, 시한을 급하게 하지 말고 10년을 정해 놓고 기다리는 것이 좋겠습니다."

한편 한확과 황수신은 말했다.

"법이 비록 매우 좋은 것일지라도, 처음으로 시행하려고 하면 백성들은 오히려 놀라게 됩니다."

그리고 지금 백성들이 잘 모르니까 공법을 반대하는 것이고, 마침 성을 쌓고 사민徙民이 시행된데다가 흉년까지 들었으니, 잠깐 공법을 정지했다가 나중에 시행하자고 건의했다. 이에 따른 세종의 대답은 이러했다.

"옛날의 임금들은 일을 할 때 날카로운 의사로 강행하여도 사람들이 이의가 없었는데, 이 법을 세움에 대해서는 여러 번 자세히 효유하였으나, 그 취지를 알지 못하므로 내가 정지하고자 하는 것이다. 그러나 큰일을 이미 결정하였다가 중도에서 폐지하는 것은 옳지 못하다."

세종이 정말로 공법을 그만두려고 했을까. 지난 수십 년이 아까워서라도 차마 하지 못할 터였다. 그런 의미에서 한확과 황수신은 세종의 낚시질에 넘어간 건지도 모르겠다. 그렇다곤 해도 그동안 반대한 김종서가 공법 시행을 강변한 것이 눈에 뜨인다. 이제 세종 말고도 공법이 필요하다고 보는 이들이 많아졌다는 사실을 반영한 게 아닐까.

이날 논의의 끝에서 세종은 공법을 시행하기는 하되, 올해에는 흉년이 심하므로 한두 주현, 곧 작은 행정구역에서 시험하자는 의견을 냈다. 그래서 선택된 곳이 청안현이었다.

며칠 뒤인 윤7월 29일에 세종은 청안현으로 경차관을 파견하여 그곳의 토지의 등급을 매기는 시범 작업을 시작했으며, 8월 1일에는 당시 예조판서였던 김종서와 우참찬 이숙치 그리고 대제학 정인지를 파견해서 곡식의 풍흉 정도를 측정하게 했다. 물론 공법의 시행을 위한 준비 작업이었다.

그런데 문제가 있다면, 세 사람이 본 정도가 모두 달랐다는 것이다. 백성들은 정인지의 기준이 지나치다고 평했는데, 정인지 스스로는 이숙치에 비하면 자기는 가볍게 매겼다고 변명조의 말을 남겼다. 그렇다면 세 사람 중 가장 세금을 가볍게 매긴 것은 김종서이고 그다음으로 정인지, 이숙치였던 것 같다.

어쨌든 그 결과, 24일에는 청안현에서 시범 실시했던 공법의 내역, 즉 토지 구획안을 전국에 적용하기로 했다. 이때 실험 결과가 어떠했는지는 8월 24일 세종이 정인지에게 보낸 편지에 자세하게 기록되어 있다.

토지 57무 당 상상전의 생산량

-1등전 40석, 6등전 10석

청안의 전품

상상년	상중년	상하년	중상년	중중년	중하년	하상년	하중년	하하년
3,841	3,457	2,073	2,689	2,304	1,920	1,536	1,152	768

비인의 전품

상상년	상중년	상하년	중상년	중중년	중하년	하상년	하중년	하하년
2,225	2,002	1,780	1,557	1,335	1,112	890	667	445

공법을 적용했을 때의 세금

-신유년 1,336석/임술년 1,359석

손실답험 때의 세금

-무오년 790석/임술년 1,359석/경신년 292석

그러면서 세종은 공법이 손실답험법에 비하면 지나치게 무겁게 세금이 매겨진 것 같으니 정인지에게 이 사실을 비밀에 부치라고 명했다. 그런데도 고스란히 기록으로 남았으니, 《조선왕조실록》은 정말 훌륭한 기록이다. 어쨌든 공법은 실험 결과와 그간의 노하우가 집적되어 차근차근 내실을 갖추고 진행되고 있었다.

11월 5일에는 왕세자, 곧 문종이 우의정 신개, 좌찬성 하연, 우찬성 황보인과 토지제도를 의논했다. 이들 외에도 권제, 이숙치, 정인지, 정분, 윤형, 이승손, 이순지도 참여했다. 어떤 의견이 오갔는지는 자세하게 기록되지 않았지만, 내용은 공법의 연분(年分), 곧 풍흉의 정도를 지방관의 재량에 맡기느냐, 조정의 관원이 정하게 하느냐 하는 것이었다. 신하들의 선택은 후자였다.

그로부터 8일 뒤인 세종 26년 11월 13일, 마침내 전제상정소에서는 새로운 공법제도의 완성판을 보고했다. 이에 앞서 세종은 세금제도의 단위(결복, 結卜)를 개정하고, 토질과 연분의 정도를 따져 조세의 기준을 정하되 충청도의 청안과 비인, 경상도의 함안과 고령, 전라도의 고산과 광양에 시범 실시를 목표로 하고 시행할 조항들을 의논하게 했다. 마침내 전제상정소에서는 공법을 근간으로 하여, 연분(年分)과 전분(田分)을 가미한 조선의 세금제도를 정리해서 보고했다.

1. 땅의 등급은 도의 구분 없이 전국을 고르게 6등급으로 나눌 것.

2. 하전 1결은 57무.

3. 수확량의 표준을 다음의 표 같이 하되, 밭은 논의 절반으로 상정한다.

	1등급	2등급	3등급	4등급	5등급	6등급
상상년	80석	68석	56석	44석	32석	20석

4. 1결(57무)의 세금은 수확량의 20분의 1.

5. 연분年分, 전분田分에 따른 조세 액수는 다음과 같다.

	상상년 100%	상중년 90%	상하년 80%	중상년 70%	중중년 60%	중하년 50%	하상년 40%	하중년 30%	하하년 20%
1등급	30말	27말	24말	21말	18말	15말	12말	9말	6말
2등급	25말5되	22말9되	20말4되	17말8되	15말3되	12말7되	10말2되	7말6되	5말1되
3등급	21말	18말9되	16말8되	14말7되	12말6되	10말5되	8말4되	6말3되	4말2되
4등급	16말5되	14말 8되	13말2되	11말5되	9말9되	8말2되	6말4되	4말9되	3말3되
5등급	12말	10말 8되	9말6되	8말4되	7말2되	6말	4말8되	3말6되	2말4되
6등급	7말5되	6말7되	6말	5말2되	4말5되	3말7되	3말	2말2되	1말5되

6. 조세를 매기는 단위는 57무=1결이지만 현실에서는 분명하게 나누어지지 않으므로 적당하게 조정하며 그 기준을 정한다. 땅의 면적을 계산하는 것 역시 약간의 오차가 생기므로 땅을 1면당 100을 기준으로 나누어 각각의 척도로 삼는다. 그렇게 하면 산수를 못하는 사람도 충분히 세금 액수를 계산할 수 있다.

7. 그해의 연분은 각 지역의 감사가 담당한다. 농사 정도가 고르지 않더라도 10단계로 나누어 마을/논밭의 단위로 등급을 책정하게 하고, 10퍼센트 이하의 수확에는 세금을 매기지 않는다.

8. 각 감사가 감사한 결과는 의정부나 육조에서 의논하거나, 다시 조관을 파견해 심사하되 그때 상황에 따른다.

9. 농사를 짓지 않고 묵혀 놓은 땅은 농사를 짓지 않아도 될 만큼 땅이 많거나 게으르다는 것이니, 모두 납세 대상이다.

10. 농지인데도 농사를 짓지 않는 땅은 경작자가 신고서를 수령들에게 보내

고, 수령은 심사한 뒤 감사에게 보고하고 재차 확인을 통해 세금을 면제한다.

11. 자연재해로 피해를 입은 땅은 경작자가 신고하고, 수령이 답사한 뒤 감사에게 보고하고, 서울의 검정을 받은 뒤 피해 정도를 기록하고 세금을 면제한다.

12. 재해를 입을 땅이 10결 이상을 넘어가면 수령이 직접 심사해서 보고하고, 경차관이 재해 정도를 정부에 알려 조세를 줄인다.

13. 관리가 제대로 답사하지 않거나 내용을 꾸며내면 처벌한다.

14. 그 외의 땅들은 우선 이전의 법대로 하되, 계산한 끝에 남는 소수점 이하의 끄트머리도 모두 포함한다.

이야말로 세종 9년 이래 계속된 공법 논쟁의 완전 정리판이다. 그렇다고 이 제도가 전국에 바로 시행된 것은 아니었다. 이 해의 공법은 네 고을에 시험 실시한 것이었다. 세종 마지막 해인 1450년에는 전라도, 세조 7년(1461)에는 경기도와 충청도, 다음 해에는 경상도에 시행되었다. 이전부터 공법 실시에 반발이 많았던 북부 지역에서의 실시는 더욱 늦어졌다. 무려 성종 2년(1472)에야 황해도에서 공법이 시행되었으며, 1475년에는 평안도에서 시행되었다. 가장 늦었던 것은 함길도로, 성종 20년(1489)에야 비로소 전국에서 공법이 시행되었다. 하지만 공법의 근간은 세종 때 그리고 이날 전제상정소의 결정이 만든 것이고, 공법을 세종의 업적으로 거론하는 이유가 바로 여기에 있다.

조선 최대의 마라톤 토론

이렇게 길고 지루한 토론 과정을 보다 보면 왜 이리 이 문제를 오래 붙들고 늘어졌나 하는 의문이 들 것도 같다. 하지만 어쩔 수 없는 일이었고, 그러지 않을 수 없는 일이기도 했다. 요즘이야 농산물도 수입하는 세상이지만, 조선 시대의 농업은 나라 수입의 근간이자 백성들의 먹을 것을 모두 생산하는 최대의 국가 산업이었다. 그러니 이렇게 오래도록 첨예하게 논쟁이 벌어진 것도 당연한 일이었다.

하지만 공법 자체는 세종 개인이 의견을 제시하거나 주도했다기보다는, 이제까지 보았던 것처럼 많은 사람들이 의논하고 토론한 결과가 하나로 집결된 것이었다. 때문에 세종이 한 일이 있었나 하고 의문을 가질 수 있을 것 같다.

하지만 이 기나긴 토론의 처음부터 끝까지, 공법을 시행해야만 한다고 변함없는 의견을 주장했던 것이 바로 세종이라는 것을 잊어서는 안 된다. 아무리 좋은 아이디어가 있어도, '구슬이 서 말이라도 꿰어야 보배'라고 하지 않던가. 여러 신하들의 의견이 구슬들이라면, 세종은 이 모든 의견 중에서 가장 좋은 것들을 골라 하나로 묶는 가느다란 실이었다.

그렇다곤 해도 굉장한 마라톤 토론이었다. 시간도 오래 걸렸지만, 공법 내용 자체가 경제, 행정, 지리, 수학, 역사, 복지에 이르기까지 각 분야를 총망라한 방대한 내용이기도 했다. 사료를 읽고 내용을 정리하는 사람이 지칠 정도

인데, 세종과 얼굴을 맞대고 수십 년씩 논의하는 사람은 얼마나 지겹고 힘들 었을까.

하지만 이렇게 하나의 제도가 결정되기까지 사람들의 의논한 것 외에도, 그 과정들이 모두 정리되어 기록으로 남아 있다는 사실에서 다시 한 번 경탄 을 금할 수 없다.

토론왕 세종은 당장 일이 원하는 대로 안 된다고 해도, 화를 내거나 고집을 부리지 않았다. 어쩔 수 없다며 주장을 수그린 다음, 신하들이 지치거나 늙어 서 나가떨어지거나, 구워지고 삶아지고 볶아져서 마침내 수긍할 때까지 같은 문제를 계속 물고 늘어졌다. 그래서 정말로 무서운 사람이기도 했고, 신하들 로서는 논쟁을 벌여서 가장 이기기에 힘든 왕이었다.

세종은 자신의 권력과 지식을 무기로 삼아 마구 휘두르거나, 강압적으로 윽 박지르지 않았다. 대신 집념과 불굴의 의지로 신하들을 설득했다. 그러면서도 손수 머리를 싸매고 끙끙대며 공법의 사항을 고민하고, 민생을 걱정하고, 신하 들에게 좋은 아이디어가 없느냐고 물었다. 수십 년간 말이다.

이렇게 되면 안 해도 될 고생을 사서 하는 임금님이 측은해서라도 일을 돕 게 되는 게 신하의, 아니 사람의 마음이 아닐까. 특히 여차하면 윽박지르거나 화내기 일쑤였던 태조와 태종을 모셔 봤던 나이 든 신하들에게는 사냥질하 고 노는 대신 나랏일을 붙잡고 열심히 하는 어린 왕이 얼마나 기특하고 예뻤 을까.

또한 이런 왕이었기에, 왕과 함께 국가 정책을 의논하는 자리에서 체면을 세우려면 열심히 공부를 해야 했다. 어쩔 수 없는 상황이기는 한데, 요즘 직장에서 시간 채우기용 야근을 억지로 강요하는 것과는 많이 다른 느낌이다.

그런데 세종 때 이런 토론을 거쳐 결정된 사안은 공법뿐만이 아니었다. 공법을 의논하는 수십 년 동안 조선은 중국과 외교 분쟁을 벌이기도 했고, 여진족을 정벌하기도 했다. 고려사를 몇 번이나 고쳐 썼으며, 양녕대군이 사고를 치기도 했다. 한마디로 공법 시행은 세종의 치세 중 일부분이었던 것이다.

이 기나긴 토론을 마무리 짓다 보니, 오랜 토론 끝에 지쳐서 쓰러진 세종과 늙어 죽은 신하들의 모습이 눈앞에 어른거린다. 하지만 이것으로 공법 제정의 문제가 완전히 끝난 것은 아니었다. 그리고 끝날 수도 없었다. 세상에 완벽한 제도란 없다. 공법이 제정되었지만, 바로 다음 해부터 새로운 폐단이 나타나기 시작했고, 이것을 보완하기 위한 수정 역시 계속되었다.

이후 문종, 단종을 거쳐 세조를 지나 성종 때 《경국대전》에 토지법의 조항이 실린 이후로도 이 문제의 논의는 끊임없이 이어졌다. 그런 와중에 많은 실수가 있었고, 또 실패가 있었다. 그렇다면 이것은 시간 낭비인가? 현실은 완벽할 수 없으니 어쩔 수 없다고 할 것인가? 하지만 이런 노력이 있었기에, 공법은 조선 토지제도의 근간이 될 수 있었다.

세종의 시대라고 해서 하늘에서 훌륭한 성군이 뚝 떨어진 것도 아니었고, 땅에서 현명한 신하들이 불쑥 솟아난 것도 아니었다. 하지만 재미도 없고 지겹고도 힘든 부분들을 어떻게든, 조금이라도 더 잘해 보자는 일념만으로 함께 물고 뜯었다. 며칠도 아니고, 몇 년도 아니고, 수십 년간 말이다.

이렇게 왕과 신하들이 오랫동안 토론하고, 실험하고, 의논한 끝에 나온 공법은 그들 모두가 힘을 기울여 탄생시킨 최고의 작품이었다.

1차 예송
논쟁

조선 17대 왕인 효종이 세상을 떠났다. 이때 인조의 계비였던 장렬왕후의 상복 기간을 놓고 논란이 벌어졌다. 여기에는 둘째 아들이면서도 왕위를 이었던 효종과 그 아들 현종이 짊어지고 있던 정통성 문제가 작용하고 있었다. 윤선도가 쓴 한 장의 상소는 학자들의 이론 논쟁을 단숨에 감정적인 분쟁으로 바꾸었다. 그리고 마침내 내 편 아닌 모든 것들을 적으로 여기고 물어뜯는 진흙탕 속의 싸움이 되었다.

논쟁 3

1차 예송 논쟁

1차 예송 논쟁 일지

■ **효종 10년**

5월 4일 ┃ 효종 승하.

■ **현종 즉위년**

5월 5일 ┃ 처음으로 상복의 문제 논의하다. 3년복과 1년복이 대립하여, 1년복으로 결정.

5월 6일 ┃ 관의 크기가 작아 효종의 시신이 들어가지 않다.

5월 9일 ┃ 왕세자의 즉위. 조선 18대 현종.

■ **현종 1년**

3월 16일 ┃ 장령 허목, 3년복을 주장하는 상소를 올리다. 현종, 이 문제를 논의할 것을 명하다.

3월 21일 ┃ 송준길, 허목의 상소에 반론을 제기.

4월 초 ┃ 현종, 송준길과 만나 〈상복도〉를 놓고 의논하다. 송준길, 3년 복을 입어서는 안 된다고 주장.

4월 16일 ┃ 상복 문제를 놓고 대신들이 논의를 한 결과가 올라오다. 대부분의 대신들이 1년복을 지지하였으나, 좌의정 원두표만이 3년복이 맞다고 주장.

4월 18일 ┃ 송시열을 비판하고 3년복을 주장하는 윤선도의 상소가 올라오다. 내용이 지나치다는 승지들의 말에 따라 현종은 읽지 않았다.

4월 19일 ┃ 김수항을 비롯한 신하들, 윤선도의 상소 문제를 의논.

4월 24일 ┃ 윤선도의 상소가 불태워지다. 현종, 송시열에게 위로의 글을 내리다.

4월 26일 | 박세성, 권시를 배려하라는 왕의 명령을 무시하여 현종의 진노를 사다.

4월 30일 | 윤선도, 함경도 삼수군에 안치되다.

5월 1일 | 우의정 원두표, 3년복을 지지하는 상소를 올리다.

5월 3일 | 현종, 기년복으로 결정.

5월 4일 | 효종 1주기를 맞아 자의대비가 상복을 벗다. 이로써 1차 예송 논쟁 종결.

5월 11일 | 부제학 유계 등이 윤선도의 일과 복제에 관해 글을 올리고 3년설을 맹렬히 비난하다.

■ **현종 6년**

9월 18일 | 소현세자의 막내아들 경안군 이회, 세상을 떠나다.

논쟁3 1차 예송 논쟁

송시열

1년복 주장. 만약 그가 어느 학교의 교수였다면, 뛰어난 학자로서 명성을 얻고 길이 남을 명저들을 남겼을 것이다. 대신 학과의 조교들은 위궤양에 시달리고 학생들은 학업의 포기를 심각하게 고민했을 것이다. 조선의 산림정치는 그에게 학자 이상의 역할을 수행할 것을 요구했고, 그 결과 자신은 물론 많은 사람들을 파란으로 몰아넣었다. 그렇다곤 해도 그 본인은 후회한 점 없었으리라.

송준길

1년복 주장. 송시열과는 같이 공부한 사이이자 당대 산림의 대표격이었다. 송시열이 자리를 비운 사이 1년복의 정당함을 열심히 주장했고, 왕을 설득시키려 애썼다. 송시열에 비해 굉장히 온건한 성격으로 그다지 눈에 띄진 않았다. 따라서 송시열만큼 욕을 먹지도 않았다.

윤휴

최초로 3년복을 주장했으나, 정작 예송 논쟁이 불거지자 내내 침묵을 지켰다. 그러나 목소리를 내지 않았을 뿐이지 3년복 이론의 기초를 마련했고, 허목에게도 영향을 주었다. 본래 북인이었지만, 예송 논쟁을 계기로 남인과 가까워졌다.

윤선도

3년복 주장. 이미 70세의 나이였건만 다혈질의 파이터였다. 예송 논쟁이 개싸움으로 돌입하는 데 도화선을 제공했다. 그가 정말 당파를 목적으로 움직인 것인지, 다른 의도가 있었는지는 알 수 없다. 하지만 무난한 성격의 사람이 아니었던 것만은 분명하다. 그의 상소문이 아무리 명문장이라도 인신공격은 짜증을 유발한다는 것을 체험하게 한다.

허목

3년복 주장. 송시열의 1년복설에 본격적으로 반론을 제기하여 예송 논쟁에 불을 지폈다. 자신

의 의견을 입증하기 위해 그림과 도표를 첨가한 프레젠테이션을 마련하는 등 철저하게 논쟁을 준비했다. 그럼에도 송시열의 담론을 넘어서는 데는 힘이 부족했다. 그가 1차 예송 논쟁에서 받았던 수난을 생각하면, 강경파인 청남파가 되었던 것도 이해가 간다.

권 시

3년복 주장. 송시열, 윤휴와 친척관계였다. 그래서인지 중립을 지키려 애쓰면서 윤선도의 편을 들었다가, 서인 정권의 비난 세례에 시골로 떠났다. 사람들이 흥분했을 때는 냉정한 쪽이 바보가 되고, 싸움을 말리려 하는 쪽이 역적이 된다는 것을 온몸으로 보여 준 희생자였다.

현 종

조선의 역대 왕 중에서 가장 존재감이 옅은 것은 그만큼 그 시대에 왕보다 신하들이 강력해서였을 것이다. 갑자기 세상을 떠난 아버지 효종의 뒤를 이었으나, 아버지가 적장자가 아니라는 정통성의 문제로 큰 타격을 받았다. 1차 예송 당시 나라의 왕으로 토론을 주재해야 했건만, 아직 젊고 경험이 없어서인지 줏대가 없었고, 그저 결정이 내려지는 대로 손을 드는 거수기 역할만 할 것을 강요받았다. 그가 1차 예송 논쟁 와중 그리고 후에 느꼈을 모멸감을 생각하면, 2차 예송 논쟁이 벌어진 것은 당연했다.

자의대비 (장렬왕후)

모든 원인의 제공자. 인조의 계비. 자신이 입어야 할 상복 때문에 온 나라가 시끌벅적했지만, 본인은 한마디도 하지 못했다는 것이 아이러니이다. 물론 토론의 원인은 자의대비만의 문제는 아니었지만.

그 외 서인들

이들에게는 철학도, 신념도 없었다. 자기편이 아니라면 무조건 달려들어 물어뜯고 비난하는 모습에서, 요즘의 키보드 워리어들의 모습을 떠올리게 한다.

* 송시열, 허목 초상: 국립중앙박물관 소장

사대주의의 폐해, 예송 논쟁

어느 정도 역사적 상식을 가진 사람들은 조선 시대의 가장 큰 폐해로 당파 싸움을 드는 데 망설이지 않을 것이다. 허례허식이나 지나친 사대주의 역시 마찬가지이다. 그리고 그런 폐해들이 모여 터진 사건에는 당파 때문에 전황을 잘못 알린 임진왜란이 있고, 또 다른 예가 바로 예송 논쟁이다. 조선 효종의 사후 두 번에 걸쳐 벌어진 이 논쟁은 교과서는 물론이고, 웬만한 역사 개설서에서도 모두 실려 있을 만큼 유명한 사건이다.

예송 논쟁의 본질은 무엇인가. 짧게 3줄 요약을 한다면, 상복을 얼마나 입느냐의 문제를 놓고 나라가 둘로 나누어져 싸운 것이다. 그것도 한 번도 아니고 두 번에 걸쳐 관련자들이 귀양 가거나 심지어 죽는 등 엄청난 숙청이 벌어졌고, 이 때문에 정국이 뒤엎어졌다.

한때 식민사관에서는 이야말로 한국인의 열등한 속성이 드러난 사건이라고 비판했다. 그러나 이렇게 '쓸데없이 보이는 것을 두고 싸우는' 논쟁이란 시대와 나라와 종족을 불문하고 어디에서나 있었다.

다시 예송 논쟁의 이야기로 돌아가서 생각해 보자. 예송 논쟁은 서인과 남인들이 정치 주도권을 놓고 벌였다고 이해하는 견해가 꽤 많다. 실제로도 예송 논쟁의 '승리'에 따라 정치 세력 중 어느 한쪽이 힘을 얻어 다른 쪽을 압박하기도 했다. 하지만 그게 전부는 아니다.

예송 논쟁이란 당시 정치, 사회, 문화, 생활 문제까지 뒤얽혀 있었고, 파급효과 역시 엄청났다. 때문에 정치적인 문제만으로 보는 것은 이 문제의 일부만을 보는 것이다. 앞서 말했듯이 인간은 매번 사소한 것에 목숨을 걸고 싸우지만, 그렇다고 모든 싸움이 매번 똑같지는 않다. 싸움을 하더라도 이유와 상황은 저마다 다르다.

이 글을 시작하는 이유도 바로 거기에 있다. 왜 그때 조선에서는 예송 논쟁이 벌어졌는가. 그래야만 했던 특별한 상황은 무엇이었을까.

예송 논쟁은 복상 기간을 놓고 벌어진 논쟁이었다. 얼마나 오랫동안 상복을 입느냐를 놓고 조정이 두 편으로 갈라져 치열하게 싸웠다. 당시 조선 사람들에게 이 문제는 목숨을 걸고서라도 답을 내지 않으면 안될 일이었다. 옷을 얼마 동안 입느냐는 다만 겉으로 드러난 단초일 뿐이었고, 그 이면에는 얽히고설킨 '진짜 원인'이 놓여 있다.

이제부터 예송 논쟁을 당시 조선의 상황에서, 그 사람들의 시선에서 이해해 보자. 예송 논쟁이 구제불능의 바보짓이라면, 그와 똑같은 바보짓을 다시 반복하지 않기 위해서라도 자세히 분석할 필요가 있지 않은가.

예송 논쟁의 원인

예송 논쟁을 이야기 할 때 먼저 시작해야 할 것은 사실의 서술이나 분석보다 기존에 있는 편견부터 깨트리는 작업인 것 같다. 웬만큼 역사에 지식이 있는 사람이라고 해도, 예송 논쟁은 서인과 남인의 정치적 대결이라는 편견을 떠올리게 한다.

아주 틀린 말은 아니지만, 그렇다고 맞는 말도 아니다. 우선 예송 논쟁은 1차와 2차의 전개가 전혀 달랐다. 더군다나 남인들은 효종 시대부터 존재가 희미한 소수파였고, 지나치게 미약한 나머지 숙종 때나 되어서야 겨우 제대로 된 파벌을 형성할 수 있었다. 그러니 현종 때 남인이 서인들과 맞짱을 뜨는 것은 어려웠다. 그리고 원래 서인 쪽이었다가 1차 예송 논쟁을 계기로 등을 돌리거나 남인 쪽에 붙은 인물들도 많았다. 즉 1차 예송 논쟁을 서인 VS 남인 구도로 보면, 단순해서 이해하기는 쉽지만 사건을 정확하게 이해하는 것은 아니다.

그렇다면 어째서 예송 논쟁이 벌어지게 되었을까? 우선 두 가지의 원인이 있다. 예송 논쟁이 벌어졌던 당시의 조선은 사림의 나라였다. 사림하면 당장 훈구파와 사림파가 떠오를 텐데, 훈구파는 조선 건국, 태종과 세조의 찬탈 등 역사적인 대사건에서 한몫을 하여 공신의 지위를 얻고, 이에 따른 각종 특권을 누렸던 기득권층이었다. 한편 사림은 야은 길재 등 세상을 버린 유학자들에서 시작하였는데, 출세를 포기하고 공부에 파묻힌 이들이었다. 현실 정치에 부대끼고 권력을 얻은 대신 부패한 훈구와, 그들에 비해 상대적으로 청렴하게 살았던 공부벌레 사림이 대립하는 것은 당연지사이다. 이들의 대립은 조선 전기의 정국을 움직이는 커다란 흐름이었다.

사림들이 차츰 중앙 정계로 진출하면서부터, 훈구와 사림의 대립은 격렬해졌다. 청렴한 (어디까지나 상대적이다. 사림들은 나름 지방의 알부자나 유지였으니까) 사림은 훈구파들이 탐욕에 눈이 멀어 양심을 저버리고 부도덕하다고 비판하고 개혁을 주장했다. 처음에는 계란으로 바위 치기였다. 중종 때의 사림 조광조는 유교의 도덕과 이상을 부르짖으며 훈구파들을 비판했지만, 그 결과는 무오사화로 끝났다. 이후로도 몇 번의 사화가 거듭되었고, 여기에 휘말린 많은 사림들이 죽거나 귀양을 가야 했다.

하지만 사림들은 명맥이 끊어지는 일 없이 계속 살아남았고, 사회의 소금 노릇을 했다. 죄 없이 희생당한 단종을 가엾이 여기고 사육신들을 충신이라 부르며, 썩어빠진 관료들을 비판하는 것은 사림들의 역할이었다.

조선의 후기에 들어오면 차츰 사림들이 정권을 잡게 된다. 사림의 이상주의는 산림山林이라는 독특한 정치 형태를 탄생시켰다. 산림이란 산림처사山林處士의 준말로, 이름대로 산과 숲 같은 초야에 묻혀 과거 급제를 목표로 하지 않고, 높은 벼슬에 뜻을 두지 않는 유학자였다. 그래서 산림들은 존경받았다. 왕과 신하들은 산림들에게 곧잘 자문을 구했고, 정책을 결정할 때도 그들의 의견에 귀를 기울였다. 산림은 관직을 거부함으로써 권력과 지위에 얽매이지 않았고, 초야에 묻혀 있음으로써 현실의 이익과 타락에 얽매이지 않아 도덕과 이상을 주장했다.

하지만 나라의 높은 관리들은 산림의 제자들이었으니, 산림은 정치에 관여하지 않는 게 아니라 정국을 원격조종하는 것에 불과하다는 비판도 있었다. 그래서 당시의 산림들은 정치가라기보다는 철학가이자 학자였고, 이 때문에 조선 후기 사림정치는 현실 속에서도 이상을 잃지 않았다. 그러나 시간이 흘러 사람들이 세력을 잡으면서 문제가 생겼다. 비판에 익숙했던 개혁가들이 정권을 잡았을 때, 모두 비슷한 단계를 겪게 된다. 그들이 믿어왔던 이상을 실현시키기에 현실은 녹록하지 않았다. 그리고 그 결과, 사람들은 저마다 자신이 '가장' 옳다고 생각하는 방법을 내세웠고, 마침내 자신들끼리 싸우기 시작했다. 이는 당파가 생겨난 한 가지 원인이며, 현재의 한국 정치판에서도 곧잘 벌어지는 일이다.

한편 산림들은 저마다 강렬한 개성을 가지고 있었다. 우리나라 지폐 1천원, 5천 원권에 실린 이황, 이이도 따지고 보면 유학자인 동시에 산림이었다. 정인홍처럼 호전적인 산림도 있었고, 또 앞으로 이야기할 송시열 역시 불굴의 고집통으로 조선 왕조에서 손꼽히는 산림이었다. 이런 산림들과 조정 대신, 왕은 때로 의견을 논하고 때로는 싸우면서 나라를 꾸려나갔다. 산림은 왕의 부름에 따라 때때로 서울에 올라와 현실 정치에 조언을 했다. 그러다 정조 사후, 세도정치가 들어서면서 차츰 그 힘을 잃어갔다. 그러므로 조선 후기의 정치를 논할 때 산림을 빼고 당파 싸움에만 초점을 맞춘다면, 그 재미의 반분은 빼먹고 말하는 것이나 다름없다.

다시 예송 논쟁의 이야기로 돌아가자. 논쟁의 중심에는 산림 송시열이 있었다. 예송 논쟁이라는 역사적 사건의 모든 책임을 송시열이라는 개인에게 덮어씌우는 것은 조금 지나치지만, 사태를 악화시키는 데 그의 유별난 고집이 기여했던 것은 부정할 수 없는 사실이다.

그렇지만 예송 논쟁의 가장 직접적인 원인은 바로 효종의 비정상적인 왕위 계승에서 찾아야 한다. 인조의 첫 번째 아들이자 적장자였던 소현세자는 사치품을 탐내어 중국산 벼루에 맞아 죽었다는 야담도 있으며, 동시에 조선 왕조의 인물 중 독살당했을 가능성이 가장 높다고 여겨지는 사람이기도 하다.

사실 여부야 어떻든, 소현세자는 청나라에서의 오랜 인질 생활을 끝내고 돌아온 뒤 2달 만에 사망했다. 인조는 아들의 장례를 '건성'으로 끝낸 뒤, 세자빈이나 며느리인 민회비 강씨(강빈)가 자신을 저주했다며 사약을 내리고 그 집안을 멸문시켰다. 덧붙여 원손 석철을 포함한 자신들의 손자 셋을 제주도로 귀양 보냈고, 그중 둘이 얼마 되지 않아 병들어 죽었다. 그리고 조선의 세자 자리는 인조의 둘째 아들인 봉림대군에게 넘어갔으니, 그가 바로 효종이었다.

하지만 둘째 아들이었던 봉림대군, 곧 효종의 계승은 적장자 승계 원칙에서 벗어난 것이었다. 인조가 소현세자를 독살했다는 것이야 소문 혹은 야담일 수도 있다. 하지만 정당한 왕위 계승 순서를 바꾸어 둘째 봉림대군을 세자 자리에 앉히고, 멀쩡한 손자들을 죽이거나 죽게 만든 것은 틀림없이 인조의 잘못이었다. 적장자 계승에 입각하면, 소현세자의 아들들은 효종보다도 정통이었다.

그래서 효종은 평생 형과 형수를 부정했다. 그는 형 소현세자가 착하긴 했지만 줏대가 없었고, 그런 형을 망친 게 형수 강빈이라고 공공연히 말하였다. 형수가 저주를 일삼았다거나, 시녀들에게 지나친 돈을 줬다거나, 자신은 형이랑 사이가 좋았다던가, 심지어 형수가 자기 자식을 직접 죽었다는 등 형수의 잘못을 하나하나 들춰가며 신하들 앞에서 욕하기도 했다.

이때의 실록은 나라의 기록이라기보다는 일일드라마 같다. 다만 드라마와 다른 것은 불쌍한 강빈이 억울함을 씻지 못하고 뱃속의 아이와 함께 죽었다는 점이다. 그리고 어린 나이로 제주도에 귀양 간 소현세자의 세 아들 중 둘이 병들어 죽었다. 신하들이, 심지어 청나라 장수 용골대마저도 소현세자 자식들의 귀양을 풀어달라고 했지만 인조와 효종은 끝내 들어주지 않았다. 더군다나 효종은 강빈의 억울함을 풀고 소현세자의 셋째 아들을 풀어달라는 진언을 올린 김홍욱金弘郁을 직접 친국해서 3일 만에 장살杖殺, 곧 때려죽이기까지 했다.

그리 오만가지 작업을 했건만, 효종의 머리 위를 짓누른 소현세자 일가의 비극 혹은 피 값은 쉽게 사라지지 않았다. 왕실이나 정치 상황과는 별 상관없는 백성들은 소현세자와 강빈, 그 자식들을 불쌍히 여겼다. 청나라에 끌려가 고생만 했던 세자가 덜컥 죽고, 강빈이 나쁜 여자로 처형당했지만 그리고 그게 국가에서 정한 진실일지언정, 믿는 사람은 거의 없었다.

효종이 계속 강빈을 비난했던 것은 자신의 즉위 정당성을 지켜야만 했기 때문이다. 강빈의 역모사건과 세손들의 귀양은 실록의 사관들이 대놓고 인조를 비난할 만큼 불합리한 것이었다. 효종이 그런 사실을 모르진 않앗으리라. 하지만 만약 소현세자나 강빈이 억울하게 죽었다는 사실을 인정한다면 그 왕위를 차지한 효종 역시 죄의 책임에서 벗어날 수 없었다. 더군다나 진짜 적장자인 조카들이 버젓이 살아 있는 한 효종의 정통성에 치명적인 문제가 있을 수밖에 없었다.

따라서 효종의 용상은 가시방석이었지만 그가 대처한 방법들이 '뒷담화'라는 참으로 질 낮은 것들이라, 심정은 이해가지만 동정은 가지 않는다. 더군다나 소현세자에게는 아들뿐만 아니라, 딸도 셋이 있었다. 딸들은 귀양을 가지 않았지만, 역시 역적의 자식으로 여겨 효종이 죽기 직전이 되어서야 간신히 군주郡主의 칭호를 받았으며, 모두 젊은 나이에 죽었다.

이처럼 사람들이 이해할 만한 명분이 없었던 효종의 변칙적 왕위 계승은 시간이 흐르고, 그가 왕으로서 말뚝을 박자 어느 정도 진정된 것처럼 보였다. 하지만 한번 잘못 끼운 단추는 언제든, 어떻게든 태가 나게 되어 있다. 과연 효종은 대를 잇고 적장자가 된 것일까? 아니면 여전히 차남으로 남아 있는 걸까? 이 문제는 예송 논쟁의 가장 큰 원인이 되었다. 그렇기에 예송 논쟁의 본질은 단순히 상복의 문제가 아니라, 효종의 변칙 승계에 있으며, 그 아래에는 조선의 현재 왕이 정통이냐 아니냐 하는 문제의식이 깔려 있다.

예송 논쟁은 이런 문제가 남아 있는 한, 언제 어떠한 형태로든 벌어져야 했던 사건이었다. 모든 잘못은 인조 때문이었을까? 그러나 그 결과는 가장 큰 원인을 제공했던 인조 자신이 아니라 손자들이 뒤집어썼다.

효종의 승하

1659년, 효종 10년 5월 4일, 40세의 나이로 효종이 승하했다. 얼굴에 난 종기를 치료하기 위해 침을 놓았다가 피가 멈추지 않았던 것이 사인이었다. 워낙 갑작스러운 사망인데다가, 병을 앓고 있는 어의가 손을 떨며 침을 놓았다는 등의 몇 가지 험악한 소문이 생기기도 했다.

그렇지만 조선은 이미 수백 년을 이어온 나라였다. 왕의 급사가 정치의 혼란으로 이어지지는 않았다. 이미 효종의 큰아들은 왕세자로 번듯하게 책봉되었고, 왕위 계승의 절차는 별 탈 없이 진행되었다. 아직 진정한 적장자인 소현세자의 막내아들이 살아 있긴 했지만 말이다.

닷새 후인 5월 9일, 왕세자가 인정전에서 즉위했으니, 바로 조선 18대 임금인 현종이다. 새 임금의 즉위와 더불어 효종의 장례도 함께 진행되었다. 그런데 한 가지 문제가 불거졌다. 인조의 계비였던 자의대비(장렬왕후)가 대행대왕, 곧 효종을 위해 입을 복제가 문제였다. 인조는 정비였던 인열왕후가 세상을 떠나자, 새로이 계비를 맞아들였다. 바로 자의대비 조씨인데, 예송 논쟁 덕분에 이 이름으로 잘 알려졌지만, 실제로는 장렬왕후 조씨라고 하는 게 옳을 것이다. 어쨌든 조씨는 무려 29살이나 연상인 인조 의 두 번째 왕비가 되었는데, 당연히 그녀는 인열왕후의 자식들보다 훨씬 어렸고, 효종보다도 5살이나 연하였다.

'아들' 효종이 먼저 세상을 떠나자, 젊은 과부 자의대비의 입장이 애매 해졌다. 나이로는 위라고 해도, 족보상으로 효종은 자의대비의 아들이었 고, 이전 시대의 인목대비와 달리 자의대비는 자식도 없었기에 계승문제 에 잡음은 없었다. 하지만 곤란한 것은 자의대비가 아니라 효종의 애매한 종법상 위치였다. 과연 효종은 인조의 둘째 아들인가, 아니면 왕위를 계승 했으니 큰아들인가? 전자라면 자의대비는 1년 동안 상복을 입어야 했고, 후자라면 3년을 입어야 했다.

기간이 어떻든 결국 상복 입는 것은 마찬가지이니 무슨 차이가 있느냐 고 반문할 수도 있겠지만, 유교 국가였던 조선에서 예*란 무엇보다도 소 중했다. 올바른 예법을 시행하는 것은 인간으로 있기 위해 그리고 문명 국 가로 남아 있기 위한 필수적인 조치였다. 그렇기에 이것을 허술하게 다루 는 것은 있을 수 없는 일이었다.

복상의 문제는 효종이 승하한 직후부터 거론되었다. 실록에서는 승하 이튿날인 5일이라고 하고, 《기재잡기》와 《조야첨재》에서는 승하 당일이 라고 기록하고 있다. 장례의 집행은 예조의 소관이었으므로, 예조판서 윤 강, 참판 윤순지, 참의 윤집이 상례 절차의 결정과 시행을 지휘했다. 《국조 오례의》 같은 예서도 있었고, 앞서 선조와 인조 때의 상례 절차를 참고하 며 시행했기에 별다른 문제가 없었다. 아니, 없을 것으로 생각되었다.

자의대비의 상복 문제가 대두되자 현종, 당시 왕세자는 이 문제를 찬선 두 사람에게 문의하라고 명령을 내렸다. 바로 송시열과 송준길을 이르는 말이었다. 예와 관련된 일이었으니 산림들에게 문의를 했지만, 다른 한편으로 관리들 역시 이 문제의 논의에 참여했다.

먼저 영돈녕부사 이경석, 영의정 정태화, 연양부원군 이시백, 좌의정 심지원, 원평부원군 원두표, 완남부원군 이후원은 자의대비의 복제를 1년복으로 결론을 내렸다.

"옛 예는 비록 잘 알 수가 없으나, 시왕時王의 제도를 상고한다면 1년복이 맞을 것 같습니다."

어쩐지 무책임하게 들리는 결론이다. 여기서 말하는 시왕의 제도란 《경국대전》과 《대명률》 등 기존의 조선 예법들을 일컫는다. 현행법에 따른다는 말과 가장 비슷할 것이다. 한편 송시열과 송준길의 의견은 이러했다.

"예율禮律이란 시대의 고금에 따라 다를 수도 같을 수도 있는 것이고, 제왕의 예제는 더욱 가벼이 논의하기 어려운 일입니다. 여러 대신들이 이미 시왕의 제도로 논의를 드렸으니, 신들로서는 감히 다시 다른 말을 할 수가 없습니다."

결국 자의대비의 상복은 1년복으로 잠정 합의되었고, 현종은 의논한 대로 따르라는 명령을 내렸다. 이대로 진행되었다면야 별일 없었을 것이다. 그러나 1년복에 맞서 자의대비가 3년 동안 상복을 입어야 한다는 주장이 대두되었다. 바로 또 다른 산림이었던 전 지평 윤휴의 견해였다. 이로써 자의대비가 상복을 입는 기간에는 1년과 3년이라는 두 개의 의견이 대립하게 되었다. 이것이 예송, 곧 자의대비의 복제를 놓고 벌어진 첫 번째 논쟁이었다.*

　상복 기간을 놓고 예조와 송시열 등이 한참 논의를 벌이던 와중, 영의정 정태화는 합문 밖에 있다가 송시열을 제외한 다른 사람들을 물리치고 종이쪽지를 내보였다. 그것은 윤휴가 쓴 글로, 자의대비가 3년복을 입어야 한다는 주장이 담겨 있었다. 윤휴의 주장이 담긴 편지는 연양부원군 이시백을 통해 정태화에게 전달되었는데, 이렇게 송시열을 몰래 불러내 말한 이유가 무엇일까. 이로써 초래될 복잡한 사태, 곧 예송 논쟁을 예견하기라도 한 것일까.

　이때 윤휴의 주장은 《현종실록》의 〈현종대왕 행장〉과 《현종개수실록》에 기록되어 있으며, 내용에는 《주례周禮》의 〈춘관春官〉과 〈서관序官〉을 인용하였다. 윤휴는 왕을 위해서 참최斬衰, 곧 3년복을 입고, '내종內宗, 외종外宗**도 참최를 입는다'라는 언급을 토대로 자의대비의 상복은 3년복이 되어야 한다고 주장했다. 정태화는 송시열에게 이렇게 물었다.

　　"지금 논의되고 있는 자의전(자의대비) 복제를 어떻게 해야 되겠습니까?"

* * *

* 다만 토론의 상황과 전개는 《현종실록》과 《현종개수실록》에서 조금 다르게 나타난다. 내용이 아주 판이하게 다르지는 않지만, 사실과 시간 순서가 도막도막 기록된 《현종실록》에 비해 《개수실록》은 시간의 추이와 당시의 상황이 좀 더 깔끔하게 정리되어 있다.
** 여기에서 말하는 내종은 왕의 직계 여자친척, 외종은 조카딸로 해석할 수 있다.

그러자 송시열은 예서를 참고해 큰아들이 죽고 둘째 아들이 대를 이었다면 둘째 아들을 위한 상복도 3년이 되는데, 여기에도 예외가 있다고 지적했다. 즉 대를 이은 아들이라고 해도 3년복을 입을 수 없는 네 가지 경우가 있었으니, 다음과 같았다.

1. 정체부득正體不得 – 적장자에게 병이 있어서 종묘를 감당하지 못할 경우.
2. 전중비정체傳重非正體 – 서손庶孫이 후사를 이었을 경우.
3. 체이부정體而不正 – 서자庶子가 후사를 이었을 경우.
4. 정이부체正而不體 – 적손嫡孫이 후사를 이었을 경우.

이는 중국의 고대 경전인 《의례義禮》의 〈상복喪服〉 항목에 근거를 두고 있었다. 이 중 송시열이 문제로 삼은 것은 바로 3번이었다. 지금 효종은 서자가 대를 이은 경우로 볼 수 있다는 것이다. 물론 효종은 둘째 자식이라곤 해도 정실의 왕후에게서 태어난 대군이었다. 그러니 지금의 상식으로 서자일 리 없다고 생각하겠지만, 고대 중국에서는 둘째 아들 이하의 자식을 서자라고 불렀다. 우리 역사에서도 마찬가지다. 단군왕검의 아버지 환웅만 하더라도 환인(제석)의 서자라고 《삼국유사》에 기재되어 있다.

이때 송시열은 '가르치는 사람(꼰대)'의 근성이 발동했는지, 정태화에게 이 모든 내용을 하나하나 설명하며 예를 들기까지 했다. 그런데 이때 정이부체, 체이부정의 용어를 설명하기 위해 들었던 예가 문제였다.

"인조의 입장에서 말하자면 소현昭顯의 아들은 바로 정이부체이고, 대행대왕은 체이부정인 셈입니다."

소현의 아들이란 곧 소현세자의 아들이고, 대행대왕은 바로 효종이었다. 전자는 4번의 경우, 후자는 3번에 해당했다.

여기까지 읽으면 뭔가 이상하게 생각할 것이다. 소현세자의 아들이라니, 그렇다면 송시열은 소현세자의 아들을 진정한 후계자로 생각했던 걸까? 그건 아닐 것이다. 학자로서 상대방의 이해를 돕기 위해 예를 든 것뿐이다. 그리고 사람들이 모두 '맞는 사실이라는 것을 알고 있으나, 정치적인 이유로 감히 입 밖에 내어 말하지 못했던 것'을 말했을 뿐이다. 왜냐하면 송시열은 현실 감각이나 눈치는 없지만 진실에는 민감하고 집착하는 학자였기 때문이다.

하지만 정치가인 정태화는 이 순간 송시열의 발언이 얼마나 위험한지 알아차렸고, 급히 손을 흔들며 말을 막았다. 그도 당연한 것이, 이 순간 송시열은 소현세자의 아들이 적손이라고 말했던 것이다. 이는 곧 효종과 현종이 정통이 아니라는 말과도 통했다. 그 순간 사색이 되어 팔을 휘젓는 영의정과 내가 뭐 틀린 말이라도 했냐며 오히려 정색하는 송시열의 모습이 머릿속에 절로 그려진다. 어쨌든 정태화는 어떻게든 상황을 무마하려고 애썼다.

"예는 비록 그렇다 하더라도 지금 소현에게 아들이 있는데, 누가 감히 그 설을 인용하여 논의하고 있는 예제의 증거로 삼겠습니까?"

그런데《현종개수실록》에서는 이때 정태화의 말을 조금 다르게 적고 있다.

"소현에게 아들이 있는데, 정이부체를 어찌 감히 오늘날 거론하겠습니까?"

어쨌든 이때까지 소현세자의 셋째 아들인 경안군 석견, 이회^{李檜}는 살아 있었다. 부모를 모두 잃고, 네 살의 나이에 제주도로 귀양 가서 형제들마저 잃었다. 이후 이회는 삼촌인 효종에 의해 제주도에서 남해, 강화도 이곳저곳으로 귀양 보내졌지만 아직 죽지 않고 숨이 붙어 있었다. 이 와중에 경안군을 적손으로 인정하는 송시열의 말은 효종과 그의 아들인 현종의 정통성에 일격을 가하는 것이었다. 아무리 예법으로는 옳아도 정치적으로 받아들일 수 없는 내용이었다.

그러면서도 정태화는 송시열이 다른 위험한 소리를 하기 전에 결론을 내야겠다고 생각했는지, 서둘러 결론을 이끌어 냈다.

"나는《예경^{禮敬}》의 깊은 뜻에는 깜깜합니다만, 국조 이래로는 아버지가 아들 상에 모두 1년을 입었다고 들었습니다. 내 뜻은 국제^{國制}를 쓰자는 것입니다."

국제, 즉《경국대전》에서는 아들이 죽으면 아버지는 큰아들, 작은아들 구분 없이 모두 1년을 입었다고 하니 그렇게 하자는 말이었다. 여기에는 송시열도 동의했다. 다만 그 1년복은《대명률^{大明律}》에도 기록되어 있다고 가르쳐 주었다.

"오늘 그대로 따르더라도 불가할 것이 뭐가 있겠습니까."

《대명률》은 이름 그대로 명나라의 법률이었지만, 그보다 훨씬 이전부터 천 년 넘게 이어진 중국 법의 전통을 모은 정수이기도 했다. 조선은 건국 이래 일단 《대명률》을 나라의 법으로 쓰다가, 그 내용을 조선의 사정에 맞춰 고치기도 하고, 세조와 성종 때 《국조오례의》나 《경국대전》을 편찬하면서, 비로소 조선의 법을 완성하였다. 즉 《대명률》은 조선 법의 '원전'이라는 소리이다. 그러니 '《대명률》과 합치된다'라는 말은 더 이상 논쟁의 여지가 필요 없이 분명한 사실이라는 소리였다.* 이로써 1년복으로 결정되었다.

그렇지만 당시 윤휴나 다른 사람들이 이 결과를 모두 이해하고 받아들인 것은 아니었다. 오히려 불합리하다고 생각하며 또 반대했다. 윤휴는 나중에 송시열의 주장을 듣고 내종은 모두 왕을 위해 참최(3년복)를 입는다며 반박했고, 송시열은 다시 여기에 반론을 펼쳤다.

"내종이 3년복을 입는 것은 친척으로서가 아니라 신하로서 슬퍼하는 예를 갖추는 것이기 때문입니다."

또 생전의 효종은 자의대비에게 감히 자신을 아들이라고 하지 못하고

---

* 한 가지 덧붙이자면, 《현종개수실록》에서는 조금 다르게 나와 있다. 《대명률》과 국제, 곧 《경국대전》에서 아들의 순서 구분 없이 1년간 상복을 입는다는 조항을 끌어내고, 여기에 《상례비요(喪禮備要)》의 내용까지 인용해서 근거로 삼은 것은 정태화가 아닌 송시열이라 하고 있다.

신하를 자처했는데, 지금 자의대비가 3년복을 입으면 효종의 신하가 되는 셈이니 관계가 뒤집히는 꼴이라고 주장했다. 윤휴는 송시열의 반론에 적절한 답을 하는 대신 이렇게 주장했다.

"제왕가帝王家는 종통을 중시하니 이후 송시열이 말한 사종설四種說은 쓸 수 없을 것입니다."

꼼꼼하게 따져 본다면 예법과 이론의 논리에 있어 송시열은 이론과 그 것을 뒷받침하는 근거도 갖추고 있었다. 하지만 윤휴는 여기에 직접 반론 하는 대신, '왕은 특별하며 모든 예법에 예외가 된다'라고 주장한 것이다. 카드놀이로 비유를 하자면 송시열이 승부를 걸고 포 카드를 내밀자 윤휴 쪽은 조커 카드를 내민 것이다. 토론으로 보면 꽤 기운 빠지는 결말이었 다. 윤휴의 주장은 차후에 좀 더 자세하게 다루겠지만, 어쨌든 《현종실록》 에서는 이때 3년복을 주장한 사람은 윤휴뿐이라고 적고 있다.

이렇게 한바탕 토론이 있었지만, 복상 문제는 아직까지는 본격적인 논 쟁으로 이어지지 않았다. 국상을 치를 일정이 촉박했기 때문이다. 때는 5월이었고, 날씨는 시체가 빨리 부패할 만큼 따뜻했다. 그래서 사람들의 관심은 국상에 쏠려 있었다. 그런데다가 자의대비의 복상 문제가 당분간 사람들 뇌리에서 잊힐 만큼 커다란 사건이 벌어졌으니, 바로 관의 문제 였다.

5월 6일, 효종이 세상을 떠난 지 이틀째였다. 염을 끝낸 효종의 시신을 관에 넣으려는데, 관의 길이와 너비가 염한 시신보다 작아서 넣을 수가 없었다. 이런 초유의 사태에 조정은 당연히 당황했다. 결국 새로운 나무로 관의 일부를 덧대어 안장할 수 있었지만, 이 사건은 두고두고 문젯거리가 되었다. 이때 《현종실록》의 사관은 송시열이 소렴 때 시신을 끈으로 묶는 것을 반대했기 때문에 시신이 부풀었고, 이로써 관이 안 맞았다면서 비난하고 있다. 하지만 재궁(梓宮, 관)은 효종의 즉위 초에 만들어진 것이었다. 그리고 5월이라곤 해도, 효종이 사망한 지 겨우 이틀이 지났으니 부패가 그렇게까지 신속하게 진행되었을 것 같지는 않다.

한편 《현종개수실록》에서는 효종이 워낙 신장이 컸는데, 미리 만들어 둔 관은 기존 예법(기준치)에 따랐기에 맞지 않았다고 말하고 있다. 이 말은 꽤 설득력이 있다. 왜냐하면 효종의 관의 폭은 둘째 치고 길이도 안 맞았기 때문이다. 그러므로 널빤지 관 사건은 어쩌면 조선 사람들의 평균 신장 변화에 기존 관행이 따라가지 못해서 빚어진 불행한 사고였을지도 모른다. 하지만 이 사건은 송시열을 못마땅하게 생각했던 많은 사람들에게 훌륭한 빌미가 되었다.

허목 VS 송준길, 첫 번째 논쟁의 막이 오르다

"신들은 국상의 상복을 입는 예절에서, '예관禮官이 맡은 일이고, 당연히 예로부터 내려온 국가 전례가 있겠지'라고 여겨, 동료들과 함께 방상方喪의 잘못만을 논했는데, 시골로 돌아와 대신들이 의논했던 거처를 옮기실 때의 절목을 보고 나서야 비로소 대왕대비(자의대비)께서 기년(朞年, 1년)복제를 입으시게 되었음을 알았습니다. 초상 때라서 황급한 나머지 예를 의논한 신하들이 자세히 살피지 못하여 그러한 실수가 있었던 것입니까?"

현종 1년 3월 16일, 효종이 승하한 지 10개월 정도 지났을 무렵, 한 장의 상소가 조정에 올라왔다. 장령 허목이 올린 글이었다. 본격적으로 1년복이 잘못되었다고 주장한 허목의 이 상소는 새로운 파란을 일으켰다.

허목이 자신의 주장을 전개하기 위해 인용했던 것은 《의례》였다. 좀 더 정확하게 말하면 《의례주소儀禮注疏》였다. 《의례》는 중국 전설상의 성인 주공이 지은 책인데, 워낙 옛날 글이다 보니 당연히 생소한 단어나 알 수 없는 부분들이 많았다. 그래서 설명과 견해를 덧붙였는데 이것이 바로 주소였다. 주^注를 붙인 것이 후한 시대의 학자 정현이고, 소^疏를 붙인 것은 당나라의 학자 가공언이었다. 이후로 오랜 시간이 지나다 보니, 주석서도 나름의 권위를 가진 경전이 되었다.* 허목이 1년복을 반박하는 근거로 들고 나온 것은 바로 《의례》의 한 구절이었다.

> "〈상복 참최장^{喪服斬衰章}〉 부위장자^{父爲長子}의 전^傳에 보면 이르기를, '왜 3년을 입는 것일까? 위로 하여 정체^{正體}이기 때문이고 또 앞으로 전중^{傳重}이 될 것이기 때문이다'라고 하였습니다."

허목은 적자라는 호칭 자체가 대부나 사(士, 선비)에게나 통용되지, 천자나 제후에게는 통용되는 것이 아니라고 해석했다. 그리고 적처가 낳은 자식들 모두 적자이고, 첫째 아들이 죽으면 적처 소생의 둘째 아들이 장자가 된다고 주장했다. 또 〈재최장^{齊衰章}〉의 모위장자^{母爲長子} 주소에서 '어머니는 죽은 자식을 위해 3년복을 입는다'라는 구절을 인용했다.

그러면서 송시열이 인용했던 체이부정에서 서자란 첩의 아들을 말하는 것으로 해석했고, 적자로 후계자를 삼으면 3년복을 입고 서자가 후사를 이으면 1년복을 입는다고 주장했다.

결국 효종이 둘째 아들이라고 해도 대를 이었으니 적장자가 되고, 따라

...

* 송시열이 인용했던 《예기》 역시 중요한 경전이었다. 고대 중국에서 예를 논한 경전은 크게 《예기》, 《주례》, 《의례》가 있었고, 송시열과 허목 두 사람은 서로 다른 책을 근거로 삼은 것이다.

서 자의대비는 3년복을 입어야 한다는 소리였다.

"효종께서는 인조의 둘째 장자로서 이미 종묘를 이었으니, 대왕대비께서 효종을 위하여 재최 3년을 입어야 할 것은 예제로 보아 의심할 것이 없는 일인데, 지금 강등해서 기년복제로 한 것입니다. …… 지금 효종으로 말하면 대왕대비에게는 이미 적자인 것이고, 또 조계祖階를 밟아 왕위에 올라 존엄한 정체입니다. 그런데 그의 복제에서는 체이부정으로 3년을 입을 수 없는 자와 동등하게 되었으니, 어디에 근거를 두고 한 일인지 신으로서는 모르겠습니다."

허목은 효종이야말로 적자이자 왕의 대통을 이은 지존이며, 기년복이야말로 경전의 출처가 없다고 주장했다. 그리고 체이부정에서 말하는 서자란 적자일 리 없다며 송시열의 주장을 배격했다.

허목이 이 글을 올린 시기는 효종이 사망하고 나서 거의 1년이 지나가는 즈음으로, 곧 자의대비의 복제가 끝나가는 시기였다. 그러므로 복제를 3년 연장하려면 지금을 놓쳐서는 안 되었다.

"바라건대 예관과 유신들로 하여금 예에 어긋난 복제를 바로잡게 하소서. 지금 대상사의 연제練祭가 다가오고 있는데, 연제를 마치고 나면 기년복은 끝나는 것으로 그때 가서는 후회한들 어쩔 수가 없을 것입니다."

현종은 이 문제를 예조에 내렸다. 당시 예조판서였던 윤강은 원래 자의대비의 1년복도 대신들과 산림들이 의논해서 결정했다는 사실을 재확인했다.

> "지금 허목이 지적한 내용을 보면 3년복으로 하는 것이 옳은데 기년으로 한
> 것은 잘못이라고 하고 있습니다. 생각건대 당초에 기년으로 정하여 성복成服했
> 던 것을 뒤이어 3년복제로 바꾼다면 그야말로 변례인 것이니, 대신 및 유신들
> 에게 다시 자세한 의논을 거쳐 정하도록 하십시오."

결국 무엇이 옳다 그르다를 말하는 대신 다시 대신들과 산림들을 모아
놓고 의논하자고 한 것이며, 현종은 이를 받아들였다.

이 자리에서 분명히 할 것은 예송 문제는 처음에는 학술상의 이견으로
토론을 벌인 것이라는 점이다. 송시열은 효종이 대를 이었다고 해도 둘째
아들이라고 주장했고, 허목은 효종이 대를 이었으니 적장자가 된 것이라
고 한 게 가장 큰 차이였다. 과연 예송 논쟁 중에서 누구의 의견이 맞느냐
하는 문제는 지금도 결론을 내릴 수 없다. 지금 와서 누가 맞느냐, 안 맞느냐
를 따지는 것은 수백 년 전의 예송 논쟁의 연장일 뿐이니까.

어차피 학계의 이론이란 송준길이 말했던 대로 정답이 없다. 상대적으
로 옳고 상대적으로 그른 것이 정해져 있을 뿐이고, 상황과 시대상에 따라
때로 옳은 것이 틀린 것이 되기도 하고 반대가 되기도 한다. 예송 문제도
이와 같았다.

허목의 주장은 이후 남인과 3년복을 주장하는 이들의 근간이 되었다.
3년복에도 몇 가지 문제가 있기는 했다. 모든 자식이 죽을 때마다 3년복
을 입을 수 없다는 송준길의 반박이 대표적이다. 그리고 기년제가《경국

대전》과《대명률》을 기반으로 했던 것과 달리, 3년복은《의례》를 근거로 했다.《의례》는 중국의 3대 예서 중 하나이자 중요한 경전이지만, 최소한 춘추 시대 때 저술되고 당나라 때 주석이 달린 오래된 책이었다. 이것을 근거로 주장했다는 것은, 요즘 시대《경국대전》을 들먹이는 것과 마찬가지였다.

하지만 허목의 주장에는 중요한 의의가 있었으니, 현 왕계가 정통임을 인정한다는 점이었다. 나중에 현종, 숙종이 귀가 솔깃해지게 되는 원인도 여기에 있다.

그러나 어디까지나 이것은 학술적인 논의였고, 허목은 이 상소를 논의하기에 앞서 3년상을 최초로 주장했던 (그러나 서인과도 친했던) 윤휴와 의논을 하기도 했다. 허목은 상례의 전문가로서 1년복제에 이의를 제기한 것이었다.*

이전부터 허목은 효종의 장례 동안에도 상복을 입는 방법이라든가, 관에다 옻을 칠하는 횟수의 문제를 놓고 의견을 제시하기도 했다. 그게 중요하나 싶기도 하지만, 이때의 상례는 진정한 효라는 이상을 실천하기 위해 완벽하게 거행되어야 했다. 그래서 많은 말들이 오고갔던 것이다. 허목은 그 자신이 산림이자 유학자였고, 잘못된 예절은 선비로서의 자존심을 걸고서라도 용납할 수 없었던 것이다.

...

* 허목은 당대의 상례 권위자였다. 허목이 벼슬을 버리게 된 계기도 상례 때문이었다. 앞서 인조의 어머니 경운궁 구씨가 사망했을 때, 허목은 인조의 아버지 (훗날 원종)를 왕으로 추존하자고 주장했던 사람을 왕에게 아부한다는 이유로 처벌했다. 그러자 분노한 인조는 과거를 볼 수 없는 처분을 내렸고, 이후로 벼슬에의 뜻을 버렸다. 그 대신 과거 예학을 공부해서《경례유찬(經禮類纂)》을 편찬했다. 그 내용 대부분이 상례와 제례로, 전체 5권 중 4권에서 상례의 내용을 굉장히 비중 있게 다룬다.

이런 점을 보면 예송 논쟁은 처음에 잘못된 정책 결정에 대한 항의이자, 학술상 다른 견해가 부딪힌 논쟁이었다. 정치적인 색채나 인신공격의 기미는 그다지 나타나고 있지 않다. 아직까지는 말이다.

허목의 상소가 올라오고 닷새가 지난 3월 21일, 처음으로 허목의 의견에 반론을 펼친 것은 송시열이 아니라 송준길이었다. 송준길은 송시열과 같은 스승인 김장생 아래에서 수학한 사람으로, 이를테면 동학이었다. 비록 송시열이 너무 유명한 덕에 상대적으로 빛을 못 보긴 했지만, 그 역시 유학자이자 산림이고, 예학에 뛰어난 사람이었다. 왜 그가 나섰을까? 허목의 주장은 송시열의 주장에 대한 반론이긴 했지만, 1년복이 이미 국가의 예로 결정되었으니 여기에 찬성했던 이들의 연대책임이기도 했던 것이다.

> "신이 예학에 있어서는 평소 배우지 못하였고 왕조의 예는 더욱 잘 모릅니다. 선왕의 초상에 도움이 되도록 진심으로 토론하고 싶지 않았던 것은 아니지만, 미리 배우지 못했기 때문에 하는 일마다 사리에 어긋났으니, 지금 와서 생각하면 황공하고 두려울 뿐입니다."

이처럼 상소의 첫머리에서 송준길은 자신을 최대한 낮췄다. 송준길은 송시열에 비해 부드러운 성격이었고, 자기 의견을 말할 때에도 꼭 집어서 말하기보다는 예를 들어가며 돌려서 말했다. 그래서 호쾌한 맛은 없지만, 읽기에 편하고 내용을 이해하기도 쉽다.

송준길의 상소문에서는 자의대비의 복제 문제가 허목의 상소 때문에 시작된 게 아니라, 원래 의견이 분분했던 문제임을 밝히고 있다. 하지만 복제를 결정할 때 시일이 워낙 촉박했기 때문에 고전을 참고할 겨를이 없었고,《조선왕조실록》을 참고해 보려고 해도 일이 많아 늦춰져 잘못을 저지르니, 국제, 즉《경국대전》에 따르기로 했다고 지난 사정을 밝히고 있는 것이다.

그러면서 송준길은 허목의 의견에 반론을 제시했다. 첫머리는 이렇다.

"허목의 의견은 매우 장황합니다."

그러면서도 무턱대고 힐난할 수는 없지만 의심되는 점이 있다며 두 가지 반론을 제시했다.

첫째, 만약 어느 사대부의 집에 정처 소생의 아들이 열 명 정도 있다고 치자. 그런데 허목의 이론을 따르자면 첫째 아들이 죽으면 부모는 3년복을 입고, 둘째가 죽어도 또 3년을 입고, 셋째, 넷째, 다섯째가 계속 죽으면 계속해서 3년씩 입어야 하는데 그럼 부모는 상복을 벗을 날이 없게 된다. 예의 뜻이 그렇지는 않을 것이다.

둘째, 서자라는 것은 적장자 이외의 자식들을 (적첩 소생을 포함해서) 말하는 것인데, 허목은 이 서자를 첩의 자식으로 한정하고 있으니, 이건 경전의 본래 뜻에서 어긋난 것이다.

왜냐하면 체이부정이란 큰아들에게 병이 있거나 자식이 없기에 3년복을 입는 경우를 말하는데, 소현세자의 경우에는 병이 있었던 것도 아니고 아들이 없는 것도 아니었기에 허목이 틀렸다는 것이다. 그렇다고 해도 송준길의 의견은 어디까지나 온건했다.

> "첩의 자식이 후사가 되었으면 비록 첫째 아들이 폐질이 있거나 자식이 없어 3년을 입지 않았더라도, 또한 첩의 자식을 위하여 3년을 입지는 않는 것입니다. 때문에 위에다 '적처 소생이다'라고 특별히 밝힌 것입니다. 신이 꼭 그렇다고 말하는 것은 아니지만, 아마도 예의 뜻은 그런 것이 아니겠습니까?"

송준길은 허목 외에도 혹자或者의 의견에도 반론을 펼쳤는데, 아무래도 제3자인 윤휴나 그 동조자가 제기한 주장인 듯하다. 왕가는 대통이 중요하기 때문에 대를 이은 아들을 위해서 모두 3년을 입어야 한다는 것이다. 송준길은 그렇다면 형이 아우의 뒤를 잇거나, 숙부가 조카를 이어도 모두 3년을 입어야겠느냐며 3년복이 근거가 없다고 반박했다. 그렇지만 송준길이 자기 의견만 옳다고 주장한 것은 또 아니었다.

> "천하의 의리는 무궁무진하고 문장 해석의 견해도 각기 다른데, 어떻게 하나로 몰아 옳다 그렇지 않다를 단정하겠습니까? 바라건대 성상께서 예를 아는 신하들에게 널리 물으시고, 또 실록도 상고하여 참고하고 상량하여 지극히 정당한 결과를 찾으십시오."

결국 하자는 것인지 말자는 것인지 두루뭉술한 상소문이기는 했지만,

어쨌든 허목의 의견에서 모순점을 지적해 반론을 제시하면서도, 좀 더 의논하고 실록도 참고하자는 중도적인 결론이었다.

그런데 이 논쟁에 한 가지 문제가 있었다. 이렇게 논쟁이 붙었지만 예법의 문제는 전문가들만 알 수 있는 논의였다는 것이다. 그러다 보니 일반 사람들, 왕이나 다른 신하들에게는 완전히 이해하기 어렵고 피부로와 닿는 문제가 아니기도 했다.

그래서인지 현종도 이 문제에는 이렇다 할 의견을 제시하지 않은 채 명령을 내렸다.

"상소에 대하여 예관으로 하여금 의논하여 처리하게 하라."

송준길의 반론이 나오기 전부터 예조에서는 허목의 주장을 검토하고 있었다. 당시 영의정 정태화가 정희왕후(세조의 비)가 예종을 위해, 문정왕후(중종의 비)가 인종을 위해 입었던 것을 참고하자는 의견을 제시했던 차였다. 이에 예조는 실록을 상고하자고 건의했다.

"지금 송준길의 상소문 내에도 실록을 상고하자는 말이 있고, 성상께서도 예관으로 하여금 의논하여 처리하라는 하교를 내리셨습니다. 대신과 유신의 말들이 모두 이러하니, 춘추관으로 하여금 조례에 의하여 거행하게 하소서."

허목이 다시금 송준길의 상소에 반박을 한 것은 4월의 일이었다. 《현종실록》에서는 이 상소가 10일 동안이나 묵혀 있다가 비로소 왕이 답을 내린 것으로 되어 있다. 어째서 이렇게 오래 걸렸을까? 허목은 이 상소에서 송준길이 자신의 의견을 잘못 해석했다고 주장했다.

> "상복 절차에 대하여 논한 것이 신이 논한 것과는 크게 거리가 있었습니다. 모두 《예경》에 근거하여 논쟁을 하며 이렇게 해야 예라고들 하고 있지만, 이 예는 대례大禮입니다. 이 예에서 의견 일치를 보지 못하면 앞으로 예의 기준을 어떻게 정하겠습니까?"

그러면서 허목은 '적자嫡子를 세워 장자長子로 삼는 것'이 자신의 주장이라고 강변했다.

> "첫째 아들이 죽었을 때 적처 소생의 둘째 아들을 후계자로 세우면 이것도 장자이고, 《의례》〈참최〉에 따르면 둘째 아들을 위해 3년복을 입어야 합니다. 하지만 경전에는 3년복을 입지 말라는 구절이 없습니다."

그리고는 송준길이 말했던, 그렇다면 적처 아들이 첫째부터 여섯째까지 모두 죽으면 부모가 모두 3년복을 입어야 하겠느냐는 비유를 두고는 "무슨 말을 하는 건지 모르겠다[不知其所謂也]."라고 노골적으로 반박했다.

> "무엇보다 중요한 것은 할아버지와 아버지의 뒤를 이은 '정체', 곧 대를 잇는 것이지, 첫째 아들이라서 참최(3년복)를 입는 것은 아닙니다."

결국 허목은 '대를 잇는 것'을 모든 것에 우선하는 가치로 보고 있었다. 그러면서 둘째 이후의 적자도 서자라고 했던 송시열의 주장을 반박했다. 이는 《의례》 〈상복전〉에서 '둘째 아들 이후의 적자를 중자衆子라고 부르고, 서자는 첩의 아들이다'라는 구절이 있는 것을 근거로 삼았다. 허목은 중자가 서자는 물론 시집가기 전의 딸도 포함하는 말이며, 특별한 경우를 제외하고는 적자와 서자를 한 덩어리로 묶어 부른 적이 없다고 주장했다.

마지막으로 허목은 다시 적자와 서자의 구분이 대단히 엄격하다는 사실을 여러 역사적 예를 통해 다시 강조하며, 3년을 입지 않고 1년으로 줄인다면 이것은 어느 기준에 맞춘 기년복이냐고 힐난하였다.

"효종은 인조를 잇는 적자로서 이미 종묘를 이어받고 나라의 임금이 되었는데, 지금 3년의 복제를 쓰지 않고 기년으로 한다면, 그 기년이라는 것이 체이면서 정은 아니기[體非不正] 때문입니까, 정이지만 체가 아니기[正非不體] 때문입니까? 아니면 전중이되 정체가 아니기[傳重非正體] 때문입니까? 신으로서는 그 까닭을 모르겠습니다. 신이 논한 것과는 큰 논지에서 이미 틀리고 마디마디가 상반되고 있습니다."

그런데 허목도 한 가지 인정한 사실이 있는데, 예가禮家의 해석은 워낙 다양하게 이루어지므로, '취송就訟의 문門', 곧 소송(싸움)이 모여드는 곳으로까지 불렸다는 것이다. 불과 1년 전 효종의 장례를 치를 때도 여러 유학자들이 모여 '이 예절이 옳다, 저 예절이 옳다'라고 논쟁을 벌였을 만큼, 언제나 예론에는 논쟁이 끊이지 않았다. 그렇지만 허목이 물러설 수 없었던 것은 역시 상례의 전문가이자 학자로서의 자긍심이었던 것 같다. 그래서 상복의 문제가 엄격하고 분명하게 되어 있으니 어지럽힐 수 없다고 강조하고, 표를 만들어 올렸으니 그것이 바로 〈상복도^{喪服圖}〉였다.

〈상복도〉는 허목이 자신이 알고 있는 상례, 특히 상복을 입는 기간에 대한 견해를 그림과 도표를 이용하여 알기 쉽게 설명한 것이다. 실록에는 그림이 없고 내용만 기록되어 있다. 내용은 아버지가 죽었을 때나 어머니가 죽었을 때 그리고 각종의 상황에 따른 상복의 예절을 나열하고, 상세한 주석을 포함했다. 앞서 송준길이나 허목이 이렇게까지 공을 들여 '쉽게 풀어 설명한 것'은 역시 학자끼리의 대립에서 범위를 넓혀, 보통 사람인 왕이나 다른 사람들을 설득시키기 위해서가 아닐까 한다. 하지만 재미있는 점은 이 허목의 상소문을 놓고《현종실록》과《현종개수실록》의 평이 조금씩 다르다는 것이다. 먼저《현종실록》에서는 이렇게 언급하고 있다.

신하들이 모두 허목의 말이 정당한 논리라고 생각하면서도, 시의^{時議}에 저촉될까 두려워서 변론하지 못했고, 그의 주장이 실행되지 않자 지식인들이 모두 통한해 했다.

그렇지만《현종개수실록》에서는 허목이 올린 상소문의 내용만을 그대로 옮겨 적었을 뿐, 이렇다 할 평은 적지 않고 있다.

실록을 참고하다

4월 2일, 1년복을 주장한 대표적인 산림이었던 좌참찬 송준길이 현종과의 대면을 요청했다. 현종은 흥정당에서 송준길을 만났는데, 이때 도승지 김수항* 등이 자리를 함께 했다. 송준길과 만나자 현종은 대뜸 물었다.

"무슨 일을 말하려고 하느냐?"

이날의 면담은 복제 문제만을 이야기하기 위한 것은 아니었지만, 결국에는 복제가 화두에 올랐다. 처음에는 내수사의 일을 이야기한 다음, 현종은 신하들이 복제를 의논한 결과를 김수항에게 읽게 하였다. 그중에는 선대의 산림이었던 이황이 복제를 잘못 정할 뻔하다가 기대승의 지적 덕분에 바로잡았던 사례가 언급되기도 했다. 하지만 당시에는 허목의 상소문

···

* 안동 김씨. 서인. 병자호란 때 항복 문서의 초안을 찢었던 김상헌의 손자이며, 송시열과는 같은 스승(할아버지) 아래에서 공부한 사이였다. 김수항이 22세나 연하였음에도, 송시열은 이 사제를 존중했다. 김수항은 자존심이 강한 송시열에게 잔소리를 할 수 있는 무척 드문 사람이었다.

이 널리 알려지지 않은 모양이었다.

"좌참찬이 헌의한 후에 허목이 다시 상소를 하였는데, 그 상소문을 보았는가?"

"신은 미처 보지 못했습니다."

송준길의 대답에 우승지 이은상이 말하였다.

"허목 상소문부터 먼저 아뢸까요?"

현종이 허락하자, 이은상은 허목의 상소문과 함께 그의 〈상복도〉를 올렸다. 송준길은 상소와 〈상복도〉를 검토하고 난 뒤 자세하게 설명하면서 평가했다. 자신들(송시열. 송준길)의 주장은 적처 소생이라고 해도 둘째부터는 서자라는 것이고, 허목은 서자가 곧 첩의 자식이라고 보았기에 상반되었다는 것이다.

"신과 송시열은 둘째 아들이 비록 왕통을 계승하였더라도 3년의 복을 입어서는 안 된다고 주장하는 것입니다."

"주소의 문의(文義. 해석)를 보는 견해가 각기 다르기에 말도 그렇게 틀린 것인가?"

아무래도 학자가 아닌 현종은 송준길이 설명한 내용보다 이처럼 학설이 분분한 데 흥미를 느낀 것 같다. 그래서 어느 것이 옳고 그른지를 판단하는 대신, 의견이 서로 달라지는 이유를 물었던 것이리라. 하지만 송준길은 어디까지나 예학의 입장에서 대답했다.

"옛날 예는 아버지가 큰아들을 위하여 3년복을 입었으나, 우리나라 예문에서는 근거할 만한 것이 없기 때문에 옛 예를 그대로 지키는 것입니다. 주자朱子도 큰아들을 위해 3년복을 입었습니다."

그러면서 송준길은 허목이 상소 속에서 언급했던 구절을 하나하나 '다르게' 해석했다.

"정체이면서 승중을 못하는[正體不得承重] 것은 비록 장자일지라도 혹 성년 전에 죽었거나 몹쓸 병이 들고 후사가 없는 경우이고, 체이면서 정이 아닌[正而不體] 것은 적처 소생의 둘째 아들의 이름이며, 정이면서 체가 아닌[正而不體] 것은 비록 적손嫡孫이기는 해도 체는 될 수 없음을 뜻합니다."

결국 송준길은 '큰아들이면서도 대를 잇지 못한 것'은 성년이 되기 전에 죽었거나, 병이 있거나, 후사가 없는 경우라고 해석한 것이다. 그러면서 허목이 근거로 삼았던 《의례》는 사대부뿐만이 아니고, 제왕의 집, 곧 왕가마저 통틀어서 언급했다고 강조했다. 즉 왕가이건 사대부이건 예는 똑같이 적용된다는 것이었다. 그런데 이 말을 들은 현종의 대답은 이랬다.

"만약 그렇다면 장자가 일찍 죽었거나 혹 몹쓸 병으로 죽었을 경우, 그는 3년을 입지 않기 때문에 둘째 아들 초상에 3년을 입어야겠다."

이때 현종은 내심 3년을 입는 쪽으로 마음이 기울어졌던 것 같다. 다른 누구도 아닌 자기 아버지의 장례인데 당연한 것이 아닐까. 둘째이지만 왕이었던 아버지가 정통이 되고, 3년이나 예를 갖춘다고 하는데 그게 싫을 아들은 없다. 정작 인조는 큰아들 소현세자가 죽었을 때 응당 입어야 할 3년의 복을 입지 않고 1년으로 줄였지만, 송준길은 아버지가 장자를 위해 3년복을 입지 않았더라도 첩의 자식인 서자에게는 3년을 입지 않는다고 말하고, 이전 소현세자가 세상을 떠났을 때의 일을 말했다. 당시 신하들은 인조에게 죽은 소현세자를 위해 3년의 복을 입을 것을 건의했지만, 인조는 우리 왕조에서는 아들에게 3년제를 행한 적이 없다며 기년복으로 하겠다고 결정했던 것이다.*

"신의 생각으로는 소현세자의 상에는 3년복을 입었어야 했다고 생각합니다. 대왕대비로서는 어찌 인조의 뜻을 따라 행하지 않으실 것입니까?"

송준길은 예법으로는 소현세자가 3년복이고 효종은 1년복이라고 주장했다. 따지고 본다면 인조가 큰아들인 소현세자의 상복을 1년복으로 줄인

···

* 당시 인조는 1년복으로 예제를 고친 것도 모자라서 고작 일주일 만에 상복을 벗었다. 인조가 얼마나 큰아들을 미워했는지 알 수 있는 사례이기도 하다.

것부터가 결례이겠지만, 큰아들과의 사이가 매우 나빠 독살의 혐의까지 듣고 있는 인조다. 당연히 역적으로 몰아 자기 손으로 죽인 며느리를 위한 상복을 입을 리 없고, 죽은 큰손자를 위해서도 마찬가지였다. 결국 그동안 조선 왕조는 적장자에게 정당한 대우를 해주지 않았던 것이다.

> "초상 때는 우리 왕조에서 예전 행했던 예를 그대로 따라했지만, 지금 논의는 옛 예를 따르지 않는 것이 잘못이라고 하고 있습니다. 그래서 실록을 찾아보려고 하는 것입니다."

상당히 부드럽게 말하기는 했지만, 송준길은 기년복의 정당성을 애써 주장하고 있었다. 하지만 현종은 예조의 복제 문제는 《조선왕조실록》의 사례들을 찾으러 간 사관들이 돌아온 뒤에 답하겠다며 판단을 유보했다.

송시열,
반격에 나서다

이렇게 의론이 오가는 동안 송시열은 무엇을 하고 있었는가? 이때까지 송시열은 예송 논쟁에 참여하고 있지 않았다. 정확히는 그럴 수가 없었다. 송시열은 지난겨울 즈음 조정을 떠나 시골로 돌아가 있었다. 물론 현종이 남아 있길 권유했지만, 송시열은 거절하였다.*

허목이 송시열의 예론에 반박한 것은 분명한 그에게의 도전이었다. 하지만 교통과 통신이 발달하지 않은 때이니, 서울의 소식과 허목의 상소문이 손으로 베껴져 송시열에게 전해지기까지는 꽤 오래 걸렸을 것이다. 또 이 논쟁은 예학, 곧 학술 문제였기에 바로 답할 수 없었다. 상대방의 주장을 분명히 이해하여, 예론의 고전과 근거를 확인하고, 이를 토대로 상대방 주장의 모습을 찾아내 공박하는 한편, 내 주장의 정당함을 말하는 준비과

* * *

* 이렇게만 보면 벼슬에 뜻이 없는 선비의 모습이 떠오른다. 그런데 재미있는 일은, 송시열이 떠나면서 자신의 흉을 보는 사람이 있다는 고자질 글을 올렸다는 것이다. 조정에서는 험담을 한 게 누구인지 색출하기 위해 큰 소동이 벌어졌지만, 끝내 밝혀지지 않았다.

정이 필요했다. 때문에 송시열이 예송 논쟁에 다시 참여하는 것은 상당히 늦어졌다.

현종 1년 4월 16일, 예조에서는 대신들끼리 모여 논의한 결과를 정리해서 올렸다. 먼저 영돈녕 이경석은 다시 의논할 말이 없다고 유보하는 태도를 취했다. 영의정 정태화는 대부분이 변명조였다.

> "애초에 예관이 대왕대비 복제를 물었을 때 신은 원래 예문에 어두워 어느 것이 정론인지 알 수 없었기 때문에, 국제(國制, 《경국대전》)를 들어 대답했던 것입니다."

그러면서 1년제는 여러 대신들과 유신, 즉 산림들의 뜻도 일치했던 결과라고 말하고, 허목의 반론에 대해 자신의 주장이 옳은지 틀린지 영 자신 없어 했다.

> "신이 어떻게 감히 자신의 것을 옳다 하여 다시 의논을 올리겠습니까. 예를 아는 신하에게 다시 물어 처리하는 길이 있을 뿐입니다."

영중추 심지원도 자신은 1년 전에 1년복을 찬성했으니 더 이상 할 말은 없다며, 예론의 전문가들에게 물어 처리하자고 말했다.

이렇게 보면 대체로 대신들은 1년복에 동의하고 있었던 것 같다. 1년 전에 이미 결정된 바였으니 더욱 그러했다. 그러면서도 예의 전문가들에게 묻자는 식으로 자신 없이 꼬리를 말고 있었는데, 이는 예론이 워낙 복잡해서 관리들도 잘 모르는 전문 분야라는 사실이 크게 작용한 듯하다.

하지만 이때 자신의 의견을 정면으로 뒤집은 사람이 있었으니, 바로 판중추 원두표였다. 그는 처음 효종의 상례를 치를 때는 자신이 예경을 잘 몰랐던데다가, 왕의 죽음으로 너무 슬퍼서 넋을 잃고 있었기에 예법을 자세히 살피지 못하고 논의했다고 고백했다.

"지금 허목의 상소 내용을 보니 그의 논리 근거가 모두 경전에 명문으로 기록되어 있는 것들이었습니다. 그런데 어떻게 감히 다시 다른 논의를 하겠습니까. 신이 지금 와서야 불학무식의 폐해가 이렇다는 것을 더욱 깨닫고 너무나 두려움을 느꼈습니다."

아무래도 원두표는 허목의 상소와 〈상복도〉를 보고난 뒤, 그의 주장에 기울어진 듯하다. 그렇기에 원두표는 앞서 송시열이 말했던 네 가지의 경우는 첩의 자식인 서자에게만 한정된 것이지, 정처에게서 태어난 적자에게 해당하지 않는다는 의견을 피력했다.

"당초에 잘못 알았던 실수를 계속 고집하여 막중한 전례를 또다시 그르칠 수 없는 일이기에, 감히 어리석은 소견을 말씀 드립니다."

이로써 원두표는 자신의 이전 의견을 뒤집고 3년설, 곧 허목의 설을 지지했다.

그런데 이 논의는 당시 5개월째 지방에 내려가 있었던 그리고 어쩌면 모든 논쟁의 빌미를 제공했던 우찬성 송시열의 것까지도 포함하고 있었다. 송시열은 이때 참여한 다른 어떤 대신들보다도 장황하고 복잡하며 치밀하게 자신의 의견을 적어 올렸다.

"신은 병든 몸으로 엎드려 죽음을 기다리는 중이라 정신과 지식은 몽롱하여 일용과 사물에 있어서도 모두 잊어 조금도 기억이 없는 형편입니다. 더구나 지금 의논하는 일은 제왕의 종통에 관한 막중한 것이며, 지극히 정미한 예의 뜻에 대한 것입니다. 당초에 망령되게 의논하여 이제 대신과 대간들의 공격을 받았으니, 다시 무슨 말이 용납되겠습니까."

송시열의 글은《현종실록》과《현종개수실록》에 모두 실려 있다. 그의 의견 서두는 자신이 아픈데 무슨 이야기를 할 수 있겠느냐며 떼를 부리는 것도 같고, 혹은 사람들의 비난이 쏟아지자 반성하며 죄스러워한다는 인상을 주기도 한다. 하지만 결단코 후자는 아니었다. 당시 송시열의 나이는 53세로 젊다고는 할 수 없는 나이였으며, 마침 병을 앓고 있었던 모양이다. 하지만 서두 이후의 길고도 치열한 공박글을 보면 과연 이 사람이 아픈 게 맞는가 싶을 정도로 열렬하다. 대신들이 자신들은 예론을 잘 모른다고 설레발을 치고 물러선 것에 비하면, 송시열은 자신이 예론의 전문가라는 자신감을 바닥에 깔고, 풍부한 근거와 탄탄한 논리를 근거로 하여 허목의 설을 공박하며 자신의 의견을 주장했다.

송시열은 이전 자의대비 복제의 결정이 불완전했다고 생각했고, 내심 불만을 품고 있었던 모양이다.

《의례》에 그 주소가 있음을 신도 물론 알았으나, 그 주소의 설이 의심할 것이 전혀 없는 설은 아니었습니다. 그 의심스러운 주소의 설에 의거하여 막중한 변례變禮를 경솔하게 단정하는 것보다는 차라리 가까운 명나라 제도를 따르는 것이 오히려 허물이 적지 않을까 하는 생각이었습니다.”

그리고 송시열은 허목의 주장에서 가장 중요한 내용으로 두 가지를 골라 정리했다.

1. 장자(첫째 아들)가 죽으면 둘째 아들을 장자라고 하고, 3년복을 입는다.
2. 서자를 후계자로 세우면 그 아들이 죽었을 때 부모는 3년복을 입지 않는다. 첩의 자식이기 때문이다.

그러면서 허목의 주장에 차근차근 반론을 펼쳤다. 우선 첫째 아들이 죽었을 때의 시점이 언제냐는 것을 들어 이것이 잘못되었다고 지적했다. 이 부분은 아들이 죽을 때마다 3년복을 입을 수 없다고 했던 송준길의 의견과 거의 동일했다.

“이른바 ‘첫째 아들이 죽으면’이라고 했는데, 대체 언제 죽었다는 것입니까? 그가 성인이 되어 죽자 그의 아버지가 3년복을 입었는데, 그 후 또 둘째 적자를 장자라 명명하고, 그가 죽으면 또 3년복을 입는 것입니까? 그렇다면 ‘이통(二統, 두 개의 정통)은 없다’, ‘이참(貳斬, 두 번의 3년복)은 않는다’ 한 의의는 어떻게 되는 것입니까? 어린 나이에 죽어 신주도 만들지 않고, 아버지가 상복도 입지 않고 적자 구실을 못했을 때, 둘째 적자를 후사로 세웠다가 그 아들이 죽으면 3년을 입는다는 것입니까? 만약 그렇다면 허목의 설이 정론이 될 수는 없을 것입니다."

그리고 2번에서 '서자가 첩의 자식'이라고 한 것은 예서에 원래 있는 게 아니라 허목이 자의적으로 덧붙인 거라고 공박했다. 그래서 《의례소》에 나와 있는 '차적자 이하는 임금의 동모제라고 해도 서자라고 한다'라는 말을 예로 들었고, 동시에 서庶라는 것은 천한 칭호가 아닌, 중衆의 뜻을 가지고 있다고 주장했다.

"주소에서 이르기를, '서자는 첩자의 호칭이나 둘째도 같이 서자라고 명명한다' 하였습니다. 그렇다면 효종대왕이 인조대왕의 서자가 되어도 나쁠 것이 없습니다. '서庶'란 천하다는 뜻이 아니라 바로 '중衆'의 뜻인 것입니다. 《예경》을 보면 그러한 예가 매우 많습니다."

따라서 허목은 잘못된 근거로 주장하고 있으며, 일부 빈약한 내용을 자의적으로 해석하여 근거로 삼아 의견을 개진하고 있다고 반박했다. 송시열이 무엇보다 중요하게 생각한 것은 예라는 절대 기준의 시행이었다. 그리고 이것이 바로 승통承統, 즉 대를 잇는 것을 중시했던 허목과의 가장 큰 차이점이었다.

"제왕의 집은 사직을 중요하게 여겨 장자가 있음에도 서자(둘째)를 세운 경우가 있었는데, 이것은 성인의 의를 만들어 낸 크나큰 권도입니다. 그러나 예법의 근본 취지는 윤리 질서를 존중하는 것이기에, 주공周公이 예를 만들면서는 장서長庶를 구별하기에 부단한 힘을 썼습니다.”

따라서 송시열은 예를 시행하는 데에는 엄격해야 한다고 주장하고 장자, 서자(둘째 이하 적자 포함)를 힘써 구분해야 한다고 주장했다.

그러면서 《의례》마저 비판했다. 송시열은 이 책이 주공 단旦, 자하, 정현 등이 손을 대었는데, 오로지 가공언의 소疏에만 둘째 아들로 장자를 삼는다는 내용이 있다고 지적하고, 다른 판본에는 없기에 허목의 주장이 정당한지 판단할 근거가 없다고 지목했다. 여기에 더해 허목이 주장의 근거로 삼았던 《의례소》에서도 모순되는 내용이 얼마간 있다는 것을 입증하고, 성급한 판단을 삼갈 것을 강조했다. 즉 자신의 주장과 맞아떨어진다고 해서 전체를 보지 않고 성급하게 한 구절만을 떼어 근거로 삼는다고 비판한 것이다.

“‘차장자는 서자가 아니다’라는 분명한 기록을 찾아내야만 하는 허목의 상소대로 따를 수 있을 것입니다. 그렇지 않고 일시적 소견만으로 경솔하게 단정하기엔 너무 중대한 문제가 아니겠습니까?”

흥미로운 점은 송시열이 이때 자신의 주장을 뒷받침하는 역사적 근거로 세종을 들었다는 것이다. 잘 알려진 대로 세종은 정비인 소헌왕후 심씨와의 사이에서 아들 여덟, 딸 둘을 두었다. 만약 세종이 오래오래 살았고,

첫째 아들인 문종이 먼저 세상을 떠났다고 하자. 그럼 세종은 큰아들을 위해 3년복을 입어야 했다. 그리고 남은 자식 중 첫 번째 대군을 후계자로 세워야 한다. 그런데 이 아들도 먼저 죽을 경우, 허목의 설에 따르면 3년복을 또 입어야 한다. 그다음 셋째 아들을 후계자로 세우고, 또 이 아들이 죽게 되면? 세종의 대군은 8명이었으니, 이렇게 계속 3년씩 입는다면 세종은 27년간 상복을 입어야 한다. 송시열은 평민이라고 해서 그렇게 할 수 없고, 왕가는 더더욱 그렇다고 주장했다.

"허목의 주장대로라면, 둘째 적자뿐만이 아니라 첩의 소생이 대를 이었어도 적용되어야 합니다. 만약 광해군이 일찍 죽었다면 인목대비가 3년복을 입어야 합니까?"

특히 송시열은 아들(뻘)인 효종은 신하이고, 어머니(뻘)인 자의대비가 군주라고 봤다. 그러니 군주가 신하를 위해 3년복을 입는 법은 없다고 주장했다. 여기에 더해 송시열은 대신들이 '1년복은 아버지 왕이 서자를 위해 입는 상복이고, 어머니 왕비가 적장자를 위해 1년을 입는 것이다'라고 의논한 것도 틀리다고 보았다.

"오늘 논쟁의 초점은 차적자를 서자라고 할 수 있는지의 여부와 이미 서자라고 했을 때 기년복을 입어야 하는지의 여부를 가리는 것뿐입니다."

이렇게 일갈한 송시열은 현행법을 중시할 것을 주장했다.

"작년에 1년복을 결정한 깃은 《대명률》의 제도를 따른 것이며, 명나라의 예가 과연 옛 성인의 뜻에도 맞는지는 모르겠으나, 현재 사용되는 예라면 따라야 합니다."

그러면서 허목에게 빨리 잘못된 생각을 고치라고 촉구했다.

"서로 옳다 그르다 하면서 피차 의견이 엇갈릴 때는 성인과 같은 큰 안목, 큰 역량이 없고서는 일시적 의견만으로 금방 단정 짓기는 어렵고, 의문은 그대로 두어 후세를 기다려야 할 것이며, 우선은 명백한 것만 따르는 것이 바로 의심을 없애는 길입니다."

비록 이 방법이 졸렬하고 유쾌하지 못하지만 성급하게 판단을 내리다가 어그러뜨리는 관중역문關中役文의 사태를 피해야 한다고 했다. 그러면서 감히 다시 다른 설을 내세우지 못하고, 이어 전일에 고집불통이었던 그릇되고 망령된 죄[瓊固謬妄之罪]를 청할 따름이라고 말했다.

이렇게 장황하며 어렵고 복잡한 주장을 정리하자면, 현지, 곧 조선의 상황에 맞는 예법을 시행하고자 한 것은 오히려 송시열이었다.

하지만 송시열의 주장에는 없고 허목의 주장에는 있는 중요한 요인이 있었으니, 허목이 당시 왕권이 가장 필요로 하고 있던 '정통성'을 거론하고 있다는 것이다.

윤선도, 불꽃에 기름을 퍼붓다

4월 18일에 올라온 윤선도의 글은 이제까지의 모든 상황을 뒤엎는 전환점이었다. 윤선도는 당시 호군의 자리에 있었으며, 그 역시 산림이었다. 그리고 '지국총 지국총 어사와'라는 후렴구가 유명한 〈어부사시사〉를 지은 것으로 유명하다. 하지만 그런 그가 예송 논쟁에 대대적으로 활약했던 것은 상대적으로 잘 알려지지 않았다.

원래 윤선도는 과거 초시에서 장원으로 합격할 만큼 뛰어난 문재를 지니고 있었고, 때문에 인조의 두 아들인 봉림대군(효종)과 인평대군(3남)의 스승이 되기도 했다. 그러나 남한산성의 패배에 충격을 받고 제주도로 향하다가 보길도의 멋진 풍경에 반해 그곳에 눌러앉았다.

이런 인생사를 보면 유유자적한 성격으로 착각하기 쉽지만 실은 그렇지 않았다. 오히려 반골 기질이 충만한 반항아였다. 그가 올린 글을 보면 지극히 풍부하다 못해 펄펄 끓는 감정을 읽을 수 있다. 때로 그것은 터지는 화산처럼 맹렬하기까지 했다. 이미 윤선도는 어린 시절부터 금서를 읽기도 했거니와 남한산성 함락 이후 인조에게 인사를 하러 찾아가지 않아 귀양 처분이 내려지기까지 했다.

또한 효종 때는 올린 상소가 너무나 극렬해서 반려되자, 분개해서 다시 글을 올렸다. 이에 똑같이 다혈질인 효종은 옛 스승인 그를 '일개 폐물個廢物'이라며 폭언을 퍼붓기도 했다. 더욱이 현종 원년, 현종의 장지葬地를 잡을 때 윤선도는 병을 핑계로 오지 않았다. 그래서 불충不忠한 그를 처벌하자는 의견이 나왔으나, 현종은 파직시키는 정도로 마무리 짓기도 했다.

이런 지경이었으니, 윤선도의 평판은 그리 좋지 않았을 것이다. 그의 당파가 남인이라는 점을 고려해도 원래부터 대인관계가 좋거나 무난한 성격은 아니었을 가능성이 크다. 한마디로 걸어 다니는 폭탄이 바로 윤선도였다.

그랬던 그가 예송 논쟁에 뛰어들었다. 상소의 처음에서 윤선도는 상례의 중요성을 공들여 강조했다. 집과 군신, 하늘과 땅, 종묘사직이 모두 상을 잘 치르는 것에 결부되어 있으므로 상례는 질서의 근간이라는 것이다. 따라서 털끝만큼이라도 잘못되어서는 안 된다고 말했다.

"아버지가 적자의 상에 3년복을 입는 것은 자식을 위해서가 아니라 바로 조종의 적통 때문인 것입니다. 사가에서도 그렇게 하는데 하물며 국가이겠으며, 삼대三代 태평 시절에도 그러했는데 하물며 말세인 때는 오죽하겠습니까. 신하와 백성들의 마음을 안정시키고 함부로 날뛰는 무리들이 넘보지 못하게 하는 길이 바로 거기에 있는 것입니다."

그러면서 윤선도는 상례라는 것이 하늘의 이치에 근본을 두고 정통을 인정하는 것이기에, 효종 승하 후 자의대비가 3년복을 입는 것은 의심의 여지가 없는 일이었다고 주장했다. 앞서 1년 전에는 자의대비의 상복이 1년으로 정해지자, 배운 사람들은 모두 해괴하게 여겼다며 이로써 나라의 정통성마저 흐릿해졌다고 주장했다.

"그것이 어떻게 대통大統을 밝히고, 백성들 마음을 안정시키고, 종묘사직을 굳건히 할 예가 되겠습니까? 생각이 거기에 미치면 뼈가 놀라고 가슴이 서늘합니다."

윤선도는 아무도 이 일을 거론하고 있지 않아 종묘사직을 걱정하고 있었는데, 허목이 상소를 올렸다는 소식을 듣고 기뻐했다고 말했다.

"허목의 상소는 예절의 정대한 원리를 논하고, 나라를 위한 빈틈없는 계책입니다. 예절 이치에 해박하고 충성스럽지 않다면야 어떻게 올리겠습니까?"

그리고 오히려 송시열이야 말로 주장을 고쳐야 한다고 말했다.

"시열은 자기 잘못을 꾸미기 위하여 예경의 문자들을 주워 모으고 자기 소견까지 붙여서 번거로울 정도로 많은 말을 하였습니다. …… 신으로서는 그의 말에 승복할 수도 없고 또 그의 뜻도 알 수가 없습니다."

윤선도는 송시열이 예절의 근본정신이랄 수 있는 정통성과 종묘사직을 깨닫지 못한다면서, 그의 주장을 하나하나 반박했다. 우선 '차장자가 서자가 아니라는 근거가 있어야만 허목의 설을 따를 수 있다'라는 송시열의 주장을 놓고, 윤선도는 말도 안 된다고 일축하고, 효종이야말로 인조의 장자(둘째이자 장자)라고 말했다.

"분명한 기록이 있으면, 대왕대비의 복이 3년복일 것은 털끝만큼도 의심할 것이 없고, 그대로 딱 잘라 행하면 그뿐이지 왜 꼭 다시 차장자는 서자가 아니라는 분명한 기록을 찾아야 한다는 책임을 허목에게 지우는 것입니까?"

또한 군이 예를 고집해서 효종을 적장자가 아니도록 만들어야겠느냐며 송시열을 공박하기도 했다. 또 '큰아들이 성인이 되어 죽지 않았기 때문에 둘째 아들을 위해 3년복을 입지 않는다'라는 송시열의 주장에 대해서는 이렇게 비판했다.

"이미 왕위에 올라 종묘를 이어받았더라도 끝까지 적통이 될 수는 없다는 것이니, 말이 사리에 어긋나지 않습니까? 차장자를 세워 후사를 삼았으면 적통이 다른 데 있을 수 있다는 것입니까? 다른 데 있다면, 그게 가세자假世子란 말입니까? 섭황제攝皇帝란 말입니까?

그러면서 차장자로서 왕위를 이었다면, 죽은 장자의 자손에게 임금이 아니고, 죽은 장자의 자손은 왕위에 오른 이에게 신하가 아니냐고 물었다.

이것은 굉장히 민감한 부분을 정통으로 건드린 것인데, 앞서 말했듯이 진정한 적장자의 후손, 즉 소현세자의 막내아들이 살아 있었던 것이다. 직접적으로 말하지 않았다 뿐이지, 소현세자의 아들 경안군이 현종의 신하가 아닐 수 있느냐고 찌른 것이다. 역모 소리가 충분히 나올 말이었다. 어쨌든 그러면서 군신보다 장유(첫째, 둘째)가 중요하냐며 목소리를 높였다.

그리고 송시열의 인간됨을 근본부터 비난하는 인신공격이 이어졌다.

"시열의 식견이 비록 부족한 점은 있지만 그렇게까지 깜깜하겠습니까? 그렇다면 그가 세 번씩이나 '성인'을 들먹이고 적통이 존엄하지 못하다는 말을 했는데, 그 뜻을 신은 알 수가 없습니다. 그렇다면 시열은 망령스러운 자가 아니면 어리석은 자입니다. 어째서 국가 대례를 꼭 그 사람 논의에 따라 정할 것입니까?"

앞서 송시열이 세종의 예를 든 것은, 아무리 그래도 아버지가 살아 있고 여덟 아들이 차례대로 죽는 일이 현실에서 벌어질 리 있겠느냐고 반박하며, 궤변을 내세워 반대 의견을 틀어막고 있다고 주장했다.

이후로도 송시열이 《예경》을 잘못 해석했다든지, 사리에 맞지 않는다든지, 여러 가지로 많은 비난을 한 뒤 자의대비의 상복을 3년으로 고칠 것을 주장했다.

"신이 오직 군부와 종묘사직이 있음을 알고 자신을 생각지 않았기에 바른 말을 올리는 것이니, 엎드려 바라건대 성상께서는 사람의 말까지 버리지 마소서. 신은 이 상소가 받아들여지느냐 않느냐와 이 말대로 실현이 되느냐 안 되느냐로 주세主勢가 굳건하거나 그렇지 않은 여부, 국조(國祚, 나라의 운명)가 연장되고 안 되는 여부를 점칠 것입니다."

논리정연한 송시열의 상소에 비해 윤선도는 난잡하고 속되다. 그러나 그의 문인으로서의 솜씨를 고스란히 담아낸 사람의 마음을 자극하는 명문장이다. 그러나 아무리 명문장이라도 인신공격으로 점철되어 있다 보니, 수백 년 뒤의 제3자가 보아도 이 상소문은 충분히 분쟁의 불씨가 됨직하다.

윤선도의 상소를 가장 먼저 읽고, 싸움의 가능성을 알아차린 것은 왕의 비서진인 승지들이었다. 김수항을 비롯하여 이은상, 오정위, 조윤석, 정익, 박세성은 함께 상소의 문제점을 지적했다.

"윤선도의 상소는 예를 논한다는 핑계로 마음 씀씀이가 음흉하였고, 어지러울 정도로 남을 속이고 허풍을 치면서 조금도 거리낌이 없었습니다. 말을 들이고 내보내는 데 오직 진실이 필요하므로, 이러한 소문을 결코 받아들여서는 안될 일입니다. 전하께서 보시면 시비와 사정이 판가름 날 것이기에 전하께서 호되게 물리칠 일이지, 신들이 지레 물리칠 수는 없을 것 같아, 감히 아뢰는 바입니다."

승지들이 돌려서 표현했지만, 사실상 왕에게 아예 윤선도의 상소문을 보지 말라고 건의한 것이다. 현종은 승지들의 말을 받아들였다.

"이러한 소문을 알면서 왜 받아들였는가? 도로 내주라."

여기에 그치지 않고, 현종은 윤선도를 처벌하라는 하교를 내렸다.

"전 참의 윤선도는 심술이 바르지 못하여 감히 음험한 상소문으로 상하의 사
이를 너무도 낭자하게 헐뜯고 이간질하였으니, 그 죄를 빠져나가기 어렵게 되
었다."

그렇지만 벌을 주지 못할 사정이 있다고 하여 관작을 삭탈하고 시골로
쫓아 보내는 것으로 처벌을 마무리 지었다. 아마도 윤선도가 아버지 효종
의 스승이었던 인연을 감안해서였을 것이다. 결국 현종은 윤선도의 상소
를 읽지 않았다. 혹은 못했다.

만약 윤선도의 상소를 현종이 받아 보았다면 3년복의 의견으로 돌아섰
을까? 그건 아닐 것 같다. 상소의 내용이 정당함을 주장하기보다 송시열
에 대한 비판으로 점철되어 있었고, 당시 현종이 송시열에게 가진 감정은
그렇게 나쁘지 않다. 그러나 윤선도의 상소문을 묵살하고 그를 처벌했
다는 사실은 틀림없이 승지들과 당시 정권의 주류였던 서인들의 잘못이
었다. 어떤 의견이든 좋고 나쁨은 현종이 읽고 결정할 일이지, 승지들이
이래라저래라 할 수 있는 게 아니었다. 그럼에도 이들은 깊숙이 참견하다
못해, 현종이 상소를 물리친 일을 노골적으로 칭찬하였다.

"사악하고 간특한 말을 호되게 물리친 말씀 내용이 엄절하여 그야말로 해와

달의 밝음으로 도깨비 같은 몰골을 훤히 꿰뚫어 보시는 것을 알겠으니, 이를 보고 듣는 이 그 누가 통쾌하게 여기지 않겠습니까."

아무리 윤선도의 상소가 얼토당토하지 않는 소리였다 해도, 그것 역시 하나의 주장이었다. 언로言路를 막는다는 것은 심각한 잘못이며, 서인 혹은 당시 집권자들의 오만함과 편협함이었다. 그리고 이후로 벌어진 일련의 사태들은 모두 우리 편 아니면 모두 적이라는 밴댕이 근성 때문에 벌어진 결과였다.

그래서 서인들이 정권을 독점하고 있는 상황에 불만을 가진 사람들은 이미 많았다. 게다가 윤선도가 받은 처벌은 설령 그에게 호감을 갖지 않은 사람이라고 해도 눈썹을 찌푸릴 만큼 가혹한 것이었다. 소신을 주장한 상소를 왕이 보지도 않았으며, 상소를 올린 당사자가 처벌을 받았다는 사실은 다른 3년복 주장자들과 남인을 비롯한 선비들의 공분을 일으키기에 충분했다. 그래서 이 윤선도의 상소 사건을 계기로 예송 논쟁은 패싸움으로 변질되었다.

학술적인 토론에서
패싸움으로

그런데 윤선도의 상소에는 크나큰 문제가 있기는 했다. 바로 왕가 정통의 문제를 건드렸다는 점이다. 이전 영의정 정태화가 송시열의 말을 서둘러 끊었던 것처럼, 현재 왕가의 정통성은 대단히 민감한 문제였다. 게다가 소현세자와 그 가족들의 죽음에 대해 침묵했던 당시 조정의 관리들과 유학자들 모두의 원죄가 걸려 있었다. 예송 논쟁을 단순히 상복만의 문제로 국한시켜서는 안 되는 이유가 여기에 있다.

흔히 서인과 남인의 분쟁 또는 대립으로 해석되는 예송 논쟁이고, 그 분쟁을 촉발한 원인이 되었던 것이 남인 윤선도의 상소이다. 그러나 정작 윤선도의 의견이 남인의 당론을 대표한 것은 아니었다. 윤선도 개인의 인망도 문제였겠지만, 남인들의 이후 대응은 그다지 체계적이거나 조직적이지 않았다.

오히려 서인들이 윤선도의 상소에 먼저 반응을 보였다. 4월 19일, 송준길은 윤선도의 상소 소식을 듣고 즉시 성 밖으로 나갔다. 성이라고 해 봐야 남대문 – 동대문 – 서대문을 잇는 한성의 바깥이지만, 남의 비판을 들었으니 (그 주장이 옳고 그름을 떠나) 조정 일에서 손을 떼겠다는 의사의 표현이었다.

그러자 같은 날 도승지 김수항을 필두로 부제학 유계, 교리 안후열, 수찬 심세정이 현종과 만나 윤선도의 상소 문제를 의논했다. 말이 좋아 의논이지 사실상 '돌아가며 씹기'였다. 유계나 심세정, 안후열은 앞을 다투어가며 윤선도의 글이 "흉측하고 참혹하고, 남을 역모로 몰아넣는 것이며, 가슴 아프고 뼈에 사무친다."라며 온갖 악평을 늘어놓았다.

"백성들 마음이 들떠 있다느니, 국가 안위가 매여 있다는 말들은 더욱 흉측하고 참혹한 말이었습니다."

그런데 이날 참여한 사람들 중 특히 눈에 띄는 것은 도승지 김수항이었다. 그는 송시열이 존경했던 스승 김상헌의 손자이기도 했거니와, 같이 공부를 했던 사이였고 동시에 훗날 정조가 칭찬해 마지않는 뛰어난 문장가였다. 지금 남아 있는 송시열의 편지들을 보면, 김수항은 천상천하 유아독존이었던 송시열에게 야단을 치거나 충고를 할 수 있었던 유일한 사람이었던 것 같다. 송시열이 회니시비懷尼是非에 휘말리자 그에게 잔소리를 하기도 했고, 정치적으로도 상당히 온건한 사람이었다. 그런 김수항까지 현종의 앞에서 대놓고 윤선도를 비난했다.

"그(윤선도)에게 최고의 형벌을 적용해도 준길이 이미 떠나갔고, 시열 역시 조정에 다시 돌아올 기약이 없으니 그의 흉계는 이미 실현을 본 셈입니다. 시열이 내려갔을 때 그를 험담한 말도 틀림없이 그들에게서 나왔을 것입니다."

게다가 이런 말도 했다.

"선도가 원래 좋지 못한 사람이라고들 하는데, 시대의 바람을 받고 울분이 쌓여 폭발한 것입니다."

이 자리에 선 사람들은 어느 누구도 공정하거나 혹은 냉정하려고 하지 않았다. 오히려 윤선도의 이전 잘못까지 들춰내며 비난했다. 그러면서 떠나간 송준길을 달래고, 윤선도의 상소를 흉소凶疏로 규정하고 태울 것을 주장했다.

그리고 다음 날인 20일부터 윤선도를 비난하는 상소가 빗발쳤다. 대사간 이경억, 사간 박세모가 올린 상소가 대표적이었다.

"요즈음 상복에 관한 논쟁을 하는 것은 예경에 맞는 되도록 지당한 결과를 얻자는 것뿐이지, 종묘사직이 편안하고 않고의 여부와 국조國祚의 연장과 무슨 관계가 있단 말입니까. 그런데 선도가 예를 논한답시고 자기 흉계를 실현시켜보려고 감히 일렀으니……. 그의 상소야말로 사람을 무고하는 고자질의 글일 뿐입니다. 이처럼 흉물스럽고 방자하고 음흉하고 간특하기가 심한 자가 언제 있었습니까?"

다음 날인 21일에는 대사헌 김남중, 장령 윤비경 등의 신하들이 마찬가지로 비난을 쏟아냈다. 이들은 윤선도가 나라가 불안하고 적통이 위태롭다고 떠벌리며 송시열과 송준길을 모함했다며 매도했다. 현종은 이런 주장을 받아들이되, 윤선도의 사형을 허락하지 않았다.

그런데 이날의 기록 말미에서 한 가지 사실이 드러난다. 이렇게 '윤선도 죽이기' 여론이 들끓었건만, 여기에 동조하지 않는 사람도 분명히 있었다는 것이다. 이날 김남중이 올린 주청에 따르면, 자신과 동료들이 윤선도를 사형에 처하라는 요구를 상소로 올릴 것을 결정했지만 시간이 늦어서 아침에 다시 의논하기로 했다고 한다. 그런데 장령의 자리에 있는 강호가 병을 핑계로 오지 않았다. 김남중은 강호를 관직에서 쫓아낼 것을 고했는데, 공론이 일어나는 와중 몸을 피했다는 죄목에서였다. 현종은 이를 허락했다.

강호가 몸이 아팠던 것인지, 윤선도를 옹호할 생각에서 안 나온 것인지는 분명하지 않다. 하지만 분명한 것은 당시 정권의 풍조는 대세에서 벗어나는 것은 고사하고, 중립적인 침묵을 지키는 것도 용서하지 않았다. 게다가 이런 사람들이 한둘이 아니었다. 헌납 목내선 등도 윤선도의 처벌 논의에 끼어들지 않으려 했다가, 여론의 비난을 받고 출세길이 막혀 외직으로 나가야 했다.

더 큰 문제는 자신과 다른 의견을 가진 이들을 가혹하게 다루었다는 점이다. 특히 사간원과 사헌부가 윤선도에게 퍼부은 비난은 너무 심했다.

처음 윤선도가 송시열에게 인신공격을 하고, 종통 계승 문제를 직접 거론한 이상 비난받을 수도 있었다. 그러나 정작 윤선도가 3년복을 주장한 것은 이로써 효종의 지위를 좀 더 높이려는 의도도 있었다. 하지만 윤선도에게는 역적이라는 비난이 쏟아졌다.

4월 23일에는 현종과 신하들이 모여 다시금 복제 문제, 정확히는 윤선도의 상소 문제를 논의했다. 먼저 영의정 정태화가 윤선도의 상소를 들먹이며 자신의 잘못이 크다며 자아비판을 했다.

"윤선도가 올린 상소의 속뜻은 성상께서 이미 통촉하신 바이나, 그중 재궁(관)에 관한 문제는 바로 소신이 맡았던 일이었습니다. 뿐만 아니라 예를 의논할 때도 신은 예로써 단정을 내리지 못하고 다만 이미 시행했던 규례만을 들어 아뢰었으니, 만약 잘못을 말하면 사실 신이 제일 잘못했습니다."

"참찬(송시열)이 내려가고 없어 그렇잖아도 매우 허전했는데, 경까지 왜 또 이런 말을 하는가. 예를 논의하는 문제는 대신이 아니면 누구에게 물을 것인가? 그런데 경들이 감히 분명한 말을 못한다면 나더러 어떻게 정하라는 것인가?"

현종은 아직까지 서인들과 대신들을 전폭적으로 신뢰하고 있었다. 하지만 동시에 우유부단하고 분위기에 휩쓸리는 면모도 있었다.

어쨌든 의논 초반에 윤선도의 이야기가 나온 것만으로도 3년복을 싸잡아서 비난하는 분위기가 마련되었겠지만, 정태화는 그나마 공정함을 어느 정도 갖추고 있었다.

"허목의 상소는 예에 근거를 두고 사실을 아뢴 것이고, 송시열 등이 한 말 역시 예에 근거를 두고 논변한 것이어서 예에 밝은 자가 아니라면 감히 단정을 못하는 것이 당연합니다."

그러면서도 자신은 예를 모른다고 다시금 설레발을 치고, 대신들에게 의견을 물어보자고 권했다. 현종이 각자 생각을 말하라고 명령하자, 모여 든 대신들은 저마다 의견을 제기했다. 먼저 좌의정 심지원은 잘 모르겠다 며 얼버무렸다.

"상사와 제사는 선조가 하던 대로 따른다고 하는데, 조종이 하시지 않던 일을 오늘 와서 한다면 그것이 옳은 일인지 신으로서는 모르겠습니다."

이에 비해 부제학 유계는 딱 잘라 송시열의 편을 들었다.

"허목의 예설은 모순이 많고 송시열의 말이 옳습니다."

대사간 이경억도 마찬가지였다.

"예론을 마치 때 지어 송사라도 하는 것 같은데, 만약 절충이 어려우면 차라리 선왕께서 이미 행했던 대로 따르는 것이 낫지 않겠습니까?"

여기서 이경억은 '예론 문제로 떼 지어 소송을 건다'라는 표현을 했는 데, 이것이 바로 예송이란 말의 근본이 되었다. 어쨌든 전례에 따르자 고 했으며, 장령 윤비경도 비슷한 의견이었다. 특이한 것은 호조판서 허적이었다. 그는 허목과 같은 남인이자 그의 친척이기도 했다.

"신은 원래 예학에 어둡지만 장자長子니 서자庶子니 하는 말은 더욱 알지 못하겠습니다."

겸손을 갖추는 듯도 하지만, 사실 판단 자체를 유보한 것이었다.

"그렇더라도 어찌 소견이 없겠는가."
"기왕 뚜렷한 의견이 없는 바에야 국제를 따르는 것이 옳겠습니다."

마지못해 낸 의견임이 분명했다. 솔직히 부담이 되었을 것이다. 판윤 이완 역시 자신이 어떻게 이런 논의에 끼겠냐고 사양하다가, 대신들이 국제를 따라야 한다니 그걸 따르자고 말했다.

여기에서 말하는 선조가 하는 바란, 곧 국제國制이자 조선법의 기본인 《경국대전》을 일컫는 말이었다. 그러나 이날의 의논 과정은 참으로 이상했다. 어디가 이상했는가? 그 결론을 직접 말해 준 것은 이날의 논의에 참가했던 형조판서 홍중보였다.

"말하면서 부화뇌동하는 것은 부끄러운 일이지만 예란 가벼이 논의할 것이 아닌데, 시열 등이 말한 것을 대신들도 옳다고 하니, 신이 어떻게 감히 다른 말을 하겠습니까."

　결국 대신들도 무슨 생각이나 신념이 있어서가 아니라, 상황이 그러하니까 눈치를 보며 따라가고 있었다. 아무리 예론이 어렵다고는 하나, 말단 벼슬아치들도 아니고 명색이 조정을 책임진 대신들이 이랬으니, 참으로 맥 빠진 정국이었다. 하지만 이보다 더 큰 문제가 있었으니 예송의 문제를 정면돌파해서 해결하기보다는, 좋은 게 좋은 거라고 어물쩍거리며 의견을 수합했다는 것이다. 그렇기에 처음의 문제점들이 고스란히 남아 있었고, 이것은 곧 2차 예송의 불씨가 되었다.

비난하는 자와 옹호하는 자

4월 24일, 윤선도의 상소가 불태워졌다. 본디 신하가 왕에게 상소를 올리면 그 뜻을 받아들이거나, 그렇지 않았다면 상소문을 본인에게 돌려주었다. 그런데 이번에는 왕명으로 태워진 것이다. 이제 윤선도는 송시열을 역적으로 모함했다는 반죄反罪의 혐의로 사형당할 수도 있었다. 상소문까지 불태운 이상, 시간 문제라고 해도 과언이 아닐 터였다.

그런데 같은 날, 우윤 권시가 윤선도를 옹호하며 상소문을 올렸다. 권시 역시 산림이었고, 당파로 따지자면 남인이었다. 하지만 그의 가까운 친척 권유가 송시열의 딸과 결혼하여 서인과는 친척뻘이었다. 또 권시는 최초로 3년복을 주장했던 북인 윤휴와도 인척이었다. 이런 이야기를 들으면 자식들끼리 '로미오와 줄리엣'이라도 찍었느냐고 오해할 수도 있겠지만, 당시만 해도 당파가 갈렸다곤 해도 원수처럼 사이가 나쁜 것은 아니었다. 아직까지는 말이다.

권시는 윤선도의 상소문을 놓고, '식은땀으로 등이 젖는 것을 모를 정도였다'라고 평한 뒤, 송시열과 송준길이 선량하면서도 학업이 뛰어난 사람이라 계속 일을 맡게 해야 나라에 복이 될 것이라고 거듭 칭찬했다. 그러나 그다음으로는 잘못을 지적하는 사람을 처벌하지 말고 그대로 두어야 한다고 말했다.

> "지금 윤선도 상소문을 보면 식은땀이 등을 적시는 것을 모를 정도입니다. …… 모름지기 잘못을 지적하는 자로 하여금 날마다 임금 앞에서 그 사실을 개진하게 하여야 임금과 신하가 서로서로 경계하고 조심하여, 잘못이 있으면 고치고 없으면 더 노력하게 되는 것입니다. 그렇지 않고 잘못을 말하는 자가 있으면 금방 몸을 빼 버리고, 말한 자를 죄주면 이는 백성의 입을 막는 일입니다. 전하께서는 어찌하여 이러한 문제점에 대하여 스스로 책임을 지지 않으시고 곁의 신하들에게도 그렇게 하도록 다그치지 않으시는 것입니까?"

직접적으로 거론하진 않았지만, 이 말이 윤선도의 상소와 그로 인한 처벌을 염두에 두고 말한 것은 누가 보아도 분명했다.

그러면서 권시는 이유 없이 사람을 죽이면 뛰어난 인재들이 떠나갈 것이라고 경고하였다. 지금 송시열과 송준길의 잘못을 알면서도 말하지 못하는 사람들이 많은데 이게 태평의 기상이겠느냐고 반문하여, 자신은 나라와 두 사람을 위해 걱정한다고 밝혔다.

여기에서 말하는 두 사람의 잘못이란, 역시 복제제도였다. 권시는 3년설을 타당하다고 생각하고 있었고, 그 점을 상소문 중에 분명히 밝혔다.

"대왕대비 복제가 3년이어야 함은 의심의 여지가 없습니다. 전하께서 시험 삼아 담당관으로 하여금 여러 기록을 널리 고찰해 보시면 그 허실을 아실 것입니다. 애석하게도 시열, 준길, 유계는 현자이면서도 3년으로 해야 한다는 그 사리를 살피지 못했기 때문에, 거리에서도 말이 오가고 시골 마을에서도 논의가 분분하여 마음에 불쾌함을 느끼고 있는지 이미 오래 되었습니다."

그러면서 윤선도의 나쁜 점은 버리고 좋은 점을 취해야 하고, 벼슬도 높으니 절대로 그를 죽여서는 안 된다고 주장했다.

"선도가 현자를 헐뜯고 시기한 점은 매우 나쁜 짓임에 틀림없으나, 자기 신상에 틀림없이 화가 닥치리라는 것도 생각하지 않고 남들이 감히 말하지 못하고 있는 것을 말한 점으로는, 역시 할 말은 하는 선비입니다."

덧붙여 윤선도를 용서하지 않으면, 권시는 자신이 조정을 떠날 수밖에 없다면서 반쯤은 협박하는 말까지 했다.

"조정이 만약 선도의 말을 용서하고 신의 죄까지도 아울러 용서해 준다면 신이 머물러 있을 수도 있겠지만, 지금 선도를 중죄로 논한다면 신인들 떠나지 않고 배기겠습니까?"

그렇다곤 해도 권시는 3년복의 정당함보다는 윤선도의 처벌을 반대하는 데 더 많은 비중을 둔 듯하다. 특히 이유 없이 선비를 죽이거나 언로를 막는 일이 벌어지는 것을 경계하고 있었다.

당장 현종은 좋은 뜻으로 답을 내리고, 권시를 만나겠다는 답을 내렸다. 그런데 이처럼 권시가 남인이면서도 윤선도를 옹호했건만, 《현종실록》이 내린 평가는 그리 좋지 못하다.

> 머리 사리고 꼬리 사리고 흐리멍텅 어물쩍한 태도로 시열 무리들로부터 비난을 면할까 했다가 결국 곤경에 처하여 죽고 말았으니, 그야말로 맹자가 말했던, 잘해 보려고 하다가 헐뜯음을 자초한 바로 그것이었다.

분명 권시의 상소문을 보면 확실히 눈치를 보고 이도 저도 아닌 옹호와 비난을 번갈아 하고 있다. 그래도 당시 조정의 팽팽한 긴장감을 생각하면, 권시의 태도는 비겁하다기보다 오히려 용감한 것이었다. 사간원과 사헌부가 모두 윤선도를 죽이려고 이를 갈고 있던 처지였으니 말이다. 권시는 나름대로 조심스러운 태도를 취했지만, 결국 어느 쪽도 진정시키지 못하고 오히려 모두에게 배척당했다. 당시 우리 편 아니면 적이라는 흑백논리는 점점 더 강해지고 있었다. 서인은 물론, 훗날의 남인에게서도 말이다.

권시의 상소가 올라오자, 이제 사간원은 비난의 화살을 권시에게 돌렸다. 하루가 지난 25일, 대사간 이경억, 사간 박세모는 인피를 했다. 말이 좋아 자신을 파직해 달라고 요청한 것이지, 사실상 권시의 상소문을 비판하는 일러바치기였다. 이들은 권시의 상소가 서로 화해를 시키려는 것처럼 보이지만 사실은 모든 잘못을 자신들에게 돌리고 윤선도가 죄 없는 것처럼 보인다고 평했다.

"마치 화해를 붙이려는 듯이 보이나, 사실은 잘못을 우리들에게로 돌리고 선도를 죄 없는 사람으로 만들려고 한 것이니, 그 취지가 엉뚱하고 말에 질서가 없어 너무나 깜짝 놀랐습니다. 악역부도惡逆不道로 남을 모함했다는 것부터가 차마 들을 수 없는 말인데, 오히려 우리들로 하여금 허물로 받아들이고 사실이 있으면 고치라고 하였으니, 그게 무슨 말입니까? 가령 권시 자신이 그런 경우를 당했다면 그렇게 자처할 수 있다는 것입니까?"

이어서 권시가 윤선도가 남을 헐뜯긴 했지만 할 말은 하는 선비라고 표현한 것에 대해서도 이렇게 따졌다.

"윤선도가 정말로 선비라면 어째서 현자를 헐뜯었겠습니까. 못할 말을 했다면 당연히 호되게 물리칠 것이지 용서해야 합니까?"

이는 단순한 말실수가 아니라 사람의 근본부터 잘못된 것이며, 권시는 윤선도를 착한 선비로 '잘못' 보았다고 주장했다.

이 상소의 압권은 끝부분인데, 자신들이 흉측한 인간의 죄를 바로잡으려다가 헐뜯음을 들었으니 벼슬자리에 있을 수 없다며 파직시켜 달라고 요청했다. 짧은 글이고 또 요약된 것이건만, 이 글을 쓴 사람들의 분노가 행간에 뚜렷이 보일 정도이다. 동시에 아주 전형적인 '말꼬리 잡기'이기도 했다.

수백 년 뒤의 제3자 입장에서 보자면, 권시는 상당히 일반론을 이야기하고 있다. 그리고 나름으론 공정하고자 애를 썼다. 하지만 이미 흥분한 사람들은 이를 받아들일 수 없었다. 마녀사냥은 다른 게 아니다. 자신의 생각과 다른 모든 의견을 배격하고 매도하는 것이다.

결국 권시는 25일, 비난 여론이 들끓자 짐을 싸들고 시골로 내려갔다. 비록 당시 여론이 윤선도의 비난에 몰두하고 있었지만, 현종은 권시에게 서둘러 마음을 고쳐 돌아오라는 뜻을 전하게 하고, 타고 갈 말을 내려 주었다. 그런데 이 명령은 제대로 이행되지 못했다. 마침 다른 승지들은 기우제의 제관일을 하러 나갔고 우부승지 정익과 동부승지 박세성만이 남아 있었는데, 박세성이 명령서를 쓰지 않은 것이다. 현종이 자신의 명령이 시행되지 않는 이유를 물었다. 그런데 박세성이 한 변명이 엉뚱했다.

"권시의 상소에서 윤선도를 옹호한 말이 있었기 때문에 양사(兩司) 관원들이 인피하고 엄하게 물리쳤습니다. 지금 성상의 하교가 비록 그를 우대하는 뜻에서 내려진 것이지만, 일반 규례대로 받들면 전하께서 대신을 대우하고 공론을 중히 여기는 뜻에 흠결이 있을 것 같기 때문에, 그 즉시 속뜻을 여쭈려던 참이었는데, 시기가 너무 급박하여 금방 초안을 엮지 못했습니다."

한마디로 왕이 '윤선도 따위를 옹호한' 권시를 대우하려 한 것부터가 잘못되었다고 딴죽을 걸고 나선 것이다. 자신의 직무 유기 혹은 게으름을 여론 탓으로 돌렸으니 문제는 문제였다. 현종은 비록 임금의 부당한 명령을 내렸다고 해도 어떻게 이렇게 방자할 수가 있냐면서 분개했다.

"이른 아침에 내린 명령은 한낮이 다 되도록 끝내 여쭈어 온 일도 없이 그대로 방치하고 있었으니, 무엇을 믿는 데가 있어 여쭙지도, 말 한마디도 않고 까닭 없이 봉행을 안 했다는 말인가? …… 세성은 대간이 있는 것만 알고 임금이 있는 것은 모르는 자이니, 이야말로 임금을 업신여기고 명령을 거역한 것이다. 그를 다스리지 않는다면 임금이라야 임금이 될 수 없고, 신하도 신하가 아닌 것이다."

이제까지 내내 송시열 혹은 서인의 편에 서 있던 현종이 처음으로 반감을 드러낸 순간이었다. 사실 박세성의 발언이 방자했던 것은 사실이다. 그리고 왕은 조선의 통치자이지만, 동시에 어느 파벌의 손만 들어줘서는 안 되었고, 반대와 반발의 목소리도 모두 끌어안지 않으면 안 되었다. 그런데 고작 승지가 왕의 공정함을 반대하고 오히려 한쪽 편만 들어야 한다는 것을 당연하게 생각했다는 점에서 논쟁은 이미 막장이었다.

격노한 현종이 박세성을 잡아들여 국문하라는 명을 내리자, 우승지 남용익은 박세성을 변호하면서 명령을 거두어 달라고 세 번이나 말했다. 하지만 현종은 받아들이지 않았다.

상황이 이렇게 되자, 신하들은 오히려 왕을 압박했다. 너도 나도 박세성을 처벌하라는 조치가 너무 가혹하다며 인피를 시작했고, 자신들에게도 벌을 달라고 상소를 올린 것이다. 장령 정석은 자신의 친형도 박세성의 처벌을 반대하는 상소를 올렸다며 어떻게 동료들을 벌주겠냐고 반문하기까지 했다. 또한 윤선도의 잘못에 사형을 내리는 게 성세聖世의 일이라고 말하면서, 자신을 체직시켜 달라는 협박에 가까운 이상한 글을 올렸다.

"박세성을 잡아들여 추문하라는 비망기備忘記 내용이 너무 준엄하다 하여 동료가 모두 인피 중이고, 신의 형 익도 세상과 벌을 함께 받겠다는 상소를 올렸는데 신이 어떻게 동료들을 처치하겠습니까? 그리고 윤선도의 죄상은 그를 북변 지대에다 내버리면 조금도 아까울 게 없겠지만, 사율死律로 다룬다면 성세의 일이 아닐까 합니다."

다른 장령 윤비경의 상소도 거의 비슷했다. 윤선도의 흉측한 상소와 권시의 상소가 세상을 어지럽혔다면서 왕에게 대들었다.

"이것은 모두 전하가 마음대로 옳고 그름을 알면서도 윤선도를 죽이지 않고, 권시의 말이 질서 없다는 걸 알면서도 물리치지 않았기 때문입니다."

윤선도, 권시가 나쁘고 왕이 편파적이라고 비난을 한 이 상소를 읽고 있노라면 참으로 한심해진다. 그러면서도 윤비경은 자신은 두렵고 질려서 더 이상 대각에 있을 수 없으니 관직을 삭탈해 달라고 말했다. 그러자 현종은 답을 하지 않고, 계啓라는 도장 하나 달랑 찍어서 윤비경을 체임했다.

그 외에도 공조정랑 이상 역시 권시를 공격했고, 부호군 이유태는 왕 앞에서 권시의 험담을 늘어놓았으며, 사헌부와 사간원은 윤선도와 더불어 권시를 비난하는 상소를 올렸다. 또한 승정원은 박세성의 죄목인 역명지적(逆命之賊, 왕명을 거스른 도적)은 너무 심하니 빼자고 간청했다.

이렇게 의견이 들끓는 사이 윤선도의 유배가 결정되었다. 이름하여 투저사예投杼四裔, 곧 먼 변경으로 쫓아내라는 것이었다. 30일, 윤선도는 70이

넘은 나이로 함경도 삼수군에 안치되었다. 유배는 사람을 외지로 데려가서 먹고 살고 잘 자리를 마련해 주는 게 아니라 말 그대로 '던져' 놓는 것이라서, 노인은 물론 젊은이에게도 가혹한 처벌이었다. 그래도 당시 조정의 여론이 윤선도를 죽일 것을 주장하며 들끓어 올랐던 것을 생각하면 비교적 온건한 조치였다. 사헌부와 사간원은 이날이 되어서야 안율按律의 논의, 곧 윤선도의 문제로 떠드는 것을 멈추었다.

그러나 궁궐 바깥은 여전히 시끄러웠다. 진사 이혜 등 142명은 윤선도의 죄를 극구 말하면서 그를 남곤, 심정, 유자광 등 조선 시대의 대표적 간신들에 비유하는 상소를 올렸던 것이다. 그러니 당시의 조선 조정은 조금이라도 윤선도의 편을 든다면 권시처럼 비난을 받고 견디지 못해 도성을 떠나야 할 지경이었고, 왕조차도 그들에게 일절 예우를 취할 수도 없었다.

왕권은 숭고해서 모든 신하들의 의견에 우선한다는 말을 하려는 것은 아니다. 하지만 언제 어느 때나 나라 안에는 수많은 목소리가 있는 법이고, 지도자인 왕은 이 모든 것을 끌어안아야 했다. 윤선도가 잘한 것은 아니다. 하지만 그게 죽어야 할 만큼 큰 죄는 아니었다. 게다가 권시는 잘못을 했다기에는 더욱 애매했다. 그런데 서인들은 왕을 붙들고 오직 자신들만의 편이 될 것을 강요한 것이다.

이미 이 시점에서 예송 논쟁은 더 이상 토론이라고 할 것도 없는 막장 싸움이었다. 서인들의 이렇게 치사하기 짝이 없는 짓은 그들의 정당성을 모두 깎고도 남았다. 솔직히 서인, 송시열의 주장 자체는 학술적으로 상당히 수준이 높은 것이었다. 주장의 옳고 그름을 떠나, 치밀하게 짜인 논리와 구조와 예증, 설을 풀어나가는 수준은 허목의 것을 넘어서는 뛰어난 것이다. 그러나 이것을 모조리 망친 것은 바로 자신과 다른 의견이라면 무조건 물리치는 편협함이었다. 더욱 무서운 것은 이 상황의 문제점을 지목한 사람이 아무도 없었다는 것이다.

그렇다고 해도 일단 3년복을 주장한 윤선도가 처벌을 받았으니, 논쟁, 아니 싸움의 불씨는 이제 잦아들 것으로 보였다. 이제 3년복을 주장한 사람들은 모두 겁에 질리고 입을 다물게 될 것이었다. 상황은 그랬다. 한 사람의 서인이 일어서기 전까지는 말이다.

서인 원두표,
3년복을 옹호하다

들끓는 비난 여론은 윤선도가 잘못했다는 것에 중점을 두고 있지, 3년복이나 허목이 잘못되었다는 것으로까지 발전하지는 않았다. 하지만 3년복의 입지가 크게 좁아진 것은 사실이다. 잘못하면 윤선도와 같은 무리로 몰릴 가능성이 컸으므로 모두 입을 조심하게 되었다.

그런 와중, 현종 1년 5월 1일에 우의정 원두표가 상소를 올렸다. 앞서 조정 중신들끼리의 토론에서 그는 유일하게 처음 의견을 뒤집고 3년복을 주장한 사람이었다. 게다가 그는 이미 수많은 정쟁을 겪은 거물로, 인조 시대 권신 김자점과 대결해서 승리를 거둔 노회한 정치가였다.

원두표의 상소는 처음부터 윤선도의 상소를 비판했다. 겉으로는 예를 논의한다는 핑계를 대면서, 사람을 모함하는 음흉하고 교활한 속내가 있었다는 것이다. 원두표는 논의 이후에 글(차자)을 하나 더 올리려고 했는데, 윤선도의 상소 때문에 놀라서 미처 말을 못하였다고 털어놓았다.

"그러나 오래 두고 생각해 볼 때, 이에 징계되어 말하지 않고 결국 대례를 그르치게 되면, 이는 목이 멘다고 음식을 먹지 않는 것과 비슷한 일로서, 신이 어찌 감히 생각이 있는데도 끝까지 입을 다물어 돌이킬 수 없는 후회를 남기겠습니까."

물론 원두표의 주장은 윤선도를 변호하는 것이 아니었다. 어디까지나 예송 논쟁의 본질인 복제의 문제를 거론한 것이었다. 바로 3년복이 정당하다는 의견이었다.

"장자(長子)를 중자(衆子)와 구분하고 특별히 3년복을 입게 한 것은 대를 잇기 때문입니다. 효종께서는 이미 대를 이었고 왕이기도 합니다. 대부(大夫, 선비)의 집도 그런데 왕가는 어떠하겠습니까?"

그러면서 원두표는 특히 왕가는 종통(宗統)이 중요하다고 주장했다.

"제왕의 집은 오직 종통을 중요시하기 때문에, 제후(諸侯)는 탈종(奪宗)을 하고 성서(成庶, 서자로서 대를 이은 경우)는 탈적(奪嫡)하는 것이 바로 옛 교훈입니다. 이미 세대를 잇고 전중을 받아 종묘사직의 주인이 되었으면 종(宗)이 거기에 있고 적(嫡)이 거기에 있는 것입니다."

이때 성서의 탈적이란, 곧 대를 이은 서자를 중심으로 새로운 적자의 계보가 만들어진다는 뜻이다. 그리고 원두표는 큰아들이 아니면서도 황제의 자리를 이었던 한 문제와 당 태종을 예로 들면서 이들은 곧 적嫡이자 장長이 되었다고 주장했다.

그러면서 《의례》〈참최〉의 위장자爲長子 조항에서 '첫째 아들이 죽으면 적처가 낳은 둘째를 세우고 역시 장자로 명한다'라고 말한 것이 바로 효종의 경우와 합치한다고 주장했다. 또한 그냥 이 조목을 이용하면 되는데, 왜 하필 '서자庶子는 대를 이어도 3년복을 입지 않는다'라는 조목을 이용하느냐고 반문했다. 원두표는 논쟁의 근본 이유가 《예기》와 《의례》의 내용이 합치하지 않는다는 데에서 불거진 것으로 보았고, 그런데도 한쪽 의견만을 고집하고 있는 상황이라고 보았다.

"상하上下 주소註疏의 이야기가 판이하게 두 조항으로 나누어져 있는데도 기필코 이것은 버리고 저것을 취하려 하니, 진실로 개탄스럽습니다."

또 원두표는 3년복은 두 번 입지 않는다는 조목에서도 반박했는데, 이는 친아버지와 양아버지를 둔 양자나, 시집간 여자를 위한 항목이라고 주장했다. 하지만 이미 효종은 대를 이었고 장자를 중요하게 여기는 것은 적통을 중요하게 여겨서이니 3년복도 문제가 없다는 것이다.

"부모가 장자를 위하는 이유가 원래 조상을 존중하고 적통을 중히 여겨서라면, 둘째이건 셋째이건 승중承重을 했으면 다 조상을 존중하고 적통을 중히 여기는 의의가 있습니다. 비록 두 번 세 번 참최를 입더라도 뿌리가 둘 일 리가 있겠습니까?"

그리고 실록에서 이번 상례에 참고할 만한 예가 없다는 사실을 언급하며 이렇게 말했다. 우리 왕조의 상례는 워낙 잘 갖춰져 있지만 세세한 부분에서 손질되었던 점을 지목하고 그 가장 가까운 상례의 개정은 선조 때에 있었다는 것이다.

"전에는 겨를이 없어서 못했지만 오늘을 기다린 게 아니겠습니까?"

결국 이번 기회에 복제를 고치거나 정하면 된다는 말이었다.

끝으로 원두표는 이미 예론의 토론도 끝났고 연일練日도 다가왔으니 왕이 결단을 내릴 것을 촉구했다. 자의대비가 상복을 갈아입지 않고 그냥 입고만 있으면 예절이 실행되는 것이니, 지금 결정하면 그대로 시행할 수 있다는 것이다. 그러면서 효종 때부터 산림으로 존중받은 이유태, 심광수, 허후, 윤선거, 윤휴 등에게도 의견을 구하라고 촉구했다. 현종은 곧 원두표의 상소대로 산림들의 조언을 구하도록 했다.

원두표가 3년복을 주장했던 데 어떤 정치적인 이유가 있었는지는 알 수 없다. 허나 확실히 허목의 예론에 영향을 받았는데, 왕가의 대를 잇는 것에 초월적인 명분을 부여했다는 점에서 그러했다. 그리고 이제까지 3년복 주장 중에서 가장 읽기 쉽고, 이해하기도 편하다. 두 가지의 예법을 놓고 사람들이 이게 옳으니 저게 옳으니 옥신각신하고 있는 와중, 그러면 상례를 고치면 되지 않느냐라는 '콜럼버스의 달걀 같은 발상'을 제시한 것이다. 안타깝게도 당시의 조정이 받아들이지 않았지만 말이다.

원두표는 예학자가 아니라 행정가였다. 때문에 그의 주장은 학술적이라기보다는 한없이 상식에 가까웠고 그렇게 치밀하지도 않았다. 그러나 놀랄 만큼 설득력이 있었다. 복잡하게 근거와 이론을 대는 대신, 보통 사람도 이해할 수 있는 상식선에서 말했기 때문이다. 특히 윤선도를 죽이자는 말이 오갈 정도로 흉흉한 상황에서 이렇게 당당하게 의견을 개진한 것은 굉장한 용기였다. 물론 원두표 자신이 든든한 입지와 세력을 가지고 있었기에 가능했을 것이다. 뒤집어 말하면, 원두표쯤 되지 않고서는 제대로 의견을 말하기도 어려웠다는 말이다.

5월 6일, 또다시 현종과 중신들은 함께 모여 윤선도의 상소 문제를 논의했다. 사실 내용 자체는 예송 문제에서 조금 벗어난 것이었다.

이날 현종은 대신들을 모으고, 승지 대부분을 참석하게 했다. 도승지 김수항, 우승지 이은상, 좌부승지 남용익, 우부승지 이경억과 사관 등이 참여했다. 그 외에도 부호군 이유태와 공조좌랑 이상이 참석했는데, 이들은 모두 극렬하게 윤선도를 비난한 사람들이었다. 당연히 이 자리에서는 윤선도를 비난하는 말이 오갔으며, 긍정적인 평가는 고사하고 변호조차 없었다. 더군다나 이들은 권시의 상소는 물론이거니와 승지 박세성을 국문하라는 명을 내린 현종의 조치마저도 잘못되었다며 걸고 넘어졌다. 특히 이상은 주장을 펼친다기보다는 거의 따지고 있다.

"선도의 상소에 '임금 세력이 아래로 옮겨지고 있다'라고 한 말이 있었고, 권시의 상소에도 그 말을 뒷받침한 내용이 있었는데, 상께서는 갑자기 박세성을 잡아들여 국문하라는 명령을 하였으니, 그가 임금을 업신여기고 명령을 거역하는 뜻이 있는가 의심이 되어 그러신 것은 아닙니까?"

"윤선도 상소는 분량이 매우 많은데 그것을 어떻게 지금까지 기억하고 있겠는가."

현종의 변명은 말이 되긴 했다. 윤선도의 상소는 엄청나게 길었으니까. 그럼에도 이상은 한 술 더 떠서 왕을 거의 협박하다시피 말했다.

"옛사람 말에 '어두운 임금을 원망 말고 현명한 임금을 원망하라' 하였는데, 전하께서 만약 무엇인가 하시려면 송시열, 송준길, 이유태를 버려두어서는 안 될 것입니다."

현종을 현명한 임금이라고 추켜세우면서 현명한 사람을 우대하라는 말을 했지만, 여기에서 현인이란 철저하게 서인들에게만 한정된 것이리라.

윤선도의 일과 더불어 복제 문제가 본격적으로 논의된 것은 11일의 논의였다. 부제학 유계, 부응교 이시술, 부교리 김만기, 부수찬 심세정 등이 함께 상소를 올린 것이다. 당연하다면 당연하지만, 상소의 첫머리에 실린 것은 윤선도에 대한 험담이었다.

"윤선도는 원래가 일개 흉물스런 인간으로서 다소 문변文辯은 있으나 음탕과 사치 때문에 공론에서 버림을 당하고는, 원한을 기르고 독기를 품어 암암리에 틈을 노리면서 조정을 상대로 일을 내려고 한 지가 이미 오래입니다."

마찬가지로 권시도 비난의 대상이었다.

"그릇된 논리를 전개하여 그 자신 참적僭賊을 두둔하고 있다는 이름을 달게 받고 있으니, 참으로 놀랄 일입니다."

권시의 잘못이란 윤선도를 험담하는 척하면서 두둔했다는 것이지, 다른 것은 아니었다.

"무릇 선도를 위해 기치를 세우는 자들은 모두 예론을 빙자하여 종통이라는 말로 공갈 협박하여 감히 반론을 못하게 하는데, 신들이 사실을 밝히지 않으면 안 되겠습니다."

여기에서 말하는 윤선도를 위하는 사람이라는 것은, 3년복을 주장하는 사람을 말하는 바였다. 마침내 3년복을 주장하는 사람이 곧 윤선도를 두둔하는 사람이라고, 무작정 욕하고 몰아세우는 상황이 된 것이다. 요즘도 자주 벌어지는 일이니 새삼스럽진 않고, 이미 흥분한 사람들이 냉정해지기를 바랄 수 없는 노릇이지만, 보는 사람으로서는 참으로 답답해진다. 어쨌거나 이 상소에서 3년복이 현실적이지 않은데, 이로써 정통 운운하는 것은 확대해석이라고 공박했다.

"아버지가 아들을 위하여 3년을 입는 경우는 아주 드물고 어쩌다 있는 일인데, 4세世 적장嫡長이어야만 그를 위해 3년을 입습니다. …… 부모가 자식을 위해 꼭 3년을 입는 경우에 한해서만 정통이 전해진다면 천하에 정통이 끊기지 않는 나라가 드물 것입니다. 어찌 상복 입는 기간을 줄인다 하여 종宗이 둘이 되고 정통이 끊기는 일이 있겠습니까?

그리고 명나라나 조선에서나 큰아들을 위해 3년복을 입는 예가 없지만 그것 때문에 정통이 끊긴다는 예는 못 들어보았다고 말했다. 또 3년복 주장에는 서자[庶子]를 첩의 자식이라고 주장해서 왕을 화나게 만들고 세상을 혼란스럽게 하려는 속셈이 있다고 공격했다.

> "바라건대 성상께서는 사정의 구별을 분명히 하고 참람된 도적의 입을 영원히 막아 유현들을 빨리 돌아오게 하여 나라 기반을 공고히 하소서."

여기에서 말하는 유현은 당연히 송시열과 송준길이다. 이 주장은 겉으로 보면 3년복을 비판하고 1년복을 주장하는 것이지만, 내용을 따져 보면 과연 예론을 말하는 게 맞는가 싶을 만큼 많이 조악하고 상대방에 대한 무분별한 비판으로 점철되어 있다. 이런 천박한 주장을 보면, 오히려 윤선도의 현란한 인신공격이 그리워질 정도이다.

> "차자를 보니 임금을 사랑하고 나라를 걱정하는 그대들의 정성이 가상하다. 경계한 내용에 대하여 어찌 깊이 생각지 아니하겠느냐."

현종은 이렇게 답변을 하긴 했는데, 정말로 마음속 깊이 그렇게 생각했는지는 알 수 없다.

5월 3일, 예조에서는 여러 산림들의 의견을 모은 결과를 올렸다. 여기에 참여한 사람은 이유태, 심광수, 허후, 윤휴였다. 의견을 모은 것이긴 해도, 윤선도는 물론 권시마저 비난을 받는 처지에 사람들이 과연 허심탄회하게 자기 속뜻을 말할 수 있었는지는 의문이다. 당시 조정의 분위기는 험악했고, 자문을 맡은 유학자들의 의견도 이런 분위기에서 자유로울 수 없었다.

제일 먼저 이유태는 자신은 무식해서 모르는 걸 안다고 할 수도 없다며 설레발을 치면서 논의 자체를 회피했다.

"신처럼 깜깜한 무식으로서는 모르는 것을 억지로 안다고 할 수도 없으려니와, 그 예의 문제는 송시열, 송준길과 이미 오래전부터 논했고 처음부터 소견의 차이가 없었습니다. 그 두 신이 현재 망령된 논의를 했다 하여 대죄하고 있는데, 신이 어떻게 감히 말을 다시 하겠습니까?"

허후는 양천 허씨로, 3년복을 주장한 허목의 친척뻘이었다. 비록 그래서만은 아니겠지만, 그 역시 3년복을 지지했다. 그럼에도 그의 발언은 온건하기 짝이 없었다.

"예를 의논했던 모든 신하들이 각기 자신 소견대로 자세한 논변을 다하여 미진한 부분이 없으니, 양쪽 논의를 참작하여 지극히 정당한 길을 정하는 것은 오직 전하께 달렸습니다."

결국 복제 결정의 책임을 현종에게 떠넘긴 것이다. 당시 흉흉한 분위기와 튀는 불똥을 고려한 조심스러운 발언일 수밖에 없었다.

다음으로 말을 이은 것은 처음으로 3년복을 주장했던 윤휴였다. 윤휴는 예송 논쟁에는 거의 관여하지 않았으나 허목에게 편지를 보내 3년복의 정당함을 주장했고, 허목의 〈상복도〉 작성에도 많은 영향을 주었다. 그러나 그 역시도 허후와 비슷하게 왕의 결단을 촉구하는 온건한 발언을 했을 뿐이다. 그러면서도 이도 저도 아닌 미묘한 말을 덧붙였다.

"다만 인심과 관계가 밀접하고 대경大經과도 관계되는 일이니, 선왕의 예에 어긋나지 않은 것을 골라 행하면 되겠습니다."

한편 심광수는 굉장히 얌전하게 3년복을 지지했다.

"다른 신하들의 의논은 모두 《예경》에 기록된 것들이니, 종통宗統을 중히 여긴 쪽이 옳을 것 같습니다."

그러면서도 그 역시도 왕이 결정을 내려야 한다고 말했다. 윤선거는 시골에 있는지라 이 논의에 참여하지 못했다.

이날의 기록을 보면 당시 조정 분위기가 얼마나 흉흉했는지 충분히 느낄 수 있다. 3년설을 처음 주장했고 허목에게도 편지를 보냈던 윤휴조차 어정쩡한 말을 했을 정도였다. 그러면서도 유학자들은 왕에게 1년복인지, 3년복인지를 알아서 결단하라고 주장했는데, 이것은 명백한 직무유기였다. 왕이 어느 게 좋은 상복제도인지 의논하라고 명령을 내려도 신하들이 잘 모르겠다고 뻗대는 지경인데 제대로 된 토론이 가능할 리 없다.

그래서 현종은 다시 한 번 이경석, 정태화, 심지원, 정유성 등을 모아 의견을 물었다. 이들의 대답도 별 다른 게 없었다.

"당초 의논하여 정할 때도 국제만을 의거하였고, 급기야 실록의 기록을 참고하여도 3년복을 행했던 예를 찾아볼 수 없어, 지난번 탑전에서 이미 상제는 선조를 따라야 한다는 뜻으로 답한 바 있으므로 지금 감히 다시 입을 놀릴 수 없습니다."

더 이상의 논의는 가치가 없었다. 결국 이렇다 할 분명한 결론은 나오지 않았지만 현종은 자의대비의 복제를 처음 정했던 기년제, 곧 1년복으로 결정했다. 이로써 제1차 예송 논쟁은 끝났다. 그리고 바로 다음날인 5월 4일, 현종은 연제를 행했다. 아버지 효종이 승하한 지 딱 1년째 되는 날이었다. 이날 자의대비는 상복을 벗었고, 더 이상의 복제 논의는 의미가 없었다.

이제까지 벌어진 난장판을 생각하면, 시시한 결말이 아닌가 생각할지도 모르는데 사실이 그렇다. 시시하고도 김빠진 끝이었다. 게다가 문제들은 해결되지 않은 채 여전히 남아 있었다.

예송 논쟁의 가장 큰 문제는 당파의 본격적인 대결을 불러왔다는 데 있다. 이전까지 당파가 나뉘었다고 해도, 그렇게까지 원수 사이는 아니었다. 윤휴나 권시만 하더라도 서인과 많이 가까웠고 친척 사이이기까지 했던 것이다. 게다가 처음 예송 논쟁은 당파 때문이 아니라 서로 다른 학술적 견해들끼리 벌어진 토론이었다.

그런데 둘째 아들이면서 왕위를 이었고, 소현세자의 아들이 아직 살아 있다는 현 왕통의 약점이 문제였다. 효종을 적장자로 인정한다면, 대를 이었다는 현실을 존중하는 것이지만, 동시에 현실을 위해 원칙을 바꾼 것이 될 수도 있었다. 결국 1년복과 3년복은 원칙을 중시하자는 것과 현실에 따라 예절을 바꾸어야 한다는 두 의견의 충돌이었는데, 서로 전제부터가 달랐기 때문에 끝없이 평행선을 걸을 수밖에 없었다.

더욱이 송시열 개인의 높은 학식과 그에 비하면 참으로 빈약한 너그러움, 그로 인한 파탄난 인간관계도 문제였다. 여기에 윤선도의 욱하는 성미도 불씨가 되었고, 그에게 내려진 지나치게 가혹한 처벌이 사람들, 특히 남인들의 분개를 부르게 되었다. 그리고 당시 관리들의 편파적인 태도들도 사태를 악화시키는 데 크게 기여했다. 서인 정권은 (이런 표현이 적절할지 모르겠지만) 자신과 다른 의견을 꼴사나울 만큼 탄압했기 때문이다.

그래서 윤선도를 옹호하거나, 3년복을 주장하는 의견은 무자비하게 탄압하고 쫓아냈으며, 마침내 강제로 입을 다물게 만들었다. 이때 조정에서는 마치 다섯 살배기 어린아이가 우리 편 아니면 놀지 말자라고 떼를 쓰는 것과 다름없는 촌극이 펼쳐졌다.

이러한 예송 논쟁은 많은 상처와 그보다 더한 증오를 남겼다. 희미했던 당색이 오히려 공고해지며 서인과 남인은 정치의 동반자 관계에서, 같은 하늘 아래에서 살아갈 수 없는 적으로 바뀌게 되었다. 예송 논쟁은 이미 새로운 화근을 품은 채 무럭무럭 자라나고 있었다.

1차 예송 논쟁의 정리

예송 논쟁에서 1년복과 3년복 중 어느 학설이 옳은가 하는 질문은 그리 중요하지 않다. 각자는 전혀 다른 근거를 통해 주장하고 있으며, 각 학설 나름으로 정당함을 가지고 있다. 그러나 필자 개인적으로 송시열의 주장에 손을 들어주고 싶은데, 그의 주장이 학술적으로 치밀하게 잘 짜였다는 것 외에도 학설을 구성한 근본적인 원인에 차이가 있었기 때문이다.

송시열은 예서를 바탕으로 이론을 조합해서 결론을 이끌어 낸 반면, 윤휴와 허목을 비롯한 3년복 지지자들은 왕통, 즉 효종의 계승을 정당화한다는 목적을 가지고 있다. 허목의 〈상복도〉도 정해진 결론을 입증하기 위해 근거를 짜 맞춘 결과물이었다.

고로 송시열이 학문의 순수함을 고수했던 것에 비해, 3년복설은 극단적으로 말해 곡학아세曲學阿世였을 수도 있다. 딱히 현 정권에 아부할 의도가 있다기보다는 정통의 승계를 중시한 것이지만, 결과적으로는 조선 왕조의 변칙적 계승을 정당화하는 것이었다.

그런데 1차 예송에서 송시열의 주장이 받아들여진 것은 산림으로서의 강력한 영향력과 그를 옹호하는 서인들이 있어서였다. 하지만 그의 이론을 지지하기 위해 벌어진 온갖 치졸한 사건들은 이런 학술적인 성과를 진흙투성이로 만들기에 충분했다.

그리고 예송 논쟁을 본격적인 싸움으로 바꾼 것은 윤선도의 상소였다. 그렇다면 윤선도의 상소에 송시열이 어떻게 반응했을까? 당시 송시열은 조정을 떠난 지 5개월째로, 문의현에서 머물고 있었다. 4월 24일에 현종은 사관을 보내어 송시열에게 글을 내렸는데, 윤선도의 상소가 음흉하고 참혹해서 송시열을 헐뜯었다는 사실을 말하고, 사람들이 떠나가 허전하다는 속내를 털어놓았다.

"그대가 조정을 떠난 지 벌써 5개월이 되었다. 그대를 생각하는 일념은 주려서 허기진 듯하며, 마음을 바꾸기만을 바라며 오직 날마다 기다리고 있다. 그런데 경은 나를 돌아보지 않고 더욱 멀리 떠날 생각을 굳히고 있으니 진실로 나의 정성이 부족하고 예가 부족하여 경의 생각을 감동시켜 돌이키게 하지 못했기 때문이다."

이 대목만 읽으면 꼭 헤어진 연인에게 보내는 편지 같다. 재미있는 것은 현종이 송시열에게 위로의 편지를 보냈다는 사실은 《현종개수실록》에만 수록되었다는 것이다.

그러면서 현종은 계속해서 송시열에게 사랑(?)을 고백했다. 여론이 윤선도에게 크게 분노하고 있으며, 자신은 여전히 송시열을 믿는다는 말을 몇 번이고 거듭했다. 또한 자신의 아버지 효종이 돌보아 준 은혜도 있으니 불쌍하다는 마음이 있으면 빨리 돌아와 달라고 조금은 애처로운 말을 하기까지 했다.

"그대가 만약 선조께서 돌보아 주던 은혜를 생각하고 나의 외로운 마음을 생각해 보면, 역시 반드시 측은하고 불쌍한 생각이 들 것이다. 어찌 차마 끝내 나를 버리고 돌아보지 않는가. 이에 마음과 속을 다하여 지성으로 고해 주노니 경은 나의 생각을 애긍히 헤아리라."

이에 대한 대답과 윤선도 상소에의 반박은 《현종개수실록》 5월 1일자에 실려 있다. 송시열은 윤선도가 지적한 부분들은 자신이 정말 몰랐던 것이라며, 그러면서도 윤선도의 주장들은 모두 틀리지 않고 조금만 심하게 말한 것뿐이라고 말했다.

"신이 윤선도의 상소를 보니 그가 의례의 득실에 대해 공박한 것은 신처럼 어두운 사람으로서는 진실로 몰랐던 것이었습니다. 그리고 그 외의 죄를 비난한 것도 하나도 옳지 않은 것이 없었습니다. 단지 선도가 너무 심각하게 논한 것뿐입니다."

윤선도의 지나친 인신공격에 송시열이 화를 내지 않은 게 오히려 놀랍다. 동시에 송시열은 자신 때문에 괜히 덤터기를 쓰게 된 송준길에게도 미안하다는 뜻을 밝혔다.

"신이 망언을 한 잘못은 비록 자공子貢이 와서 변론하더라도 참으로 스스로 해명할 수 없는 것입니다. 선도가 공박한 것은 오로지 신의 한몸에 있는데, 송준길까지 아울러 연좌되니, 신이 여기에 이르러 더욱 속죄할 수 없게 되고 말았습니다."

그러나 감정적인 대응으로 그치지 않고 학술적인 반박으로 이어진 것은 정말로 송시열다운 일이다. 다음으로 송시열은 측실의 자식이면서도 황제가 되었던 한 문제의 예를 거론하면서, 서자라고 해도 정통을 잇는 데 나쁠 게 없으며 인조의 차남이자 적장자인 효종은 대를 잇는 데 전혀 문제될 게 없다고 주장했다.

"논례論禮에 대한 일로 말하더라도 참람하게 분수를 범하고 도리에 어긋난 단서가 어찌 작겠습니까. 그렇다면 선도가 신을 죄주는 것이 아니라 신이 스스로 죄를 범한 것입니다. 인신人臣으로서 이런 죄를 졌으면 감히 인류 사이에 설 수 없다는 것은 도리상 분명합니다."

결국 자신의 주장이 잘못되었다면 자신의 잘못이지 윤선도나 현종의 탓이 아니라는 것이다. 그리고 말미에는 효종을 그리워하는 말을 참으로 구구절절하게 남기면서도, 끝내 도성에 돌아가지 않겠다는 뜻을 피력했다.

"세월이 거침없이 흘러 연기練期가 임박했다는 말씀에 이르러서는 신이 끝까지 다 읽기도 전에 피눈물이 마구 흘러내림을 금할 수 없었습니다. 단지 지은 죄가 너무도 무겁고 또 병이 고질이 된 탓으로 더 나아갈 방도가 없어 북쪽으로 천문^{天門}을 바라보며 스스로 눈물을 삼킬 뿐입니다.”

하지만 그 이후로도 논란은 끊이지 않았다. 그래서 그해 11월 15일에 송시열은 자신의 관직을 거두어 달라는 상소를 올렸다. 이때 이유로 든 것이 바로 자신을 비난했던 윤선도의 상소였지만, 현종은 받아들이지 않았다. 이때 송시열이 올린 상소문은 원문이 남아 있지 않다.

이때 시열이 사직소를 여러 차례 올렸는데, 당시 사필^{史筆}을 잡은 자가 충실히 기록했을 것인데도 이때에 이르러 기록하지 않았으니, (글이) 너무 거칠고 포악하여 일부러 덮은 것이 아니겠는가.

《현종실록》에서는 이렇게 험담에 가까운 추측을 하고 있다. 물론 《현종개수실록》에서는 송시열이 윤선도의 상소 ‘때문에’ 상소를 올렸다고만 나와 있지, 무슨 내용인지 이렇다 할 평은 없다. 정말 송시열은 윤선도에게 지나친 비난을 퍼부었을까? 애석하게도 송시열의 성격을 감안하면 그냥 좋은 말만 적지는 않았을 것이다.

물론 송시열은 1년복의 이론적 기반을 마련했다. 그러나 예론의 논의만을 담당했을 뿐이었고, 서인들을 지휘하여 남인들을 몰아세우지도 않았다. 예송 논쟁을 지저분한 사태로 몰고 간 원흉은 김수항을 비롯한 서인 정권의 사람들이라고 할 수 있다. 그렇다고 해서 송시열이 죄가 없다는 것은 아니다.

송시열은 공적으로는 빼어난 학식을 갖춘 학자였지만, 동시에 사적인 자리에서는 남의 험담을 늘어놓는 곤란한 사람이었다. 이게 그냥 추측이 아닌 것은, 《송자대전》에 남아 있는 그의 수많은 서신에 다른 사람의 험담을 하는 대목이 곧잘 보이기 때문이다.

또한 송시열은 놀라울 만큼 정치적이지 못한 사람이었다. 그가 정치가였다면 오히려 남인들을 달래고 자기편으로 끌어안았을 것이지, 예론으로서 배척하지 않았을 것이다. 송시열의 이런 융통성 없는 성격은 제자 윤증과 철천지원수 사이가 된 회니시비 사건만 보아도 분명하다.

추측컨대 송시열은 공식적으로는 학술적인 반론을 제기하는 동시에, 제자들이나 주변 사람들에게 3년복을 폄하하거나 윤선도의 상소 못지않은 인신공격 혹은 험담을 했던 게 아니었을까. 그래서인지 1차 예송 논쟁 와중에 3년복 주장자들은 신경질적인 비난을 들어야 했는데, 이를 보면 송시열의 제자거나 혹은 주변 인물들이 흥분해서 대응했던 게 아닌가 싶다.

하지만 1차 예송 논쟁은 물론이거니와, 이후로 벌어진 여러 사건들은 서인들의 인상이 크게 나빠질 만큼 옹졸하고 유치했다. 이것이 송시열 자신의 뜻은 아니었을지도 모른다. 하지만 정국의 균형 및 사태의 진정을 위해서라면 송시열은 빈말로도 윤선도나 그를 옹호한 사람들의 처벌을 막고, 흥분한 사람들을 진정시켜야 했다. 그러나 송시열은 그러지 않았다. 결국 1차 예송 논쟁은 여기에 참여한 사람 누구에게나 깊은 상처를 남겼다.

그렇다고 송시열이 효종의 정통성을 부정했던 것은 아니었다. 또 소현세자의 자식이 정통이라고 지지한 것도 아니었다. 비록 시각 차이는 있을

지언정, 효종과 더불어 오랫동안 북벌을 도모하기도 했으며, 동시에 이상적인 유교 국가를 만들기 위해 평생에 걸쳐 애를 썼다. 그럼에도 그가 1년복을 주장한 것은 효종이 둘째 아들이었기 때문이었다. 아무리 왕이라고 해도 적차자라는 사실을 적장자로 왜곡할 수는 없었던 것이다.

송시열은 자신이 정한 원칙에서 절대로 벗어나지 않았고, 타협하지도 않았다. 그에게 가장 중요한 것은 예라고 하는 절대 진리였다. 현실의 어떤 가치들도 여기에 우선할 수 없었다. 융통성이 없었지만 그 대신 강철같은 신념이 있었다. 예송 논의에 정치적인 문제가 깔려 있다는 것을 송시열도 모르진 않았겠지만, 그렇다고 의견을 굽힐 수 없게 한 것은 학자로서의 고집이었다.

결국 송시열은 진짜 정통이랄 수 있는 소현세자를 지우거나 무시하지 않았고, 효종이 비록 왕이었고 적통이 되긴 했지만 특례를 적용할 수 없다는 의견이었다. 따라서 그가 3년복을 반박한 것은 개인적인 감정이라기보다는 상대방의 주장이 잘못되었다는 신념 때문이었다. 그런데 그 신념은 매우 완강했고, 본인의 천성인 쇠고집과 결부되어 융통성이 없었다. 송시열도 이런 자신의 성미는 어느 정도 알고 있었지만, 이것을 고치거나 굽힐 마음은 손톱만큼도 없었다.

그 결과 송시열은 효종을 서자庶子라고 부르는 무례를 범하게 되었다. 물론 그에게는 《예경》이 쓰인 고대 중국에서의 의미로 효종이 첫째가 아닌 둘째 아들이라는 뜻이지만, 어쨌든 이 사실은 나중에 송시열 자신과 서인 정권의 목을 조르게 된다.

예송 논쟁, 또 하나의 마무리

현종 6년 9월, 소현세자의 막내아들이었던 경안군 이회가 세상을 떠났다. 이제 겨우 23살의 젊은 나이였다. 이미 두 명의 형과 두 명의 누이들은 세상을 떠난 다음이었다. 경안군은 요양차 온천을 다녀오다가 병이 나서 갑자기 죽었는데, 이 소식을 들은 현종은 매우 슬퍼했다.

> "경안군의 상사喪事는 뜻밖이라서 내가 매우 비통하게 여기고 있다. 아, 선조先朝 때부터 돌보아 기르고 어루만져 보살펴 왔으니, 진실로 후세 자손들은 의당 이를 본받아야 한다. 말과 생각이 여기에 이르니 눈물이 옷깃을 적시는 것을 몰랐다."

당연하게도 현종은 경안군의 어머니 민회비 강씨에게 사약을 내렸다던가, 본인을 전국 각지로 귀양 보냈다는 이야기는 쏙 빼는 센스를 보여 주고 있다. 그래서 예를 갖추어 장사를 지내라고 명령하는 한편, 경안군을 치료한 의관에게 그를 잘 돌보지 못한 죄를 물어 심문한 뒤 곤장을 때리고 귀양까지 보냈다. 이렇게 사촌이자 가까운 친척이라곤 해도 좀 유난스러운 게 아닌가 싶을 정도로 많은 관심을 보였다.

하지만 이 대목을 읽으면서 현종이 정말로 사촌의 죽음을 슬퍼했을까, 혹

시 과하게 벌인 '쇼'가 아닌가 하고 의심이 드는 것도 사실이다. 과연 당시 사람들 사이에서는 경안군의 갑작스러운 죽음을 놓고 어떤 말이 오갔을까. 그러니까 현종은 신하들 앞에서 크게 슬퍼하는 모습을 보이면서 자신에게 돌아갈 혐의를 벗어 내지 않으면 안 되었다.

어쩌면 현종과 경안군, 두 사람은 정말로 친근했을 수도 있다. 모두 아버지들이 청나라에 귀양을 가 있었을 때 태어났고, 나이대도 비슷했다. 또 외국의 인질이었으니 두 사람은 어린 시절을 함께 지냈을 것이다. 아버지 효종은 형제들끼리 '원래는' 사이가 좋았다고 말했으니, 어린 시절 함께 놀았을 수도 있다.

그러나 현종의 정통성을 공고히 하기 위해 경안군은 죽어야만 했다. 현종은 어린 시절 함께 지낸 사촌의 죽음을 정말로 슬퍼했을지도 모르지만, 그 슬픔과 함께 깊은 안도의 한숨을 내쉬었을 것이다. 이처럼 비인간적인 것이 왕가였다.

하지만 경안군이 죽었다 한들, 둘째로 태어난 효종이 적장자가 되는 것은 아니었다. 소현세자의, 즉 경안군의 핏줄은 훗날 현종의 손자인 영조 때 이어졌고, 이는 밀풍군을 옹립하려는 이인좌의 난으로 이어지게 된다.

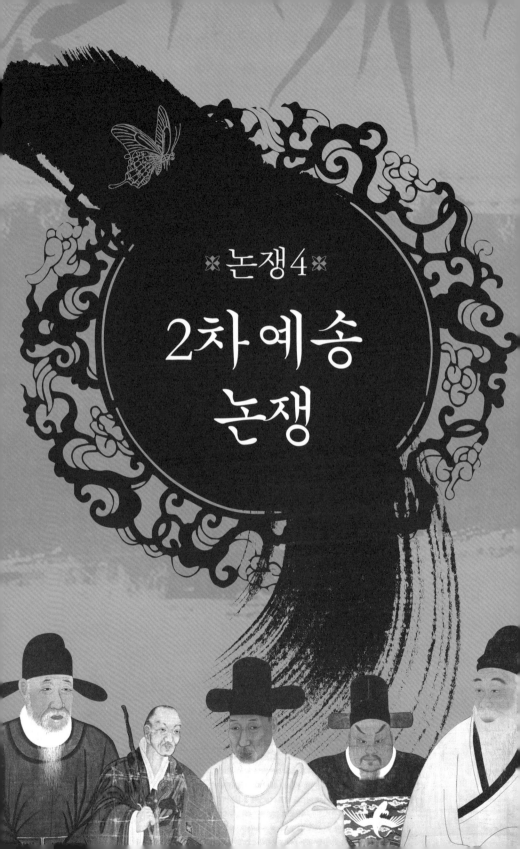

※논쟁 4※
2차 예송
논쟁

완전히 해결하지 않고 억지로 묻어 놓은 문제는 언젠가 반드시 터지게 된다. 그것도 처음보다 더 나쁜 형태로. 15년 만에 다시 시작된 2차 예송 논쟁은 1차와 같은 이유에서 시작되었다. 효종은 적장자인가? 아니면 둘째 아들인가? 어떻게든 아버지와 자신을 적장자로 만들고 싶은 현종의 성급함은 왕과 신하들의 전면전으로 이어졌다. 기간은 오직 3일. 하지만 의욕만 앞서고 능력이 부족한 왕은 신하들을 설득할 수도, 승복시킬 수도 없었다. 그것이 2차 예송 논쟁의 진정한 비극이었다.

논쟁 4

2차 예송 논쟁

2차 예송 논쟁 일지

■ **현종 7년**

3월 25일 | 현종, 장렬왕후의 복제는《오례의》에 의해 결정했으며 이상 바뀌지 않을 것임을 선포.

■ **현종 10년**

송시열, 영부사 이경석이 자신을 모함했다고 주장.

송시열, 제자 윤증과 의절하고 회니시비를 벌이다.

송시열, 청나라 사신의 접대를 거절한 관리의 처벌을 놓고 형조판서 서필원과 싸우다.

■ **현종 14년**

9월 9일 | 현종의 장인 김우명, 송시열의 험담을 하고 그와 싸우다.

■ **현종 15년**

2월 23일 | 인선왕대비(인선왕후, 현종의 어머니) 승하.

2월 26일 | 예조, 장렬왕후의 상복을 기년복(1년)으로 결정.

2월 27일 | 예조, 대공복(9개월)으로 정정.

7월 6일 | 대구의 선비 도신징, 1년복을 주장하는 상소를 올리다. 행대사헌 김익경 사의 표명.

7월 11일 | 장령 이광적, 유생이 예법에 왈가왈부해서는 안 된다고 주장.

7월 13일 | 현종, 대신들과 예조의 관리들을 빈청에 모아 논의시킴.

　　　　　신하들,《경국대전》을 근거로 장렬왕후의 상복을 대공복으로 결정하다.

7월 14일 | 신하들, 장렬왕후의 상복으로 대공복을 확정하고 인선왕후를 둘째 며느리로 규정, 이에 현종이 크게 노하다.

현종, '둘째 이하 아들이 대를 이으면 장자가 된다'라는 말의 출처 및 각종 자료를 모아오게 하다.

김석주, 1차 예송 때의 상소문 및 예서의 주석본을 만들다.

1년복 및 효종의 적장자설을 주장하는 현종과 9개월복 및 효종의 차자설을 주장하는 김수흥이 대립하다.

현종, 다시금 《예경》을 참고하도록 명령.

7월 15일 | 영의정 김수흥, 효종의 상복은 1년, 인선왕후의 상복은 9개월로 원래의 원칙을 고수.

분노한 현종, 장렬왕후의 상복을 기년복으로 강행하다.

예조의 관리들, 직무유기를 이유로 의금부에 투옥되다.

7월 16일 | 영의정 김수흥, 춘천으로 귀양 보내지다.

김수흥과 예조의 신하들을 두둔한 장령 이광적, 지평 유지발이 삭탈 관직되어 귀양감.

7월 23일 | 송시열, 죽산에서 자신을 처벌해 달라는 상소를 올리다.

7월 24일 | 현종, 건강 악화로 침을 맞다.

좌의정 정지화, 복제 문제로 사의를 표명.

8월 18일 | 현종, 갑작스레 승하.

송시열

대공복 지지. 15년의 시간의 흘렀지만 그는 조금도 변하지 않았고, 계속 주변
사람들과 싸웠다. 2차 예송에서는 노환과 질병 때문에 시골에 머물러 있었기
에 직접 참여하지는 못했다. 그러나 사실상 논쟁의 도마 위에 오른 것은 지
난 1차 예송 이래로 줄기차게 주장했던 그의 이론이었다. 하지만 2차 예
송의 결과, 그의 주장은 왕의 명령으로 파기되었으며, 제자들 역시 처
벌을 받았다. 그래도 본인은 잘못이 없다고 생각했을 것이다.

김수흥

대공복 지지. 김수항의 형이자 송시열의 제자. 2차 예송 당시 영의정의 자리에 있었다는 죄로
잔뜩 빈정 상한 현종을 달래는 역할을 전담했고, 2차 예송의 환란을 전부 덮어쓰고 고초를 겪었
다. 하지만 그 역시 국서를 찢었던 할아버지(김상헌)에게 물려받은 반항 유전자를 가지고 있었
다. 논쟁 와중 왕에게 본격적으로 대들었다가 결국 패씸죄로 춘천으로 귀양 갔다.

조형

대공복 지지. 하필이면 2차 예송 논쟁 때 예조판서 자리에 있었던 억세게 운 나쁜 사람. 젊은 시
절부터 이런저런 사건에 휘말려서 고생하다가 그의 인생 최후의 트러블에 말려들게 된다. 그가
좀 더 현명했다면 2차 예송이 불거지지 않았을까? 그러나 그는 서인이었고 송준길과 친분이 깊
었으니, 그럴 가능성은 매우 낮다. 어떻게든 논쟁을 수습하기 위해 동분서주했지만, 결국 귀양
가게 되었다.

현종

기년복 지지. 왕의 자리에 오른 지 15년이 흘러 장년의 나이가 되었다. 자신감과 경험을 얻은 그
가 적장자가 되고 싶어 한 것도 무리는 아니다. 하지만 토론에서는 왕으로서의 면모를 제대로
보이지 못하고 유치하게 일관했다. 만약 그가 태종 같은 박력, 세종 같은 끈질김, 정조 같은 해
박함 중 어느 하나만 가지고 있었더라면, 2차 예송은 크게 번지지 않았을 것이다. 의욕은 넘치
되 능력이 딸리는 임금의 대표적인 예이다.

김수항

기년복 지지. 1차 예송의 인물 중에서는 유일하게 2차에 참여했다. 하지만 나이가 들고 이미 일선에서 물러난 탓인지 특별히 발언한 것은 없었고, 활약도 별로 없었다. 하지만 결과적으로 1차 예송 때 그가 쌓았던 업 때문에 동생이 귀양 가게 된 것이니, 형으로서 마음은 편하지 않았을 것이다.

도신징

기년복 지지. 2차 예송 논쟁을 초래한 사람. 60세가 넘었으면서도 한 달이나 걸려 대구에서 한성까지 올라온 근성의 소유자였다. 정치적인 야욕이 있었던 걸까, 아니면 그저 잘못된 예제가 시행되는 것을 용납할 수 없었던 걸까? 상소 하나 외에 더는 자세한 기록이 없어 그가 어떤 인물이었는지 알 수 없지만, 그의 상소는 분명 역사를 바꾸었다.

김석주

기년복 지지. 김우명의 조카이자, 명성왕후의 사촌이었던 청풍 김씨의 기린아. 당대의 천재였다. 원래 서인이었지만, 2차 예송 논쟁을 맞이하여 송시열을 겨냥한 저격수 역할을 톡톡히 수행했으며, 대공복에 반박하기 위한 자료를 준비했다. 현종이 답답한 속내를 거리낌 없이 풀어놓을 정도로 신임을 받았다. 그는 자신의 출세를 위해 송시열을 모함한 것일까? 적어도 당대에는 그렇게 생각되었다.

* 송시열 초상: 국립중앙박물관 소장

1차 예송의 후폭풍

1차 예송 논쟁은 끝났다. 하지만 졸속으로 마무리된 탓에 후폭풍은 심각했다. 관리들은 물론이거니와 유생들을 비롯한 궁궐 밖의 사람들이 끊임없이 문제를 제기했고, 경상도의 유생 1천여 명이 상소를 올려 항의하기도 했다. 이후로도 논란이 끊이지 않자, 마침내 현종은 특단의 조치를 내린다. 현종 7년 3월 25일, 현종은 장렬왕후의 복제는 《경국대전》에 따라 결정한 것이고, 더 이상 바뀌는 일이 없을 것임을 선포했다. 논란의 종지부를 찍었다기보다는, 억지로 틀어막은 것이었다.

또한 윤선도를 비롯하여 3년복을 주장한 사람들을 귀양 보내고, 벼슬에 오를 수 없게 하는 등 가혹한 정치적인 보복이 있었다.

정작 송시열은 1차 예송 논쟁이 올바른 결정을 내리는 대신, 다수결로 대충 결정한 것이라며 불만을 토했지만, 결국 1년복의 승리로 마무리 되었다.

상황이 이래서일까? 2차 예송 논쟁은 3년복을 주장했던 사람들의 복수혈전이나 남인들의 대반격이라는 인상이 있다. 그리고 이 사건을 계기로 남인들이 서인 정권을 무너뜨리고 권력을 잡았다고 생각하는 사람도 간혹 있다.

그런데 1차와 2차의 예송 논쟁은 같은 예복의 문제를 다뤘을지언정, 그 성격이나 전개는 아주 달랐다. 우선 1차 예송의 참가자들은 2차 예송에 그다지 참여하지 못했다. 가장 큰 이유는 윤선도를 비롯한 1차 논쟁의 주역들 중 14년이라는 세월을 이기지 못해 늙어 죽은 사람이 태반이었고, 아예 2차 예송에 참여하지 않은 사람들도 있었다.

뿐만 아니라 2차 때 서인과 대립한 주체는 남인들이 아니었다. 굳이 말하자면 서인들이 분열해서 자기들끼리 싸운 것에 가까웠다. 또한 2차 예송 논쟁은 다른 누구도 아닌 현종의 의지로 시작한 것이었다.

그래서 1차와 달리 2차 예송은 고작 3일 동안 벌어졌고, 이후 논쟁의 주역들이 처벌을 받는 것으로 신속하게 종결되었다. 그러니까 2차 논쟁의 성격은 1차와 크게 달라질 수밖에 없었다.

그렇다고 해서 2차가 1차와 전혀 별개의 사건이었던 것은 아니다. 적장자가 아니면서도, 적장자의 자식이 버젓이 살아 있음에도 이루어진 변칙적인 효종의 왕위 계승. 그리고 서로가 납득할 수 있을 만한 결론을 내지 못하고, 시간과 상황과 위세에 밀려 대충 마무리 지어진 1차 예송 논쟁. 완전히 해결되지 않은 채 졸속으로 처리되었던 문제점들이 십수 년을 곪아 들어가서 다시 터진 것이 2차 예송의 본질이었다.

1차 예송에서
2차 예송으로

《경국대전》의 규정에 따라 장렬왕후의 상복은 1년복이 되었다. 이것이 1차 예송 논쟁의 결론이었지만, 이로써 효종의 계승 문제가 완전히 해결된 것은 아니었다.

서인 정권은 예송 논쟁에서의 승리로 절정을 구가한 이래, 계속해서 자신의 입지를 깎아내렸다. 여기에는 송시열의 고약한 성미가 크게 기여했다.

앞에서도 말했지만 송시열은 정치가라기보다는 학자였고, 현실주의자라기보다는 이상주의자였다. 그런데다가 자신이 지는 것, 굽히는 것을 정말로 싫어했다. 동시에 그는 당대에서 손꼽히는 학자였고, 에너지가 넘쳤다. 그러니 여기저기에서 충돌이 끊이지 않았고, 처음 그의 학식에 반한 사람들마저도 진절머리를 냈다. 결국 제자 윤증이 돌아섰고, 현종도 차츰 질려갔다. 그럼에도 송시열은 변하지 않았고, 끊임없이 사람들과 싸웠다.

1차와 2차 예송 논쟁 사이에 있었던 송시열의 전력戰歷 중에서 가장 굵직

한 것 몇 가지를 살펴보자.

현종 10년, 송시열은 현종과 중전(훗날의 명성왕후)이 온천으로 여행했을 때를 즈음해서 영부사 이경석과 싸웠다. 이경석이 자신의 흉을 보았다는 송시열의 오해 때문이었지만, 평소부터 두 사람의 사이는 그리 좋지 못했던 것 같다.

또한 송시열은 제자 윤증과 의절까지 했다. 윤증의 아버지는 윤선거로, 앞서 귀양 갔던 윤선도와 형제관계였다. 하지만 윤선거는 자신의 아들을 송시열에게 맡겨 공부시킬 만큼 가까운 사이였다. 그런데 윤선거는 병자호란 때 청나라 군대가 공격하자 노비로 변장해 도망쳤고, 이후 벼슬을 하지 않고 자숙하며 살았다. 열렬한 북벌론자였던 송시열은 윤선거가 적에게 등을 보이며 달아났다는 사실을 용납할 수 없었다. 게다가 윤선거는 송시열이 소인, 사문난적이라며 비난했던 윤휴와 친분을 유지했고, 세상을 떠나기 전에 송시열을 비판하는 글을 남기기까지 했다.

일의 발단은 현종 10년, 아버지 윤선거가 세상을 떠나자 윤증이 송시열에게 아버지의 묘지명을 써달라고 부탁한 것에서 시작됐다. 윤증으로서는 존경하는 스승이자 당대의 가장 뛰어난 학자에게 부탁한 것이었지만, 송시열은 지난 원한을 잊지 않고 굉장히 성의 없이 묘지명을 써 주었다. 윤증은 글을 고쳐 달라고 몇 년에 걸쳐 스승을 졸랐지만, 송시열의 쇠고집을 꺾을 수 없었다. 마침내 화가 머리끝까지 난 윤증은 윤선도의 것보다 심하면 심했지 결코 모자람 없는 인신공격을 퍼부으며 스승인 송시열과 대판 싸웠다. 이것이 바로 그 유명한 회니시비懷尼是非이다.

또 송시열은 형조판서 서필원과도 충돌했다. 사연이란 이렇다. 현종

10년, 어느 관리가 자신의 할머니가 정묘호란 때 돌아가셨으므로 원수를 마주할 수 없다며 청나라 사신을 접대하는 직무를 거부했다. 서필원은 공이 사보다 중요하다며 관리를 직무유기로 처벌했는데, 송시열이 이 문제를 걸고 넘어졌다. 정묘호란이 끝난 지 이미 수십 년이 흘렀고, 북벌론은 차츰 케케묵은 것이 되었지만, 송시열은 이를 인정하지 않고 있었다. 현종의 적극적인 보호로 서필원은 무사할 수 있었지만, 송시열과 그를 따르는 사람들의 집중적인 포화를 받는 것은 피할 수 없었다.

무엇보다 가장 큰 분쟁은 바로 현종의 장인이자 국구(國舅)였던 김우명과의 대립이었다. 현종의 부인이자 숙종의 어머니인 명성왕후는 청풍 김씨 출신이었다. 김우명 본인을 비롯하여 형 김좌명과 조카 김석주는 과거에서 장원급제를 연이어 하는 등 당대의 빼어난 인재들이었다. 하지만 이렇게 뛰어난 능력에도 청풍 김씨 출신들은 내내 좋은 벼슬자리에 오르지 못했다.

이유는 간단했다. 그들이 외척이기 때문이었다. 송시열은 이상주의자였다. 외척은 부패하거나 타락하기 쉬우니, 애초에 등용해서는 안 된다는 게 그의 입장이었으며, 여기에 근간을 두고 있던 서인 정권은 청풍 김씨 출신들을 청요직, 흔히 말하는 잘나가는 관직에 앉히는 것을 막았다. 당연히 청풍 김씨들은 많은 불만을 가졌고, 송시열과도 감정적으로 충돌했다.

결국 현종 14년 9월 9일에 효종의 묘소를 옮기는 문제를 의논하기 위해 현종과 만나 의논하던 김우명이 그간 송시열에게 쌓였던 불만을 털어 놓았다.

"판부사 송시열은 산림에서 명망을 지니고 있는 대신인데 어찌 한마디라도 잘못된 말이 있겠습니까. 그러나 옛 사람이 이르기를 '요·순과 같은 사람이 아니면 어찌 모든 일에 최선을 다할 수 있겠는가'라고 하였습니다. 성인에 버금가는 이도 허물이 없을 수 없는데, 시열이 한 말에 대해서 사람들이 감히 의논을 못하니, 윗사람이 말하면 아랫사람이 감히 그 잘못을 바로잡지 못한다는 것입니다."

효종 때에도 그리고 현종 때에도 언제나 이상을 외치면서 강력한 발언권을 가진 송시열은 존경스럽지만 동시에 골칫거리인 산림이었다. 당시 조정에서는 송시열의 말이 곧 법이요 진리요 도덕이 되었고, 사람들은 비난받을 게 무서워서라도 감히 토를 달지 못했다. 결코 긍정적인 현상이 아니었다.

현종은 김우명의 말에 소극적이나마 동조했고, 몇 가지 조처를 내리기도 했다. 하지만 김우명의 발언은 즉각적으로 다른 서인의 귀에 들어갔고, 김수항의 형이자 당시 우의정인 김수홍은 즉각 송시열을 변명하는 말을 올렸다.

"시열과 선왕의 군신관계의 융성함은 옛날에 없던 것이었습니다. 그런데 지금 선왕을 송종(送終)하는 예를 건의하여 청한 바가 있었으나 뜬 비방이 이와 같으니, 그 아픈 마음이 어떠하겠습니까 마땅히 별도로 유시하는 일이 있어야 합니다."

김우명이 비록 송시열에게 섭섭함을 털어놓았다곤 해도, 굉장히 점잖게 돌려서 말했다. 김수홍 역시 우회적으로 변명했다. 만약 노골적으로 감정을 드러낸다면 싸움이 벌어질 터였다.

하지만 어떻게든 좋게 수습하려고 애쓰던 주변 사람들의 노력을 송두리째 날린 것은 송시열 자신이었다. 그는 김우명이 했던 말을 한 구절 한 구절 꼬집어 가며 반박하는 글을 올린 것이다.

> "신은 외롭고 약한 사람으로서 죄를 지은 일이 매우 많기 때문에, 윤선도 이래로 오늘까지 신을 탄핵한 자가 이루 다 셀 수 없고, 유세철이 상소를 올릴 때는 함께 이름을 적은 사람이 천여 명에 이르렀으니 근세에 없던 일입니다. 예로부터 구설수가 심하기로는 신 같은 사람이 없으니, 만일 자애하신 성상께서 불쌍히 여겨 덮어 줌이 없었다면 신의 가문은 이미 오래전에 멸망했으리라 생각합니다. 그런데 지금 사람들이 감히 입을 열지 못한다고 하니 신은 진실로 그 뜻을 알 수 없습니다."

이렇게 대형사고가 연거푸 일어나는 것은 사람들이 못된 것 말고도 본인의 모난 성격 탓도 있었다. 그런데 본인은 고칠 생각을 하기는커녕 무엇이 잘못되었는지도 몰랐다. 물론 송시열 나름으로선 사사건건 싸워야 했던 이유가 있었을 것이다. 여하튼 송시열은 한마디로 사람 속을 긁고, 또 감정이 충돌하면 절대로 자신을 굽히지 않는 고집불통이었다. 원래 송시열은 지극히 존경했던 윤증이나 이경석과도 싸우고 인연을 끊었으니 다른 사람과는 오죽할까.

이렇게 주변 사람들이 차츰 철천지원수로 돌아서면서 송시열은 자연스럽게 고립되었고, 그를 정신적인 지주로 삼았던 서인 정권 역시 마찬가지였다. 결국 현종 말년에 이르러 송시열은 현종의 처가와 원수 사이가 된 것은 물론, 현종에게까지 미운털이 잔뜩 박혀 있었다.

무엇보다도 현종의 불만은 상당한 것이었다. 처음엔 철부지였어도 나이가 들고 경험이 쌓이면 자신감도 생기기 마련이니 차츰 나랏일을 자신의 마음대로 움직여 보고 싶은 욕심도 있었다. 그럼에도 송시열은 계속해서 (현실적으로 성취가 불가능한) 이상을 외쳤고, 서인 정권은 그의 말을 앵무새처럼 반복했다. 현종이 차츰 질리게 된 것도 어쩌면 당연한 일이다.

2차 예송 논쟁의
시작

현종 15년 2월 20일, 이미 한 달 가까이 와병 중이었던 인선왕대비(효종비) 장씨의 건강이 위독해졌다. 현종도 마침 부스럼이 나서 건강이 좋지 못했지만, 열성적으로 어머니의 병간호를 했다. 시약청을 설치하고 산천 곳곳에 어머니의 쾌유를 기원하는 한편, 죄수를 풀어 주었다. 그러나 23일, 결국 대비는 회상전에서 승하했고, 인선왕후라는 시호가 내려졌다.

그런데 이때까지도 장렬왕후(자의대비)는 멀쩡히 살아 있었다. 그녀는 인조 말년에 '구색 맞추기'로 들어온 왕후로 자식도 없었으며, 이렇다 할 발언도 하지 못했던, 그저 껍데기뿐인 왕실의 어른이었다. 그럼에도 예법은 예법이었다. '며느리' 인선왕후가 죽자 15년 전과 같은 똑같은 상황이 벌어졌고, 또다시 상복이 문제가 되었다.

과연 장렬왕후에게 인선왕후는 첫째 며느리(장자부)인가, 둘째 며느리(중자부)인가? 1차 예송 논쟁과 기분 나쁠 정도로 닮은 논란이었다. 게다가 이 문제는 그저 인선왕후에게만 그치지 않고, 오래전 효종의 문제로까지 거슬러 올라갈 수 있었다.

그런데 2차 예송에서는 1차 예송 때와 비교하자면 훨씬 난감한 문제가 있었다. 원래 《경국대전》에서는 부모가 죽은 자식을 위해 상복을 입을 때 큰아들, 작은아들과 상관없이 자식을 위한 상복을 1년으로 규정하고 있었다. 그래서 1차 예송은 수많은 문제점을 안고 있었음에도, 《경국대전》을 우선적으로 따른다는 두루뭉술한 핑계로 넘어갈 수 있었다. 그런데 죽은 며느리를 위한 상복은 이와 달랐다.

우선 《의례》에서 며느리를 위한 상복은 큰며느리는 대공(9개월)으로, 둘째 이하 며느리는 소공(5개월)으로 나누었고, 《경국대전》, 《가례복도家禮服圖》에서는 각각 기년(1년)과 대공으로 다르게 적었다. 그러니까 이제는 《예경》뿐만이 아니라 《경국대전》에서도 큰며느리와 둘째 며느리를 구분했고, 더 이상 두루뭉술하게 넘어갈 수 없었다.

26일, 예조는 장렬왕후가 입을 상복을 기년복(1년복)으로 결정했다. 이는 인선왕후를 큰며느리로 인정한 것이다. 하지만 예조는 고작 하루 만에 이 결정을 번복했다. 27일, 예조는 이번 복제는 대공복(9개월)인데 자신들이 잘못 정했다고 정정하였다. 결국 인선왕후를 큰며느리가 아닌 둘째 며느리로 결정한 것이고, 이로써 1차 예송 때 효종을 둘째 아들로 규정한 송시

	의례	경국대전
큰아들	3년	1년
작은아들	1년	1년
큰며느리	9개월(대공)	1년(기년)
작은며느리	5개월(소공)	9개월(대공)

열(서인)의 주장과 일관성을 가지게 되었다. 이 시점에서 예조는 이미 논란의 씨앗을 짐작한 것이다.

《현종실록》에서는 예조가 처음에는 1년복으로 결정했지만, 서인들이 송시열의 주장과 어긋난다는 사실을 알고 그들을 위협했고, 이에 예조의 사람들이 겁을 먹고 대공복으로 고쳤다고 평하고 있다. 그러나 당시의 예조판서는 조형, 예조참판은 김익경, 참의가 홍주국, 정랑은 임이도로 온통 서인 일색이었다. 특히 김익경은 송시열의 제자이기까지 했다. 그러니까 특별히 위협할 것도 없이 '알아서 길' 사람들이긴 했다.

이 정도야 예조의 작은 실수로 끝날 일이었을지도 모른다. 현종이 어떻게 된 것이냐고 묻자, 예조는 너무 늦게 알았다면서 구차한 변명을 늘어놓았다. 결국 현종은 책임을 물어 예조의 당상관들과 낭청을 심문하는 정도로 사건을 마무리 지었다.

그런데 그로부터 몇 달이 지난 7월 6일, 현종에게 한 장의 상소가 올려졌다. 바로 대구에 살고 있던 선비 도신징이 올린 글이었다.

"…… 예의로 나라를 다스린다는 것은 성인의 밝은 교훈입니다. 예절이 한번 훼손되고 나면 나라도 따라서 망하는 법이니 신중히 하지 않을 수 있겠습니까. 신이 비록 보잘것없으나, 그래도 없어지지 않는 이성이 있으므로 충정에 격동되어 어리석고 미천한 신분을 헤아려 보지도 않은 채 천릿길을 달려와서, 설령 엄한 질책을 받게 되더라도 신의 소견을 말씀드리려고 하였습니다."

선비라고는 해도 이미 나이 60이 넘었고, 병까지 나서 대구에서 서울로

오는데 한 달이 넘게 걸릴 만큼 늙은 몸이었다. 도신징에 대해서 별다른 기록이 없어 자세하게 알 수는 없지만, 나름대로 유학을 연구한 인물이었던 모양이다.

"예절이 잘못된 점만 들어 말하겠습니다."

상소의 첫머리에서 간결하면서도 꽤 과격하게 포문을 연 도신징은 장렬왕후의 상복이 처음에 1년복이었다가 다음에 대공복이 된 게 어느 전례를 따라한 것이냐고 따졌다.《경국대전》에서 큰아들, 큰며느리를 위한 상복은 1년이라고 했다. 그래서 15년 전에 국제에 따라 1년복을 정했다. 그런데 이번의 9개월복은 여기에서 벗어났으니 예제에 일관성이 없다는 것이다.

또한 도신징은《주례》의 '큰며느리를 위해 대공복을 입는다'라는 구절은 후세, 곧 요즘 지키는 것이 아니라고 했다. 이것을 입증하기 위해《가례家禮》에서도 큰며느리의 상복을 1년복이라고 했고, 명나라의《가례의절家禮儀節》에서도 마찬가지로 1년복이라고 했음을 지적했다.

따라서 도신징은 큰며느리를 위한 상복이 기년복임은 명백하므로, 현재의 예절을 버리고 먼 옛날의 예를 취한 것은 잘못이라며 주장했다. 결국 효종과 인선왕후는 대를 이은 적장자, 큰아들이자 큰며느리라는 말이다. 그리고 도신징은 여기에서 한발 더 나아가 이번의 결정이 뒷날에까지 미칠 파장을 우려했다.

"대왕대비의 위치에서 볼 때 전하가 만일 못 며느리(둘째 이하)한테서 탄생한 것으로 친다면 전하는 서손庶孫이 되는데, 대왕대비께서 뒷날 돌아가시면 전하께서 대왕대비를 위해 감히 중대한 대통을 전해 받은 적장손嫡長孫으로 자처할 수 있겠느냐는 것입니다."

결국 예송 논쟁의 핵심은 여기에 있었다. 효종은 왕위를 이었다. 그러나 순서로는 둘째 아들, 즉 방계였고, 소현세자야말로 적장자였다. 만약 송시열의 주장대로 왕위를 이었음에도 둘째 아들이라는 것이 성립된다면, 효종의 아들인 현종은 왕위를 이었음에도 적장자가 아니게 된다. 그러면서 도신징은 이 문제를 놓고 아무도 지적하지 않고 침묵을 지키는 지금의 상황을 개탄했다.

"무릇 혈기가 있는 사람치고 놀라고 분개하지 않을 리 있겠습니까? 그런데 아직까지도 누구 하나 전하를 위해 입을 여는 사람이 없으니, 이러고도 나라에 사람이 있다고 할 수 있겠습니까. 예가 세상에서 기피하는 바가 되어 사람들이 제 몸 아끼느라 감히 입을 열지 못하더니, 더없이 중대한 이러한 때에도 일체 침묵을 지키고 승정원에 공론이 없어지고 재야의 사기가 떨어졌습니다. 나랏일이 이 지경에 이르렀으니 어찌 한심하지 않겠습니까."

사실이 그랬다. 1차 예송 논쟁의 결과와 현종의 금구령 때문에 사람들은 '예'라는 말 자체를 기피하여 다들 눈치만 보는 지경이 되었다. 실제로 도신징의 상소가 받아들여지기까지는 거의 한 달이 걸렸다.

"신이 대궐문 앞에서 이마를 조아린 지 반 달이 지났는데도 계속 기각을 당하기만 하였으니, 국가의 언로가 막혔으며 백성의 목숨이 장차 끊어지게 되었습니다. 신이 말하려 하는 것은 오늘날 복을 낮추어 입은 잘못에 대한 것일 뿐인데. 승정원이 금령禁令을 어기고 예를 논한다는 말로 억압하면서 받아 주지 않고 물리쳤습니다."

도신징은 이로써 언로, 그러니까 여론을 막는 위험성을 지적한 것이다. 그러면서 이전 1차 예송 때문에 복제를 논하지 말라는 금령이 생기긴 했지만, 그것은 효종에 대한 것이었지 인선왕후의 것은 아니었는데, 관리들이 계속 금령 때문이라며 자신의 말을 막으니 그들의 의도가 수상하다는 주장까지 했다. 분명히 도신징의 말에는 일리가 있었다. 오직 한 가지 의견만 있고 그 외의 의견을 말할 수조차 없다면 제대로 된 나라, 아니 사회라고 할 수 없다.

"과거에 기년복으로 정할 때 국조 전례를 근거로 했는데 지금 대공복으로 정한 것은 근거로 삼을 데가 없으니, '예禮가 아닌 예'란 것이 이를 두고 한 말입니다. 대공복이 잘못되었다는 것은 미천한 자들도 알 수 있는데, 잘 알고 있을 정원으로서 이렇게 막고 있으니, 전하께서 너무 고립되어 있습니다. 바깥의 좋은 말이 어떻게 올 수 있겠습니까. …… 신이 상소를 올려 깨우치기를 바랐는데 안에서 막아서 뜻을 못 펴면 돌아가 죽으면 그만이지만, 나라가 장차 어떻게 될지 모르겠습니다. 마음이 조여들고 말이 움츠러들어 뜻대로 다 쓰지 못하였습니다. 대궐을 향해 절하고 하직하면서 통곡할 뿐입니다."

여기에서 도신징이 올린 상소의 주요 내용은 대략 세 가지로 정리할 수 있다.

1. 효종 내외는 대를 이었으니 적장자이다.
2. 현재 송시열을 비롯한 서인들이 국론을 장악하고 있다.
3. 자칫하면 현종이 적장자가 아니게 될 수 있다.

현종은 이 상소를 받은 뒤, 다른 신하들에게 내려보내지 않았다. 마음이 움직였던 것이다. 현종을 자극한 것은 예법의 정확한 시행보다는 적장자의 문제였을 것이다. 그렇지만 현종은 당장 아무 반응도 보이지 않았다. 도신징의 상소를 누구에게도 보이지 않고 혼자 골똘히 생각에 잠겼고, 폭풍이 다가오기 직전처럼 기분 나쁜 침묵이 며칠 동안 계속되었다.

그런데 이러한 불길한 조짐을 눈치챈 사람도 있었다. 도신징의 상소가 올라온 날, 대사헌이자 장렬왕후의 상복을 결정할 때 예조에 있었던 김익경은 현종에게 이런 글을 올렸다.

"삼가 들건대, 어떤 유생이 상소를 올려 예조에서 정한 대왕대비께서 입은 복제가 예에 맞지 않다고 말했다 하였습니다. 그러나 그 상소가 하달되지 않아 어떻게 말하였는지 자세히 알 수 없는데다가 또 옳고 그름과 잘잘못을 지레 논해 가릴 필요는 없습니다만, 신은 그 당시 예관의 한 사람이었는데 어떻게 태연히 있을 수 있겠습니까."

그러면서 스스로 인피^{引避}했다.

"상복제도는 이미 정해진 것이므로 유생들이 왈가왈부하는 것은 망령된 일이고, 문제의 소지가 있습니다."

며칠 뒤인 7월 11일, 장령 이광적은 김익경을 출사하게 하자고 주청하면서 이렇게 말했다. 여기에서 말하는 유생이란 도신징을 지칭했다는 데 의심할 여지가 없다. 한마디로 도신징의 의견에 귀를 기울이지 말라는 것이다. 현종은 일단 이광적의 말에 따랐지만, 여전히 그의 손에는 도신징의 상소가 쥐여 있었다.

현종,
서인에게 칼을 빼들다

현종 15년 7월 13일, 도신징의 상소가 올라온 지 일주일이 지난 때였다.
왕과 신하들이 함께 모인 자리에서 현종은 영의정 김수홍에게 물었다.

"대왕대비께서 입을 상복제도를 예조가 처음엔 기년복으로 정했다가 뒤이어
대공복으로 고친 것은 무슨 곡절 때문에 그런 것인가?"

무슨 이야기를 하다가 이런 말이 갑자기 튀어나오게 되었는지는 알 수
없다. 하지만 현종은 다분히 의도적으로 물은 것이지, 순수하게 궁금해서
물었던 것은 아니었다. 이미 그는 마음속으로 지금의 복제가 잘못되었다
는 결론을 내리고, 작정하고 잘못을 따지고 있었다.

이것만 보아도 1차 예송 논쟁 때와는 전개가 많이 다르다. 어렵고 까다
로운 복제 문제를 결정하기 위해 학자들끼리 의견을 주고받다가 논쟁으
로 번졌던 지난번에 비해, 이번에는 왕이 직접 문제를 제기한 것이다. 따

라서 2차 예송 논쟁은 처음부터 정치적인 성격을 강하게 띠고 있었다.

김수홍이 현종의 의도를 완전히 파악했는지는 알 수 없지만, 그는 복제 변경의 이유를 앞서 기해년(1차 예송)의 상복제도가 기년복이었기 때문이라고 답했다. 그러니까 효종 때 정했던 상복과 일관성을 갖추기 위해 그렇게 했다는 것이다. 그러자 현종은 본격적으로 따져 물었다.

"그때 이야기들을 내가 모두 기억하지 못하겠다만, 판부사 송시열이 기년복으로 의논을 정하고 나서 그 뒤에 풍파가 일자, 나에게 '영의정 정태화가 지금 국가의 제도(《경국대전》) 대로 사용해도 뒷날 말하는 자가 있을 것이다 하였는데, 지금 과연 그러하니 정태화가 과연 식견이 있습니다' 하였다. 그때에는 옛날의 예禮를 사용하지 않고 국조의 예를 쓴 것이다. 그렇다면 오늘날 대공복의 제도 역시 국가의 제도인가?"

물론 이미 도신징의 상소를 본 현종이니 이 역시 몰라서 물어본 것은 아니었다. 그러자 김수홍은 《경국대전》에는 큰아들, 작은아들이 구분이 없었다고 변명하고, 자신은 1차 예송 때 참여하지 않았기에 잘 모른다고 했다. 그러면서도 송시열의 의견은 옛날의 예절 대신 나라의 제도를 사용해야 한다는 것이 아니었겠느냐며 추측성 변호를 거듭했다.

그러자 현종은 이렇게 물었다.

"오늘날의 상복제도를 옛날의 예로 한다면 어떤 복을 입어야 하는가?"
"대공복(9개월)이 맞습니다."

김수흥의 대답은 송시열의 것이자, 동시에 서인 정권의 것이기도 했다.

"기해년에는 시왕의 제도*를 사용하고 오늘날에는 옛날의 예를 썼는데 왜 앞 뒤가 다른가?"

"그때는 옛날과 지금의 예를 참작해 사용하였고, 지금 역시 그와 같이 하였습 니다."

"아니다. 그때는 시왕의 제도를 사용하였는데 그 뒤 떠들어 댄 말은 옛날의 예 로 하자고 따진 것이다."

현종은 이미 예송 논쟁의 전개 과정과 어떻게 뒤틀렸는지를 파악하고, 이전 결정이 잘못되었다는 결론을 전제로 깔고 신하를 몰아세우고 있었 다. 신하들 스스로 잘못을 인정하기를 바라는 것이기도 했다. 어찌 보면 당사자도 아닌데 억울하게 가운데에 낀 김수흥이 불쌍하기도 했지만, 이 는 14년 전의 일에서 기인한 것이니 서인들 스스로 초래한 바였다.

김수흥 다음으로 나선 것은 행호조판서이며 훗날 인현왕후의 아버지가 되는 민유중이었다. 그 역시 서인이었던지라, 9개월복과 서인들을 옹호했 다. 지난 1차 예송 논쟁을 두고, 옛날의 예와 《경국대전》을 참고해서 결정 했다고 주장했다. 그러자 현종은 다시금 질문을 던졌다.

* * *

* '시왕(時王)의 제도'와 '국가의 제도'는 때로 혼용되곤 하는데, 성종 때 만들어진 조선의 법전 《경국대전》을 일컫는 말로 주로 쓰 인다. 혹은 지금 시행되는 법, 선조들이 했던 사례라는 말이 되기도 하며, 《대명률》을 일컫기도 한다. 2차 예송 논쟁에서는 특별한 언급이 없다면 전부 《경국대전》을 이르는 것이며, 국제라고 줄여 쓰기도 한다. 한편 옛 예제는 《의례》, 《예기》 등 고대 중국에서 수 천 년간 전해져 내려온 예서를 이른다.

"이번 상복제도에 대해 국가의 제도에는 뭐라고 되어 있던가?"

그래서 김수흥이 《경국대전》에 규정된 큰며느리를 위한 복제가 1년복이라고 답하자, 현종은 놀라운 일이라며 대놓고 비꼬았다.

"그렇다면 오늘날의 대공복은 국가의 제도와 어떠한가? 이건 놀라운 일이다. 기해년에 사용한 것은 《경국대전》이었지 옛날의 예가 아니다. 만일 기해년에 옛날의 예와 국가의 예전을 참작했다면 오늘날 대공복은 무슨 국가 예전을 참작했는가? 내 실로 이해가 안 간다."

이 자리에 함께 한 신하들이 듣고 무안해질 말이었다. 이에 재차 변명을 하고 나선 것은 민유중이었다.

민유중 "국가의 제도가 우연히 이와 같았기 때문이며, 당초에 대신의 합의 역시 이와 같았습니다. 그러나 그때 행한 것들은 옛날의 예대로만 하였습니다."
현종 "조정에서 정한 것은 사실 《경국대전》을 따른 것이다."
김수흥 "그렇지 않습니다. 옛날의 예로 정했기 때문에 사람들이 따지는 것입니다."

이렇게 오가는 대화를 보노라면, 따져 묻는 왕과 변명하는 신하들 사이에 차츰 골이 커지고 있다. 불행인지 다행인지 현종은 그리 예법에 밝지 못했으며, 김수흥이나 민유중은 1차 예송의 당사자가 아니었기에 아직까지 문답은 피상적인 데 그치고 있었다. 현종은 다시금 신하들에게 상복 문제로 질문을 던졌다.

> 현종 "옛날의 예에서는 큰아들의 경우 무슨 복을 입게 되었는가?"
>
> 김수흥 "참최 삼년복입니다."
>
> 민유중 "처음에 기년복으로 입는 것이 옳지 못하다고 여긴 것은 이미 장자인데 왜 삼년복을 입을 수 없느냐는 것 때문이었습니다."

여기서 민유중이 말하는 장자는 현종의 아버지인 효종을 말하는 것이리라. 하지만 현종은 복제 그 자체보다는 그것을 결정한 신하들의 태도와 속뜻을 문제 삼고 있었다. 그래서 어떻게든 트집을 잡아 그 점을 밝혀내려 하고 있었고, 현종의 다음 말에서도 그런 의도가 확연히 드러나 있다.

> 현종 "상복제도를 고쳐 정하는 일은 중대한 사안이니만큼 설사 부득이하여 고친다 하더라도, 대신에게 의논한 다음 여쭈어서 정해야 할 것이다. 그런데 이번에 예조가 바로 고친 것은 무엇 때문인가?"
>
> 조형 "기해년에 이미 기년복으로 했기 때문에 대공복으로 낮춰 정한 것입니다."
>
> 김수흥 "이처럼 분부하시니 다시 여쭈어 정해야 할 것 같습니다만, 바깥의 의논은 옛날의 예대로 사용할 것으로 알고 있습니다. 만약 국가의 제도를 사용하였다는 것을 분명히 알았다면 뭇사람이 논쟁하는 일이 일어나지 않았을 것입니다."

김수흥은 분위기가 심상치 않음을 알아차리고 어떻게든 왕을 달래려고 했다. 하지만 그러면서 쓸데없는 꼬리를 달아둔 게 문제였다. 앞서 현종이 이렇게 이야기를 꺼낸 진짜 이유는, 바로 자신의 정통성 문제에 신경이 쓰였기 때문이다. 복제가 옳고 나쁘고는 사실 그에게 그다지 의미가 없었다. 현종은 유학자가 아니었으니까. 하지만 김수흥은 여전히 예법을 말하며 엉뚱한 이야기를 하고 있었던 것이니, 현종의 화를 부채질하기에는 부족함이 없었다.

현종은 다시 기해년의 일, 즉 효종의 상복을 결정하는 일을 왜 예조가 모르냐고 따져 물었다. 이번에 대응한 것은 예조판서 조형이었다. 그는 도신징의 상소를 이미 읽어 보았고, 따라서 현종의 속내를 조금이나마 짐작하고 있었던 것 같다.

현종 "기해년의 일을 예조가 왜 모르는가?"

조형 "분명 기록되어 있을 것인데 신이 자세히 알지 못합니다. 다만《경국대전》을 사용해야 한다는 것은 정태화가 말했다고 들었습니다."

현종 "자세히 알지 못하였으면 어떻게 대공복으로 고쳤단 말인가?"

조형 "신 역시 도신징이 올린 상소를 보았는데, 그 안에 '대왕대비께서 돌아가신 뒤……'라는 말이 있었습니다."

현종 "비록 이 사람(도신징)의 말이 아니더라도 물어보려고 하였다. 대왕대비께서 기해년에는 천담복*차림으로 삼 년을 마쳤으며, 능을 옮길 때에는 천담복

...

＊淺淡服. 옥색의 제복(祭服)으로 3년상을 치른 뒤 100일간 입는다.

이날의 토론에서 현종은 논쟁을 직접 주도하며 대신들에게 거듭 복제에 관한 물음을 던지고 있다. 그러나 제대로 된 논쟁을 한다기보다는 잘못을 일방적으로 힐난하는 것에 가까웠다. 하지만 김수흥을 비롯한 서인들은 현종의 의도를 파악하기는커녕, 변함없이 복제의 옳고 그름을 따지고 있었다. 이미 목적은 정치적인 것으로 변질되었는데, 여전히 예학 문제에 집착하며 이것이 옳다는 것을 입증하면 된다고 생각하고 있었다. 왕과 신하들은 말을 주고받되 소통이 제대로 안 되었던 것이다.

마침내 현종은 모든 사건의 발단인 도신징의 상소를 꺼내 보였다. 대신들 중 대표로 읽기 시작한 것은 영의정인 김수흥이었다. 이제까지의 모든 내용은 실록에 기록되어 있는 바이지만, 특히 이 대목에서는 마치 소설이나 드라마의 한 대목 같다. 시종일관 공격적인 태도로 신하들에게 따져 묻는 왕과 연유를 알 수 없어 어리둥절한 신하들의 모습이 절로 그려지니까 말이다.

현종은 상소를 들고 이제까지 가장 하고 싶어 했던 말을 했다.

"기해년에 과연 차자次子 중의 장자로 의논하여 정하였는가?"

현종의 이 말은 자신의 아버지 효종이 둘째 아들 중의 큰아들, 곧 적장자로 확정했느냐는 말이었다. 아버지와 자신은 과연 적장자인가? 조정의 신하들은 왕을 적통의 계승자로 인정하고 있는가? 현종이 확인하고 싶었던 것은 바로 이것이리라.

이 물음에 제일 먼저 답한 것은 승지 김석주였다. 하지만 김석주의 말은 이날의 토론 중, 아니 어쩌면 예송 논쟁의 모든 발언 중에서 최악이라고 할 만한 것이었다.

"송시열의 수의收議에 '효종 대왕은 인조 대왕의 서자庶子로 보아도 괜찮다'라고 하였습니다. 그러기 때문에 허목이 소를 올려《의례》의 말로 논쟁했던 것입니다."

단언할 수 있다. 이 말이 나온 순간, 오가는 말로 뜨겁게 달아올랐던 조정은 싸늘하게 얼어붙었을 것이다. 현종의 얼굴은 석상처럼 굳어졌을 것이고, 꿇어앉은 조정 대신들의 얼굴은 백짓장처럼 하얗게 질렸을 것이다.

현종의 아버지이자 조선의 당당한 임금으로 나라를 다스렸던 효종이 서자라니? 송시열이 이런 의견을 주장했던 것은 맞다. 그러나 송시열이 이 자리에 있었다면, 서자가 '둘째 이상의 아들을 일컫는 용어'라고 부연 설명을 해서 오해를 줄였을 것이다. 하지만 당시의 조선은 물론 지금까지도 서자는 첩의 자식을 일컫는 말이었다. 앞과 뒤와 자잘한 부연내용을 뚝뚝 잘라낸 끝에 나온 이 말은 자칫 조선 왕조의 왕통을 부정하는 것으로 곡해될 수 있을 만큼 위험한 것이었다. 게다가 김석주의 말은 누구도 아닌 송시열을 목표로 하고 있었다.

그렇다면 이렇게 위험한 발언을 한 김석주는 무슨 억하심정이 있었을까? 그는 청풍 김씨였고, 5년 전 송시열과 한판을 뜬 현종의 장인인 김우명의 조카이기도 했다. 가문도 좋고 실력도 있었지만, 외척이라는 이유만으로 따돌림을 받았고, 좋은 벼슬도 얻지 못했다. 그러니 그 원인을 제공한 송시열에게 원한이 깊을 수밖에 없었고, 마침내 이 기회를 빌려 공격한 것이다.

김석주의 발언에 힘입어 현종은 다시 공세를 펼쳤다. 그렇지만 대놓고 송시열을 공격하진 않았다. 잘못한 게 분명한 예조의 복제 변경을 우선 걸고넘어진 것이다.

> 현종 "예조는 기해년의 일을 자세히 살펴보고 증거를 대고 고쳤어야 할 것인데, 함부로 대공복으로 고쳤다. 확실하게 알지 못하였으면 어떻게 감히 이렇게 할 수 있단 말인가."
>
> 조형 "바빠서일 뿐만 아니라, 며느리의 상에는 대공복을 입기 때문에 이렇게 고친 것입니다만, 기해년에 어째서 기년복으로 정하였는가는 잊고 미처 상고하지 못하였습니다."

예조판서 조형은 이날 토론에 참석한 사람들 가운데 돌아가는 상황을 가장 정확하게 파악하고 있었다. 그래서 현종이 단단히 화가 나 있다는 사실을 눈치채고, 바쁘다거나 깜빡 잊었다는 등 한없이 인간적이고 있을 법한 이유를 들어가며 변명했다. 하지만 그도 서인인지라, 대놓고 1차 예송 때 정했던 복제가 '잘못되었다'라고 못 박지는 못했다. 조형의 변명을 들은 현종은 어느 정도 감정을 가라앉힌 듯했지만, 여전히 결정이 잘못되었다는 말을 거듭했다.

"기년복을 대공복으로 고치려면 반드시 옛일을 분명하게 검증했어야 했다. 그런데 기해년 일을 끝내 상고하지 않은 채 멋대로 고쳤으니 이게 무슨 도리인가. 그리고 기해년에 상복제도를 의논할 때 말이 많긴 하였으나, 내가 '아무개의 의논에 따라 시행하라' 하였으면 그 사람의 주장은 바야흐로 국가에 쓰이는 것이니 예조는 자세히 상고했어야 할 것이다."

이때 한동안 말이 없던 김수흥이 비로소 말을 꺼냈다.

"기해년의 일을 자세히 상고해 본 다음에 여쭈어 처리하는 것이 옳은 듯합니다."

지난 효종 때의 복제를 다시 자세히 검증하자는 말이었으니, 이는 곧 시간의 여유를 두고 처리하자는 말이었다. 아쉽게도 그는 현종의 속내를 꿰뚫어 보지도 못했을 뿐더러 사태의 심각성을 알아차리지 못하고 있었다. 이 말은 다시금 현종의 성미를 건드렸다. 현종은 예조뿐만이 아니라 육경의 대신들을 총집합해서 오늘 안에 의논하라고 명했다.

"일이 중대하므로 예조만 단독으로 의논하게 해서는 안 된다. 육경이 반드시 오늘 안으로 모여 의논해야 할 것이다."

오늘 중이라니! 급해도 너무 급했다. 1차 예송 논쟁만 해도 몇 년이 지나도록 결정이 내려지지 않았었다. 솔직히 비현실을 넘어 불가능한 명령이었고, 민유중은 당장 오늘은 너무 급한 것 같다고 왕을 말렸다. 하지만 현종은 뜻을 굽히지 않았다.

> "늦어지면 안 되니 빨리 해야 할 것이다. 대신, 원임대신, 육경, 삼사장관, 참판, 판윤 등을 불러들여 모두 참석하게 하고 예조의 참판과 참의도 같이 참석하게 하라."

번갯불에 콩을 볶아 먹는 막무가내 명령이었지만, 어쨌든 이로써 본격적인 2차 예송 논쟁의 막이 올랐다.

왕과 신하,
맞짱을 뜨다

논쟁으로 본 조선 조선을 움직인 다섯 가지 결론

그리하여 당일인 7월 13일 저녁, 빈청에서 왕과 신하가 만났다. 여기에 참가한 신하들의 명단은 다음과 같다.

행판중추부사 김수항

영의정 김수흥

행호조판서 민유중

병조판서 김만기

이조판서 홍처량

행대사헌 강백년

형조판서 이은상

판윤 김우형

예조참판 이준구

예조참의 이규령

논쟁4 2차 예송 논쟁

이 중에서 김수항, 김수흥 형제를 비롯하여 민유중, 김만기까지 모두 송시열에게 가르침을 받았거나 인연이 있는 사이였다. 쉽게 말해 서인 일색이었다. 그렇다곤 해도 현종의 서슬이 살벌했으니, 이 점은 유리하기는커녕 오히려 송시열의 죄목에 굴비 두름처럼 엮일 수도 있었다. 바로 김석주의 발언 때문이었다. 적통 소생인 왕을 서자로 비하한 것은 유교 국가에서는 반역이 될 수 있을 만큼 중죄의 소지가 있었다. 때문에 예조의 실수라는 차원을 넘어서, 1차 예송의 결정까지도 소급되어 처벌이 내려질 수도 있었다. 신하들은 왕을 만나기 전, 먼저 자신들끼리 이번에 벌어진 복제 문제를 의논했다.

가장 먼저 논의된 것은 기해년의 일, 즉 효종의 복제를 결정했던 사정을 재검토하는 것이었다. 그럴 만도 했다. 1차 예송 논쟁의 주역들은 죽거나 조정에 남아 있지 않았고, 따라서 현재의 대신들은 모두 당사자들이 아니었다. 김수항은 1차 때 참여했던 유일한 인물이었지만, 그 역시도 너무 오래된 일이라 기억을 되살릴 필요가 있었을 것이다.

당연하지만 이들이 내린 결론은 지극히 서인 편향적인 것이었다.

1. 《경국대전》을 기반으로 1년복을 정한 것은 당시 영의정 정태화였다.

2. 송시열과 송준길도 여기에 동의했다.

3. 그러다가 장령 허목이 3년복을 주장했다.

4. 두 갈래 의견이 분분해졌지만, 정태화가 "상복제도는 선조先朝를 따라야 한

다."라고 해서 1년복으로 결정되었다.

이 결론에 따르면, 예송 논쟁에서 송시열의 참여도는 줄어들었지만 동시에 책임도 줄었으며, 이미 죽은 정태화가 모든 책임을 뒤집어썼다.

그러면서 대신들은 1차 예송 때의 의논을 보면, 《경국대전》에는 아들의 순서와 상관없이 1년복이라고 되어 있을 뿐이지 장자나 서자를 구분한 말은 없다고 여러 차례에 걸쳐 못을 박았다.

> "장자에게는 삼년복을, 중자(둘째 이후의 아들)에게는 기년복을 입는 것은 옛날의 예이고, 장자와 중자 구분 없이 모두 기년복을 입는 것은 국가의 제도입니다. 원래는 국가 제도대로 정했으나, 옛날의 예대로 하자고 하여 여러 신하들이 논쟁했습니다. 그런데 그대로 기년복을 시행했기에 안팎의 사람들이 '삼년복이 아닌 기년복으로 한 것은 옛날의 제도를 따른 것이다'라고 여겼습니다. 이번에 예조가 대공복으로 고친 것 역시 여기에서 나온 것이고 이 밖에는 근거할 만한 일이 없습니다. 감히 아룁니다."

정리하자면 효종이 승하했을 때의 복제는 《경국대전》을 따른 것이었는데, 이것이 논쟁이 거듭되면서 옛날 제도를 따라 결정되었다고 잘못 알려졌다는 것이다. 그러면서 이번의 복제도 이 원칙에 따른 것이라고 확인했다. 물론 이 말이 틀린 것은 아니었다. 하지만 철저하게 서인들의 입장을 옹호하는 의견이었고, 잘못된 소문과 남 탓을 할지언정, 자신들의 잘못은 손톱만큼도 없다고 말한 것이다.

당연히 현종은 이 결과를 이해하지 못했다. 오히려 크게 화를 내며, 당장 승전색을 시켜 말을 전하게 했다.

"아뢴 말이 분명하지 못하다. 대왕대비께서 기년복으로 입어야 될지 대공복을 입어야 될지를 지적하여 결론 내린 곳이 없는 것은 무엇 때문인가?"

말이 짧고 간결한 만큼 현종이 얼마나 화가 났는지를 여실히 느낄 수 있다. 이때 총대를 메고 나선 것은 영의정 김수흥이었다.

"저희들이 명령을 받았던 것은 1차 예송 때 복제를 정하면서 국제를 따랐는지, 옛날의 예를 사용했는지를 확인하는 것이었습니다. 그래서 이번 복제가 1년복이 될지 대공복이 될지는 의논하지 못했습니다."

그러자 현종은 다시 승전색을 시켜 대신들에게 말을 전했다.

"대왕대비전의 대공복제도가 아무래도 미안한 것 같기 때문에 오늘 그러한 하교가 있었던 것이다. 만약 등록騰錄을 상고할 뿐이라면 해방該房 승지로 족하지 무엇하러 대신과 육조, 삼사의 장관들이 모여 논의하게 했겠는가."

즉 기껏 모여서 의논하라고 했더니 승지(비서)가 할 법한 일이나 하고 있다며, 현종은 자신의 뜻을 전혀 읽지 못한 대신들에게 화를 내고 있었다. 현종이 듣고 싶어 하는 대답은 두 개의 상복제도 중 무엇이 정답이냐는 간단하고 딱 부러지는 객관식 답안이었지, 실은 이것이 이렇고 저렇고 하는 논증이나 주관식은 아니었다. 이에 김수홍은 대답했다.

"신들이 분부를 받을 때에 뜻을 명확히 이해하지 못하여 기해년 상복제도만을 상고해 아뢰었으니, 황공하기 그지없습니다."

이를 보면 신하들은 현종의 의중을 아직도 눈치채지 못했던 것 같다. 물론 까놓고 말하지도 못하고, 신하들을 잘 다루지 못한 현종도 문제이기는 했지만, 현종은 다시금 승전색을 시켜 대신들을 심하게 다그쳤다.

"처음에는 하교한 뜻을 이해하지 못하였다손 치더라도 지금은 알 수 있을 터인데 여전히 명백하게 아뢰지 않고 있으니 이해가 안 간다. 만약 시왕의 예로 말한다면 대왕대비께서는 무슨 복을 입어야 하겠는가?"

신하들은 다시 답했다.

"지금은 이미 하교하신 뜻을 잘 알았습니다만, 감히 구두로 말씀드릴 수 없으므로 글로 써서 아뢰겠습니다."

확실히 말로 하기보다는 글로 쓰면 정리가 되기에, 예론을 이야기하기에는 말보다 글이 적합했다. 하지만 대신들은 아직 '적장자가 되고 싶어 하는' 현종의 속내를 완전히 파악하지 못하며 딴소리를 했고, 현종은 차츰 노골적으로 짜증을 내고 있었다.

그런데 이때 기묘하면서도 재미있는 특징이 하나 있다. 현종은 대신들을 다그쳤고 대신들은 애를 먹어 가며 변명하지만, 이 모든 과정이 얼굴을 맞대고 벌어진 것이 아니라 승전색을 통해 '간접적으로' 벌어졌다는 것이다.

어떤 방법이든 의견을 주고받는 거야 똑같지만, 상대와 눈으로 보면서 이야기를 주고받는 것은 다르다. 말 한마디에 반응하는 상대의 표정과 어조와 몸짓을 보고 다음으로 할 말을 고를 수 있거니와, 또 그러면서 그 사람이 진정으로 원하는 게 무엇인지 읽어 낼 수도 있다. 그런데 2차 예송 논쟁은 점차 열기를 띠어 가면서도, 왕과 신하가 직접 만나지 않고 이야기를 나누었다. 그런 점에서 이 토론의 한계가 분명한 건지도 모르겠다.

하지만 이 '간접 토론'은 딱히 누군가의 의도였다기보다는 어쩌다 보니 그렇게 된 것 같다. 솔직히 만나서 이야기해도 딱히 개선의 여지는 없었을지도 모르겠다. 왜냐하면 왕과 신하 서로가 생각하는 것 그리고 입장이 너무나도 달랐기 때문이다. 게다가 어느 쪽도 양보할 생각이 없었다. 어쨌든 현종의 다그침을 들은 대신들은 그 자리에서 당장 다시 의논을 시작했고, 결과를 글로 정리해서 올렸다. 이때 참여자는 아까의 명단과 동일했다.

그런데 이렇게 정리된 글은 변명의 총체였다. 어떤 질문에 제대로 대답했다기보다는 오늘 있었던 일을 시간대별로 정리한 기록에 가까웠다.

"신 수흥, 신 유중, 신 처량이 입사하였을 적에 상복제도의 일로 하문하셨습니다만, 기해년 초상에 옛날의 예를 사용하였는지 시왕의 제도를 사용하였는지를 확실히 기억할 수 없기에 그때 의논을 수렴하였던 문서 및 《승정원일기》를 상고하여 아뢰라는 분부가 계셨습니다. 신들은 이 문서들을 상고하여 아뢴 뒤에 조처가 있을 것으로 생각하고 다시 여쭈어 보지 않은 채 물러났습니다. 그런데 지금 내린 말씀을 보건대, 신들이 어두워서 잘못한 죄를 면하기 어렵게 되었으니 그지없이 황공합니다……."

결국 자신들은 다른 명령이 없어서 물러났는데, 왕의 뜻을 미처 알아차리지 못해 황공하다는 것이다. 그러면서 1차 예송의 일은 이미 처음에 말했으니 번거롭게 되풀이할 필요는 없다고 단정 지었다.

"지금 《경국대전》에는 아들은 기년이라고만 하고 장자와 중자는 구분하지 않았습니다. 또 장자의 처는 기년복, 중자의 처는 대공복이라고 했을 뿐 대를 잇는 문제는 처음부터 거론하지 않았습니다. 그렇다면 대왕대비께서 입어야 할 상복은 대공복으로 해야 할 듯합니다."

그러면서도 대신들은 《경국대전》만을 근거로 경솔하게 결론 내릴 수 없다고 말하고, 이전 조선의 역사상 시어머니가 죽은 며느리를 위해 상복을 입었던 경우를 실록에서 찾아보자고 말했다.

현종은 이를 허락했고, 춘추관은 곧장 실록의 조사에 들어갔다. 7월 13일의 토론은 이렇게 끝이 났다.

2차 예송 논쟁,
둘째 날

현종의 대답을 듣고, 대신들은 이로써 큰 위기를 넘겼다거나 혹은 사태가 진정되었다고 생각하며 가슴을 쓸어내렸을지도 모르겠다. 하지만 바로 다음 날인 7월 14일, 현종은 승정원에 하교를 내렸다. 이는 바로 전날 김수홍 등 대신들이 올렸던 글의 대답이기도 했다.

"어제 빈청에서 재차 올린 말도 명백하지 않았다. 회의한 의미가 어디에 있는가."

말인즉슨, 전날 대신들의 논의가 쓸데없는 시간 낭비라는 통렬한 비난이었다. 전날 현종은 거듭된 회의로 밤이 늦었기 때문에 실록에서 예전 사례를 찾아보라는 명령을 내리는 것으로 회의를 마치게 했다. 하지만 하룻밤이 지나는 사이에 마음이 또 바뀐 모양이었다. 자료는 나중에 봐도 괜찮다며 의논을 우선하게 한 것이다.

"의논하여 아뢴 가운데 분명하지 못한 곳을 먼저 분석하여 아뢰라. 그런 다음

에 실록에 어떻게 되어 있는지를 볼 것이니, 오늘 다시 모여 자세히 살펴서 의

논을 들이라."

이렇게 2차 예송 논쟁의 둘째 날이 밝았다.

대신들은 왕의 명령을 듣고 급히 빈청에 모였다. 이날은 왕과 신하들이
직접 대면했다. 그런데 현종이 곧장 신하들을 만난 것은 아니었다. 대신들
이 모였다는 사실을 현종에게 알린 것은 좌부승지 김석주였다. 현종은 그
런 김석주를 붙들고 자신의 의견을 말했다. 의견이라기보다는 하소연 내
지 한탄에 가깝긴 했지만, 이 발언을 통해 현종의 속내를 어느 정도 확인
할 수 있다.

현종이 실록을 찾아보라는 명령을 미루고 다시 의논하라고 명을 내린
것은 대신들의 굼뜬 행동이 불만스러워서였다.

"이미 모여서 의논하였으면 자세하게 따져 분별해야 할 것이다. 그런데 대신,

육경, 삼사가 빈청에 일제히 모여 놓고는 감히 예를 모른다고 핑계대면서 확

실하게 말하지 않으려 한단 말인가."

이제까지 읽어 온 독자들은 어느 정도 눈치챘을 것이다. 현종의 목표는
아버지 효종과 어머니 인선왕후가 당당한 적장자와 큰며느리로 인정받는
것이었다. 비록 예법 및 족보의 문제가 있지만 자신도, 아버지도 조선의
왕이었다. 그러니 대공복을 고집해서 어머니를 둘째 며느리로 규정하고

아버지 효종을 둘째 아들로 두려는 대신들에게 화가 날 수밖에 없었다. 그게 아니더라도 현종은 꽤 격앙되어 있었는데, 대신들이 계속해서 미적거리며 대답을 회피하고 있으니 더욱 화가 났던 것이다.

이처럼 현종은 대신들에게 차마 하지 않은 말을 했을 만큼 김석주를 총애했던 것 같다. 아내의 사촌이니 친근하게 생각했던 걸까. 게다가 승지는 왕의 비서였고, 항상 왕의 곁에 있다 보니 아끼는 사람이 될 수밖에 없었다. 또한 김석주는 바로 전날 송시열의 발언을 걸고넘어졌던 사람이었다. 그러니 현종이 김석주와 함께 송시열의 뒷담화를 해도 이상하지 않을 것이다. 이후로도 현종은 계속해서 쌓인 불만을 미주알고주알 털어놓았다.

> "내 의견으로는 기해년에 이미 《경국대전》을 사용하였으니, 이번 회의 때에 이러이러하므로 대공복을 입어야 하고 저러저러하므로 기년복을 입어야 한다고 논의했어야 했다. 그렇게 하지 않고 국가 전례에 있는 몇 마디 말로 건성으로 책임을 메웠으니 매우 부당한 일이며, 대공복을 입어야 될듯하다는 말을 또 어떻게 할 수 있단 말인가. 매우 이상스럽다."

이 자리에서 현종과 신하들 사이의 심각한 소통의 부재를 확인할 수 있다. 별다른 설명이나 유도 없이 무작정 논의를 시작한 현종은 너무 많은 것을 원했다. 그러나 만약 현종에게 신하들을 적절히 유도하여 자신이 원하는 방향으로 끌어가는 수완이 있었다 해도, 신하들을 완전히 이해시키기는 어려웠을지도 모르겠다. 이는 선비들이 목숨을 거는 예법의 문제였기 때문이다.

"장자와 중자를 구분하지 않고 모두 기년복을 입는 것은 국가의 제도이기 때문에, 나는 기해년에 국가의 제도를 사용했다 하였는데, 신하들은 옛날의 예를 사용하였다고 하였다. 국가의 제도에 따라 한 것을 확인했는데도 감히 빈청에서는 '국가의 제도를 사용하였으나, 그 뒤 신하들이 옛날의 예대로 하자고 하였다'라고 말하면서 조정의 결정을 위주로 하지 않았다. 도리어 조정에서 채용하지 않았던 논쟁거리를 끌어다가 장자니 중자니 구분하는 데 중점을 두고, '바로 대공복으로 고치자고 청했던 것도 여기에서 기인한 것이다'라고 결론을 내렸다. 예조가 어떻게 감히 이렇게 할 수 있으며, 빈청도 어떻게 감히 이렇게 할 수 있단 말인가."

게다가 이렇게 터무니없는 잘못을 저질러 놓고도 예조와 빈청이 야단치거나 비판하는 대신에 서로 감싸주는 게 놀랍다며, 현종은 잔뜩 화를 냈다. 이에 김석주는 답했다.

"성상의 분부대로 전하겠습니다."

그러고는 빈청에 있는 대신들에게 전했는데, 과연 현종의 말을 얼마나 고스란히 전했을지는 조금 의문이다. 송시열을 가장 미워하고 그의 몰락을 내심 바라고 있는 청풍 김씨였으니 말이다.

그리하여 빈청의 대신들은 또다시 의논을 하고 그 결과를 글로 적어 올렸는데, 첫머리는 모두 변명으로 일관했다. 보는 사람이 민망할 만큼, 이들이 저자세로 나가게 된 데에는 승지 김석주가 전한 명령이 크게 기여를 했던 것 같다.

"신들이 모두 몽매하다 보니 중요한 예제를 논하여 정하라는 명을 갑자기 받고, 명백하게 아뢰지 못하고 자주 분부를 내리게 하였으니 신들의 죄는 참으로 면할 수 없습니다. 그런데 지금 측근의 신하(승지)가 성상의 말씀을 전한 것을 보니, 어리석은 신들의 잘못이 더욱 드러났으므로 황공하다 못해 몸 둘 바가 없습니다. …… 이번 국가의 중대한 예를 신들이 어떻게 감히 경솔하게 강론해 정할 수 있겠습니까. 그러나 이미 명을 받았으므로 할 수 없이 시왕의 제도를 상고해 말씀드리겠습니다."

왕의 명령을 받았으니 할 수 없다. 이 말에 신하들 나름의 쌓여 있는 불만과 못마땅한 기색이 완연히 배어 있다고 생각한 것은 필자만일까. 그러면서 대신들은 《경국대전》에는 아들을 위한 상복이 모두 기년복이고 며느리의 상복는 기년과 9개월로 나누어지는데, '대를 이은 둘째 며느리'의 경우는 없으므로 장렬왕후의 대공복은 '근거가 없다고 할 수 없다'라는 상당히 애매한 발언을 했다.

"이로 본다면 대왕대비께서 입으실 상복을 대공으로 정한 것은 근거한 데가 없다고 할 수 없습니다."

그러면서 《경국대전》에는 어떻든 인륜의 순서로 따지면 큰아들, 작은 아들의 순서가 있고, 한편 '중자가 대를 이었을 때 장자가 된다'라는 내용이 분명히 정해졌으니 경솔하게 의논할 수 없다고 했다.

> "그러나 '둘째 이하의 아들이 대통을 계승하면 장자가 된다'라는 조문은 국
> 가 전례에 분명히 나타나지 않았습니다. 그러므로 이번 상복제도는 국가 전례
> 에 기록된 대공복 이외의 것에 대해 억측으로 경솔하게 의논하기 어렵습니다.
> 감히 아룁니다."

결국 대신들은 이전 송시열의 결정을 그대로 따랐다. 이것이 현종의 분
노를 부른 것은 당연한 이치였다. 현종은 대신들이 올린 글 중에서 '중자
가 대통을 계승하면 장자가 된다'라는 부분에 표지를 붙였다. 한마디로
'밑줄을 쫙 그었다'라는 소리이다. 그러면서 김석주를 비롯한 승지들을 불
러들여 급히 명령을 내렸다.

> 현종 "이 글이 어디에서 나왔는지 찾아내어 아뢰라."
> 김석주, 정유악 "이미 국가의 전례에 뚜렷이 나타난 곳이 없다고 아뢰었으니, 그
> 렇다면 옛날의 예에서 상고하오리까?"
> 현종 "내가 어찌 국가의 전례에서 상고해 내라고 하였겠는가. '대통을 계승하
> 면 장자가 된다'라는 글은 필시 어디에선가 유래한 곳이 있을 것이다. 찾아내
> 어 아뢰라."

둘째 아들의 자식으로 왕이 되었던 현종이 내내 적장자 그리고 대통에
강박관념을 가지고 있었다는 것을 여기에서도 분명히 확인할 수 있다.

외직에 나가 있던 승지들을 모두 불러들여, 바로 그 대목을 '해가 지기 전까지' 찾아내라고 했으니 말이다.

김석주는 그런 현종을 다독이는 한편, 자신은 반드시 명령을 성취시키겠다며 지극한 충성심을 피로했다.

"이 말은 필시 《승정원일기》에 기록되어 있을 것입니다. 변론하는 글에 대통을 계승한다 하더라도 장자가 될 수 없다고 하였으며, 혹은 대통을 계승하면 장자가 되어야 한다고 하였으니, 이러한 이야기를 찾아내어 조목조목 열거해 아뢰겠습니다."

"변론한 글 속에서도 물론 찾아내야겠지만, 중자가 대통을 계승하면 장자가 된다는 글은 오늘날 빈청에서 새로 지어낸 게 아닐 것이다. 이 글이 뚜렷이 실린 곳을 상고해 아뢰라."

"어찌 감히 명하신 대로 따르지 않겠습니까."

실제로도 김석주는 기민하게 움직였다. 그를 비롯한 승지들은 오래전 3년복을 주장했던 허목의 상소문과 마찬가지로 기년설을 반박했던 유세철의 상소를 현종에게 올렸다.* 그러면서 《의례》의 〈참최장〉도 함께 올렸는데, 현종은 한 구절 한 구절을 모두 해석해서 올리라고 명을 내렸다. 이런 예시들은 너무 옛날에 쓰인 것들이라 당시 조선은 물론 중국에서도 이

•••

* 3년복의 최초 주장자인 윤휴가 쏙 빠진 것은 아무래도 안된 일이지만, 이론이 정돈된 정도이나 근거의 설득력에서 허목이 더 나았으니 어쩔 수 없는 일이었다.

제 더 이상 쓰이지 않는 오래된 표현이 많았기에 읽기 어려웠던 것이다.

이 명령을 수행한 것은 김석주였다. 그런데 여기에서 또다시 《현종실록》과 《현종개수실록》의 기사가 조금씩 다르다. 《현종실록》에서는 예전에 송시열이 '효종이 서자가 되어도 괜찮다'라는 말을 하자 여론이 이를 모두 잘못이라 여겼고, 현종이 상복제도를 고치라는 명령을 내리자 송시열 파벌 사람들은 모두 겁에 질렸다고 적고 있다. 이때 김석주는 자신이 정리한 《의례》의 해석을 사람들에게 보이며 이렇게 말했다고 한다.

"나는 공평하게 논하는 사람이다. 이번 주소의 해석 역시 글에 의거해 해석하였을 뿐이다."

그런데 《현종개수실록》에서는 김석주가 경전 내용 중 서庶 자를 다른 뜻으로 풀이하여 정치적으로 이용했다고 주장하고 있다. 어느 쪽 기록이 사실이든, 김석주의 주석은 이후의 사태에 큰 기여를 했다. 그리고 무엇보다 김석주는 자신의 해석문이 가져올 결과를 충분히 예상하고 작성했다.

여기에서 잠깐 김석주라는 사람을 보자. 김석주가 송시열에게 반기를 들었으니 그가 남인이겠거니 생각하는 사람이 있을지도 모르겠다. 그러나 사실 그는 서인 출신이었다. 그것도 상당한 명문가로, 임진왜란 이후 대동법을 주장했던 김육이 그의 할아버지였다.

인조 시대, 김육은 소수파인 한당漢黨의 영수로서, 다수파였던 김집의 산당山黨과 대립했다. 송시열은 바로 이 산당을 이어받은 인물이었고, 그래서인지 청풍 김씨 일가와 충돌이 잦았다. 김육을 장사 지낼 때 가족들이 무덤을 크게 쓰고 수도隧道를 만들자, 송시열과 민유중이 이를 비판하여 결국 무산된 적도 있었다. 신하이면서도 왕의 무덤에나 쓰는 형식을 사용한 건 명백히 청풍 김씨 집안의 잘못이었지만, 이로써 송시열에게 묵은 감정이 쌓였으리라.

또 현종 10년, 국구이자 김석주의 삼촌이었던 김우명이 현종 앞에서 송시열의 험담을 했던 것을 생각하면, 청풍 김씨들은 송시열과 산당의 후계자들에게 맺힌 오랜 원한을 해소하고 정권을 획득할 목표로 계획을 세운 게 아니었을까. 당대의 사람들은 실제로 그렇게 믿었고, 소문도 널리 퍼져 있었다.

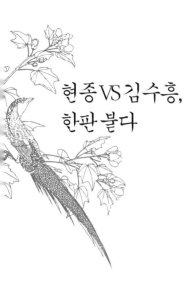

현종VS김수흥, 한판 붙다

김석주가 주석문을 작성하고 있던 와중, 현종은 새로운 명령을 내렸다. 앞서 입시했던 승지들과 영의정에게 합문(편전의 앞문) 밖에서 기다리라고 한 것이다. 승지들은 왕명을 받은 김석주, 정유악 등이었고, 영의정 김수흥은 대신들의 대표였다. 그리하여 마침내 현종을 만난 김수흥은 가장 먼저 사죄를 했다.

> "신이 정신이 혼미하고 착란하여, 어제 성상의 분부를 받고도 자세히 기억하지 못해 제대로 거행하지 못하였으니 그지없이 황공합니다."

늙은 재상은 머리를 조아리고 연신 사죄를 했지만, 현종은 여전히 화를 가라앉히지 못했다.

> "어제 내가 한 말을 대신이 알아듣지 못하였더라도 참여해 들은 신하가 많았

다. 그런데 어찌 모두 다 듣지 못하여 하교한 뜻과 다르게 회의하였단 말인가. 매우 타당하지 않는 일이다."

그리고 현종은 곧장 그간의 불만과 자신의 의견을 털어놓았다. 왕과 신하라는 입장 차이를 고려한다고 해도, 이것은 제대로 된 토론이라기보다는 현종이 일방적으로 할 말을 쏟아낸 것이었다. 우선 현종은 효종의 상복 제도를 결정할 때 아버지 효종을 중자로 여긴 게 아니라고 못 박았다. 당시 조정에서 복제를 올렸을 때 장자와 중자를 구분하지 않고 결정한 것이었지, 절대로 효종을 중자로 확정한 게 아니라는 것이다.

"그런데 오늘날 빈청에서는 대뜸 중자라고 쓰면서 조금도 어려워하는 뜻이 없었으니 이는 어떤 의도인가? 그리고 중자가 대통을 계승하면 장자가 된다는 글이 국가 전례에 뚜렷이 나타난 곳이 없는데 이를 말한 것은 무엇 때문인가?"

현종이 2차 예송 논쟁을 시작한 이유는 바로 여기에 있었다. 현종 자신은 이미 조선의 왕이고, 아버지 효종도 그러했다. 그러니 아버지는 분명한 적장자라는 것을 예법으로 규정하려 한 것이다. 물론 소현세자가 있으니 원칙상으로는 효종이 둘째 아들, 중자인 게 맞았다. 하지만 조선의 왕으로서 현종은 아버지와 자신이 적장자가 아니라는 사실을 인정할 수 없었던 것이다.

"국가 전례에 기록된 것에 만일 미비한 점이 있으면 옛날의 예로 참작하는 것은 그래도 괜찮다. 그런데 지금 그렇게 하지 않고 바로 중자를 말한 것은 무슨 일인가? 비록 선조가 하신 대로 따라서 한다 하더라도, 옳지 않은 일까지 따라서 할 필요는 없다."

그러면서 현종은 대신들이 국가 전례라고 말하고 대공복으로 정한 것과, 중자와 차자를 말한 것에는 무슨 속뜻이 있냐고 강경하게 캐물었다. 아무리 전통이라 해도 옳지 않은 것까지 따라 할 필요는 없다. 그 사실은 맞다. 하지만 엄연히 둘째인 효종을 첫째로 만들자는 것이니, 곡학아세曲學阿世라는 네 글자가 먼저 떠오르는 것도 어쩔 수 없다. 현종에게는 학자의 양심이나 이상보다는 자신의 정치적 이익과 입장이 더 중요했다. 왜냐하면 그는 유학자가 아닌 왕이자 정치가였으니 말이다. 그리고 그것에 신하들이 반대하자 화를 냈다.

이때 곁에 있던 김석주는 예조가 올린 글에서 중자와 차자를 언급한 적은 없었다고 말했지만, 현종을 진정시키기에는 무리였다.

"나는 초상 때에 예조가 《경국대전》으로 말한 줄로만 여겼기 때문에 따랐던 것이다. 그런데 오늘날 여러 신하는 예조가 대공복으로 논한 것이 옳다고 하니 의도가 불순한 것 같다. …… 나의 마음에 옳지 않다고 여기는데, 이를 숨기고 말하지 않으면 잘못이기에 말한 것이다. 어제 즉시 모여 의논하라 하였으니 여러 신하들이 늦추려 했기에 삼성추국(죄인의 국문)을 늦추라고까지 한 것이다."

이제 현종은 대신들의 배후, 아니 속셈을 추궁하며 김수홍을 일방적으로 몰아세우기 시작했다. 사태가 심상치 않다는 것을 알아차린 김수홍은 곧장 자리에서 일어나 절을 하고, 사실이 아니라고 애써 변명했다.

"신들이 어떻게 감히 이와 같이 할 수 있겠습니까."

하지만 노정승의 절은 현종의 화를 가라앉히기에 역부족이었다.

"오늘날 감히 장자니 중자니 하는 말을 새로 만들어 냈는데 이 말이 어디에서 나왔는가? 이는 기해년에 예를 논한 뒤로 그 말을 합리화하려고 하는 의도에 불과하니, 내 실로 이해가 안 간다. …… 대왕대비께서 역적 강빈에게 복을 입어 준 일이 없는데 기년복이 어디에 있었단 말인가?

정말로 슬픈 일이지만, 현종은 자신의 정통성 수립을 위해 큰어머니이자, 자신이 그렇게도 좋아했다는 사촌의 어머니인 민회비 강씨를 역적으로 몰아세웠다. 그의 아버지 효종이 그러했던 것처럼. 소현세자는 아예 언급조차 하지 않았다.

이렇게 되자 김수홍은 참으로 원론적인 대답을 했다.

"아들의 처(며느리)의 복은 아들에 따라 입습니다. 아들에게 중점을 두기 때문에 아뢸 때 이처럼 말한 것입니다. 그리고 중자가 대통을 계승한 것은 옛날의 예 가운데 오늘날의 일과 비슷한 것이 없지는 않을 것입니다만, 《경국대전》으로만 논한 것은 바로 상께서 분부하신 일이었기 때문에 이처럼 아뢰었던 것입니다."

만약 김수흥이 조금 더 융통성이 있는 사람이었다면, 우선 현종의 비위를 맞춰 가며 진정하게 만들었을 것이다. 하지만 김수흥은 입바른 소리만 했다. 분명 예송 논쟁은 신하들만의 잘못은 아니었다. 현종 역시 1차 예송에 참여했고, 명령을 내리고 승인을 한 것도 그 자신이었다. 따라서 책임은 현종 본인에게도 있었다.

하지만 지금 그는 어떻게든 1차 예송 논쟁의 책임을 벗고, 부모를 적장자로 만들고 싶었다. 그렇기에 자신이 당시에 초상을 맞아 정신이 없었다는 말을 하며, 희생양을 찾았다. 하지만 김수흥은 그런 현종의 속내를 몰랐거나, 모른 체했다. 그리고 현종의 비위를 맞춰 주기는커녕 불편한 진실(현종의 잘못들)을 하나하나 짚어냈다.

"내가 한 말에 구애되었다면, '둘째 아들이 대통을 계승하면 장자라고 할 수 있다고 하니 이를 참작해야 할 듯합니다만, 이는 옛날의 예이고 국가의 전례에 기록되어 있지 않는 말이니 어떻게 해야 합니까'라고 말했다면 괜찮았다. 그런데 지금 그렇게 하지 않고 바로 '국가의 전례에 뚜렷이 나타난 게 없으니 대공복 이외에는 경솔하게 의논하기 어렵습니다'라고 하였다. 이러한 말들은 그렇게 해서는 아니 된다."

"국가의 전례에 미비한 것이 어찌 이것뿐이겠습니까. 옛날의 예는 사용하지 않았다고 분부하셨기 때문에 참작하기 어려워서 이처럼 의논해 아뢰었던 것입니다."

"내가 '기해년에 시왕의 제도를 사용하였다'라고 말한 것은 그때 사실만 말하였을 뿐이지, 오늘날 회의할 때 반드시 옛날의 예를 버리고 시왕의 예만 사용하라는 것이 아니었다."

현종은 명백히 자신의 책임을 회피하고 있었다. 아버지 효종을 적장자가 아니게 만든 일. 심지어 자신마저도 정통이 아니게 된 사태. 현종은 그 책임을 신하들에게 떠넘기고 싶어 했고, 김수홍은 그걸 깨끗하게 거절했다. 그리고 대들었다.

"아침에 입사한 승지가 성상의 분부를 전하기를 '의논한 자가 백 명 천 명이라 하더라도 조정에서 정할 바는 오직 아무개의 의논에 따라 시행하라고 분부하였다' 하였습니다."

"기해년에 이미 장자나 중자를 구분하지 않고 시왕의 제도만 사용하였으니 그 뒤에 쟁론한 것은 쓸데없는 말이므로 나라에서 알 바가 아니다. 그런데 지금 감히 대공복으로 논하면서 그때 당시 옛날의 예에 따라 정하였던 것처럼 하고 있으니 매우 불순하다. 기해년에 정한 예의 근본은 말하지 않고 말만 만들어 논하고 있으니 이 해로움이 적지 않다."

김수홍은 상대방의 대화에 노련하게 대응하지 못하는 편이었지만, 원칙에 입각한 정론을 펼쳤고, 그래서 발언에 무게가 있었다. 그에 비해 현종은 원칙을 무시하고, 자기가 했던 말조차 뒤집으며 '꼼수'를 부리고 있었다. 때문에 김수홍의 정확하고도 묵직한 반론에, 현종은 제대로 반론하기보다는 다른 문제로 말머리를 돌렸다. 조금씩 수세에 밀렸다는 소리이다.

"반드시 대공복의 의논을 고집하는 것은 무엇 때문인가? 의도가 매우 좋지 않다."

"이는 다른 게 아니라 국가의 전례에 명확한 말이 없기 때문입니다."

왕과 신하의 기나긴 공방전은 계속 이어졌다. 기해년에는 없었던 적자와 서자의 구분을 이번에는 왜 했느냐는 현종의 힐난에 김수홍은 인륜의 순서(태어난 차례)가 있기 때문이라고 설명했다. 결국 둘째 아들로 태어난 효종은 첫째 아들이 될 수 없다는 말이었다.

"전에 아뢰었을 때도 말씀드렸습니다만, 국가의 전례에는 이들의 상복이 기년으로 되어 있기 때문에 기해년에 기년복으로 정한 것이며, 며느리는 장자의 처인지 중자의 처인지를 구분하므로 대통을 계승하더라도 인륜의 순서만은 구분이 되어 있습니다."

"비록 인륜의 순서가 있다 해도, 첫째 아들이 죽고 둘째 아들이 서게 되면 또한 장자라고 한다 하였으니 장자가 된다는 것은 틀림없다. 분명하지 않은 전례를 사용하는 것이 어찌 도리라고 하겠는가."

분위기가 지나치게 험악해지고 과열된 탓일까. 이제까지 침묵을 지키고 있던 김석주가 왕과 신하의 대화에 끼어들었다. 복제의 결정은 '신중하게 하려 한 뜻'이라며 변명 비슷한 말을 한 것이다. 하지만 현종은 여전히 불쾌해했다.

"과연 신중하게 하려는 뜻이 있었다면 무엇 때문에 서자로 여기는 것인가? 그렇게 한 데에는 원인이 반드시 있을 것이다. …… 회의를 이틀이나 하였는데도 어제 아뢴 것은 분명하지 않았고 오늘은 이렇게 말하니 정말 한심하다. 기해년에 거론한 일이 없는데 오늘날 어찌 감히 말한단 말인가?"

이에 김수홍은 현종의 예전 발언들을 들춰 가며 반박했다.

"유세철 등이 상소할 때 신이 승지로 입시하여 그 상소를 읽고 말씀드린 바가 있었는데 그때 성명(현종)께서 잘못되었다고 말씀하셨습니다."
"국가에서 시왕의 제도를 사용하고 있는 게 유생 무리들이 옛날의 예로 말하였기 때문에 내가 옳지 않다고 한 것이지 장자와 중자에 대해서 논한 것을 죄로 여겨 그르다고 한 것은 아니었다."
"신이 말씀드린 것은 실지의 일입니다. 이는 사실 국가 전례가 미비하여 그런 것입니다."

이렇게 현종과 김수홍은 글로 써서 주고받는 게 아니라, 직접 말하고 또 들으며 논쟁을 벌였다. 처음에는 김수홍이 절절매면서 변명을 늘어놓았지만, 어느새 상황이 뒤집혔다. 현종이 구구절절하게 온갖 소리를 해대면, 김수홍은 차분하고 짧게 한두 마디의 원론으로 답했다. 마침내 말로는 못 이기겠다고 생각했는지 현종은 왕으로서의 체면을 내세우며 억지를 부렸다.

> "대공복은 안 좋다는 뜻을 어제 오늘 누차 말하였는데도, 여러 신하들이 못 들은 체하고 국가의 제도를 사용하라는 분부 때문이라고 핑계 대며 나의 말문을 막으려다 도리어 불미한 사달을 야기한 것이다."

그러자 김수홍은 이런 현종의 말이 오해에서 비롯되었다고 변명했다.

> "신들이 실록을 상고하자고 청한 것은 사실 단정 짓기 어렵다는 뜻에서 나온 것이었습니다. 그런데 성상께서 이처럼 말씀하시니 황공하기 그지없습니다."

이날의 대화를 지켜보면, 차츰 시간이 흐르면서 김수홍은 말투만 공손하다뿐이지 현종의 잘못을 지적하며 반론을 펼쳤다. 페이스를 잃은 것은 결국 현종 쪽이었다. 안타깝게도 현종에게는 빼어난 화술이 없었고, 그럴 듯하게 사람들을 끌어들이는 카리스마도 없었을 뿐더러, 주장이 논리정연하지도 않았다. 심지어 자기가 내렸던 명령조차 잊었다. 그리고 김수홍은 꿋꿋하게 자신의 의견을 고수했고 결코 왕에게 굽혀 주지 않았으며, 현종의 약점을 용서 없이 찔렀다.

하지만 이런 태도 탓에 예송 논쟁의 서인들은 비판의 대상이 되었다. 왕 알기를 우습게보고 신권의 강화에만 몰두했다는 것이다. 그런데 왕권이 강화되면 과연 좋은 나라일까? 신하들이 왕의 목소리에 반대 한마디 못하고 꼼짝없이 따르는 게 훌륭한 나라인가? 이것이 좋은 나라가 되려면 중요한 전제조건이 있으니, 왕이 똑똑하고 유능하며 공정해야 한다는 것이다. 하지만 현종은 똑똑한 왕이 아니었고, 이것이 진정한 비극이었다.

어쨌든 논쟁이 길어지고 격렬해진 가장 큰 원인은 평행선을 그리고 있는 서로의 의견 때문이었다. 현종은 더 이상 김수홍과 말로 싸워 이기기가 힘들다는 것을 깨달았는지, 토론을 그만두고 김석주에게 비답을 받아 적게 했다. 김수홍 외에 여러 대신들에게 보내는 글이었다.

> "기해년에 상복제도를 의논하여 정할 때 장자와 중자에 대한 설은 듣지 못하였고, 다만 3년복을 입어야 한다는 상소를 의논할 때 비로소 이러한 말이 있었다. 그러나 이는 조정에서 채용해 시행한 일이 아니었으며, 지금 상복제도를 의논해 정할 때 둘째 이하의 아들과 서자에게는 대공복을 입는 설이 처음 나왔다. 《경국대전》〈오복조〉에 대통을 계승한 건에 대해서는 언급이 없으니 시왕이 제정한 예라 하더라도 미비한 점이 있다. 그런데 하교만 핑계대면서 《예경》을 참조하지 않았으니 오늘날 회의한 의미가 어디에 있는가. 이것에 대해 자세히 살펴서 의논하여 아뢰라."

이날 논쟁은 김수홍의 승리였다. 물론 그렇다고 서인들의 주장이 완전 무결하게 옳았던 것은 아니다. 김수홍이 원론대로 말했다고는 하지만, 이는 현종의 개인적인 실수나 말꼬리를 물고 늘어졌을 뿐이다. 게다가 김수홍과 서인들이 고수하고 있던 1년복, 그러니까 송시열의 논리에는 약점이 있었다. 앞서 3년복을 주장한 사람들이 왕통을 이론의 근거로 삼았던 데 비해, 1년복의 주장이 근간으로 삼았던 것은 예禮였다. 그러니 왕이 아무리 귀해도 법질서를 초월할 수는 없고, 예법은 똑같이 적용하되 특별하거나 더 낮게 바꿀 수 없다는 것이었다. 그만큼 예법의 가치를 중요하게 보았던 것이고, 대상이 누구건 똑같이 적용해야 한다는 점에서 보편적인 입장이라고 할 수 있었다.

송시열의 이론은 옳고 그름을 떠나 학술적, 논리적으로 대단히 잘 가다듬어진 이론이었다. 그리고 이런 이론의 탑은 예론을 근거로 삼아 쌓아올린 것이다. 하지만《예경》은 아주 먼 옛날의 책이었고, 여러 사람들의 손을 거쳐서 만들어진 탓에 내용이 들쭉날쭉했다. 즉 송시열이 기초 근거로 삼았던 예 자체가 불완전했고, 그의 이론은 모래 위에 세운 탑처럼 근본적인 문제가 있었다. 그러니 바로 이 문제가 불거진 2차 논쟁에서 송시열의 논리는 뿌리부터 흔들리게 되었다. 그렇게 하는 주체란 바로 현종, 속세의 권력이었다. 어떤 학술이라도 그 시대의 정치에서 자유로울 수 없었다.

2차 예송 논쟁의 종말

현종의 명령을 받은 대신들은 다시금 빈청에 모였다. 여기에 참여한 사람들의 명단은 다음과 같다.

영의정 김수홍

행호조판서 민유중

병조판서 김만기

이조판서 홍처량

행대사헌 강백년

형조판서 이은상

예조참판 이준구

예조참의 이규령

응교 최후상

헌납 홍만종

이들은 이것저것 의논한 끝에 현종에게 글을 올렸는데, 처음에는 역시나 공손한 사과로 시작했다.

"신들이 본디 예법에 어두워서 성상께서 분부하신 말씀이 매우 자상했는데도, 옛날의 예를 끌어다가 지금의 예에 입증하고 의문을 풀어서 물으신 뜻에 답해 드리지 못하였습니다. 그 때문에 이렇게 다시 의논해 정하라는 분부가 있으니 더욱 부끄럽고 황공합니다."

이제 신하들은 현종의 뜻을 분명하게 알았을 것이다. 현종이 거듭 명령을 내리기도 했거니와, 특히 영의정 김수흥과 현종의 토론은 왕의 속내를 분명히 드러내는 것이기도 했다. 이러니저러니 해도 이제 1년복은 인선왕후를 맏며느리로, 나아가 효종을 적장자로 인정하는 것이고, 9개월복은 아무리 왕위를 이었다고는 해도 둘째 아들임을 인정하는 것이었다. 물론 후자는 소현세자가 있는 한 바꿀 수 없는 진실이었으나, 정통성 확보를 위해 현종은 전자를 강요한 것이다. 왕은 왕이었고, 당대의 최고 권력자였다. 그런 사람을 거역할 수 있었을까.

"삼가 생각건대, 오늘날 상복제도는 기해년에 정해진 의논대로 국가의 전례를 사용하였습니다만, 본 조목의 밑에 장자와 중자의 글이 있었기에 아뢸 때 인륜의 순서(형제 순서)에 대한 건으로 논하지 않을 수 없었습니다. 그리고 대통을 계승하는 설에서《예경》을 참고하지 않았던 것은, 신들이 망령되이 생각하기를, 모든 것을 국가의 전례에 따라서 하라는 분부를 받았으므로 옛날의 예까지 두루 상고할 수 없다고 여겼기 때문입니다."

이렇게 현종이 제기한 잘못들을 하나하나 설명하고 혹은 재확인했다. 《예경》, 곧 《예기》를 참고하지 않았던 것은 《경국대전》이라는 원칙을 위해 옛날 예까지 찾아볼 필요가 없다고 여겼기 때문이라는 것이다. 그리고 이전 1차 예송 때 3년복을 주장하는 근거가 되고 논란의 불씨가 되었던 《의례주소》의 내용도 언급하고 있다.

"첫째 아들이 죽으면 적처嫡妻한테서 난 둘째 아들을 세우는데 역시 장자라고 부른다."

이것이야말로 현종이 오매불망 바라던 내용이었을 것이다. 소현세자가 죽은 뒤 둘째 아들인 효종이 대를 이었으니, 이 내용을 곧이곧대로 적용하면 아버지 효종은 적장자가 되고, 자신 역시 적장자의 아들이 되며, 진정한 조선의 정통이 될 수 있었다.

하지만 신하들은 이 바로 다음 구절을 문제 삼았다. 그 내용이란 비록 장자라고 해도 3년복을 입을 수 없는 네 가지 경우였다. 바로 1차 예송 때 나왔던 정체부득正體不得, 전중비정체傳重非正體, 체이부정體而不正, 정이부체正而不體였다. 앞서 송시열은 효종이 체이부정, 곧 서자庶子가 후사를 이은 경우라고 보았고 이를 근거로 1년복을 주장했다.

신하들은 바로 이 뜨거운 감자, 서자라는 용어를 이렇게 설명했다.

서^庶라는 말은 '분명하게 구분하는 것'을 뜻하고, 첩의 자식을 일컬을 때도 있지만 적장자가 아닌 아들, 곧 중자^{衆子}를 일컫기도 한다.

따라서 적처 소생의 둘째 아들로서 대를 이은 사람(효종)을 위해 3년복을 입을 수 없다는 것이다.

게다가 《의례》에는 모순된 구절이 함께 실려 있다.

1. 둘째 아들을 장자로 보고 3년복을 입어야 한다.
2. 서자이니 3년복을 입을 수 없다.

그래서 신하들은 첫 번째인 정체부득^{正體不得}, 적장자에게 병이 있어서 종묘를 감당하지 못할 때 둘째 아들이 대를 이어 장자가 된다고 주장했다. 곧 효종의 경우는 아니라는 것이다.

또 적부^{嫡婦}, 곧 대를 잇는 며느리는 대를 잇는 사람이 적자가 아니라면 모두 서부^{庶婦}, 둘째 이하 며느리의 상복대로 입는다고 보고 장렬왕후의 상복은 9개월복이라고 결론지었다. 물론 예절의 깊은 뜻을 자신들의 얕은 지식으로 단정 지을 수 없다고 여운을 남기기는 했지만, 사실상 현종의 바람은 아무것도 들어주지 않은 굳건한 결정이었다. 대신들도 이 결과에 왕이 크게 분노하리라는 것을 모르진 않을 것이다. 실제로도 현종은 화를 냈다.

"아뢰어 온 말을 보니 더욱 가슴 아프고 놀랍고 무상함을 느낀다. 경들 모두가

선왕의 각별한 은혜를 입은 자들인데 지금 와서 감히, 혈통이기는 하나 정통
은 아니라는[體而不正] 것을 내세워 오늘의 예가 되어야 한다고 단정한다는 말
인가."

결국 신하들은 효종이 적장자가 아니라고 결론을 내린 것이다. 이들은
현종에게 굽히는 대신 예를 선택했고, 여기에 왕의 권위는 통하지 않았다.
현종은 다시금 신하들에 마지막 반박을 했다. 먼저 '서庶가 분명히 구분
하기 위한 것'과 '삼년복을 입을 수 없다'라는《의례》의 구절은 문맥이 안
맞으니 성립이 안 된다고 했다. 또 '둘째가 대를 이으면 장자라고 한다',
'정체正體로 대를 계승한다'라는 말도 있는데 왜 둘째가 정체, 곧 적장자가
아니냐고 되물었다. 그리고 당연하게도 '장자가 병이 있어 종묘 제사를 맡
을 수 없을 때만 아들이 적장자가 된다'라는 신하들의 의견도 잘못되었다
고 주장했다. 이미 '장자가 죽으면 적처에게 난 둘째 아들을 후사로 세우
는데, 이를 장자라고 부른다'라는 구절이 있다는 것이다.
이외에도 이어진 이런저런 이야기는 솔직히 중언부언한다는 인상이다.
그 모든 내용을 한 줄로 요약하자면 자기 아버지와 어머니는 장자와 적부
라는 말이었다.

"그런데 경들은 그렇게 사리에 맞지도 않은 패설悖說을 예라고 내세워 선왕을
가리켜 체이부정이라고 하니 그야말로 임금에 대하여 박절하다고 하겠다. 도
대체 어디에다 잘 보이기 위하여 그런 것인가?"

여기에서 양쪽의 입장 차이가 확연히 드러난다. 신하들에게는 남의 일이자 예법의 문제였지만, 현종에게는 자신의 일이었다. 현종의 반박은 어눌하고 서툴지만, 인간적으로 동정하기도 쉽고 이해하기도 쉽다. 예법을 잘 모르는 일반인들의 상식선에서 반박을 한 탓도 있을 것이다. 송시열을 비롯한 예학자들이 줄줄 뽑아내는 복잡하고 어려운 원칙과 논리란 훌륭한 것일지언정, 사람의 공감을 끌어내기에는 힘들다.

현종은 내내 자신의 요구를 받아들여 주지 않는 신하들에게 서운함과 분통을 터뜨렸다. 하지만 이 토론에 있어 누구보다도 주관적인 것은 현종 자신이었다. 그의 목표는 단 하나뿐이었고 모든 자료와 근거는 목표에 맞춰졌다. 때문에 현종의 말은 너무나도 목표 의식이 강렬해서 속이 빤히 들여다보이기까지 한다. 그래서 2차 예송 논쟁은 소현세자와 사촌들의 존재를 부정하고, 적장자가 되고 싶다고 떼를 쓰는 현종의 억지 주장만이 공허하게 울렸다.

여기에 대신들은 권력자라고 해서 법과 질서를 초월할 수 없다는 태도로 맞섰다. 그래서 대신들이 어떤 근거를 바탕으로 주장을 펼쳐도 현종은 모두 말이 안 된다고 반박했다. 현종의 억지는 대신들에게 받아들여질 수 없었고, 반대도 허락될 수 없었다. 그러나 보통의 사람들과 달리 현종은 왕이었고, 강력한 권력을 쥐고 있었다.

"막중한 예를 그렇게 어느 특정인의 비위를 맞추기 위해 의논한 것을 정해진 제도라고 할 수는 없다. 당초에 마련했던 대로 국제의 기년복을 따르도록 하라."

현종의 독단이었다. 이로써 자의대비의 복제는 현종의 비위에 맞춰 1년 복으로 결정되었고, 현종의 어머니 인선왕후는 맏며느리가 되었다. 더 나아가 아버지 효종은 적장자가 되었다.

이것은 절대로 신하들과 말로 싸워 이길 수 없으리라는 현종의 깨달음도 기여한 바라고 여겨진다. 꼭 싸워서 이길 것은 아니지만, 현종에게는 그들을 설득할 재간조차 없었다. 이런 현종의 결정에 신하들이 반발한 것이야 당연한 이치였으나, 더 이상의 토론은 벌어지지 않았다. 두 번째 예송 논쟁은 이렇게 끝났다.

그 후의 이야기

이후 현종은 강경책으로 사람들의 불평과 이의를 틀어막았다. 우선 자의
대비의 상복을 대공복으로 바꾸었던 예조의 사람들은 모두 옥에 갇혔다.

　예조판서 조형, 예조참판 김익경, 참의 홍주국, 정랑 임이도는 그날로
의금부 신세를 지게 되었다.

　"직책을 제대로 수행하지 않고 마음에 중자와 서자에 대해서는 대공복을 입
　어야 한다는 뜻을 품고 모호하게 개정한 그 죄를 면할 수 없다."

　결국 처음 정했던 1년복이 옳았는데 쓸데없는 논란을 일으켜 1차 예송
당시의 사례도 살펴보지 않고, 아뢰는 말도 부족했으니 직무유기라는 것
이다. 이는 독단으로 복제를 결정한 이후 끊어오를 반대를 막아 보겠다는
목적이었지만, 신하들도 재빨리 대응하였다.

　우선 판부사 김수항을 비롯하여 김수흥, 민유중, 김만기, 홍처량, 강백

년, 이은상, 이준구, 이규령, 최후상, 홍만종 등 2차 예송 논쟁에 참여한 사람들은 석고대죄를 하며 현종을 달래는 글을 올렸다. 자신들이 함부로 예제를 논했으니 벌을 내려달라는 것이다.

"신들이 망령되게 예의 제도를 논하였다가 신하로서 차마 들을 수 없는 이러한 분부를 받고 나니, 매우 황공하고 놀라워서 석고대죄하고 있습니다. 빨리 형관에게 회부하여 나라의 법을 바르게 하소서."

'망령되게 논했다'라고는 말하지만, 이들은 그렇다고 자신들의 의견을 굽힐 사람들이 아니었다. 현종도 아마 그 사실을 알았을 것이다. 짤막하게 더는 석고대죄하지 말라고 답을 내렸지만, 그렇다고 용서한 것은 아니었다. 바로 다음 날인 16일, 영의정 김수흥을 춘천으로 귀양 보냈으니 말이다.

그러면서 현종은 그동안 쌓였던 울분을 하나하나 토해 냈다.

"대신은 그 직책이 장부에 기재된 내용을 그대로 받들어 행하는 데 그치는 것이 아니고, 큰일을 당했을 때 초지를 바꾸지 않아야만 임금에게 도움을 주고 국사를 꾸려 갈 수 있다. 영의정 김수흥은 복제에 관한 논의 때 처음에는 갈피를 잡을 수 없는 말로 종이를 채워 끝내 결론을 내리지 못하였고, 두 번째 아뢰면서는 인용하지 않아야 할 고례古例를 인용하여 확고한 주관 없이 회계回啓하였으며, 세 번째는 국전國典의 몇 마디 말로 겨우 책임 면제 정도의 대답을 하더니 네 번째 아뢰면서는 감히 윤리에도 맞지 않고 사리에도 당치 않은 체이

부정이라는 말을 끄집어내어 말하고 있으니, 선왕의 은덕을 망각하고 다른 사람 주장에 부화뇌동한 죄를 바로잡지 않으면 안 된다. 그를 중도부처하라."

정리하자면, 김수홍의 첫 번째 글은 갈피를 못 잡았고, 두 번째에는 '물타기'를 했으며, 세 번째에는 책임을 회피했고, 마지막으로는 버릇이 없다는 말이다. 현종이 얼마나 화가 났는지 여실히 드러난다. 김수홍이 아무리 조리 있고 타당하게 말해도, 현종으로서는 도저히 받아들일 수 없었을 것이다.

김수홍이 이렇게 괘씸죄로 귀양을 가게 되자, 당연하지만 신하들은 '영의정 김수홍 구하기'에 열성적으로 나섰다.

먼저 승정원과 홍문관의 신하들이 우르르 몰려와 왕에게 면담을 청했지만, 현종은 노골적으로 만남 자체를 거부했다.

"기분이 매우 불쾌하다. 무슨 일 때문에 천대를 하는 것인가? 대신(김수홍)을 위하여 그러는 것 아닌가. 임금과 신하 사이는 의리가 매우 엄한데, 그대들은 그 문제를 도무지 생각을 않는다는 것인가. 비록 입시하더라도 그 일 말고야 무슨 기특한 말이 있겠는가."

실제로 김수홍을 구하는 게 본심이었던 신하들은 그 자리에서 물러날 수밖에 없었다. 그렇다고 완전히 포기한 것은 아니라서, 이번에는 하려던 말을 글로 정리해서 올렸다.

"영의정 김수홍이 갑자기 큰 문제를 만나 앞뒤로 아뢰었던 말은 주소^{註疏}에 의

거하여 중론을 채집했을 뿐인데, 그에게 별다른 정상 참작도 없이 귀양 보내

시고, 심지어 선왕을 망각하고 다른 사람 논의에 동조하고 있다고까지 하신

것은 본심을 참작해서 용서하는 도리가 아닙니다. 귀양 보내라는 명령을 거두

십시오."

결국 김수홍에게는 선왕을 깎아내리려 한 의도가 없었는데, 현종이 '오
버'해서 해석했다는 것이다. 당연하게도 이 말은 상처에 소금을 뿌린 격으
로 현종을 진정시키기보다는 오히려 울화통이 터지게 만들었다.

7월 16일, 현종은 김수홍과 예조의 신하들을 두둔한 장령 이광적, 지평
유지발을 '가증스럽다'라며 관직을 삭탈하고 도성 밖으로 내쫓으라는 명
령을 내렸다. 그러고는 장렬왕후의 복제를 기년복으로 바꾸었다는 사실
을 종묘에 고하게 했다.

수많은 신하들이 명령을 거두어 달라고 상소를 올렸다. 판중추부사 김
수항, 병조판서 김만기, 행호조판서 민유중 등은 대죄하면서 논쟁에 참여
한 자신들도 죄가 있으니 함께 벌해 달라는 요청을 하기도 했다. 직장동료
로서의 의리였을까, 아니면 같은 서인이기에 가능했던 것일까? 당연히 현
종은 어느 말도 들어주지 않았고, 사직하려는 김수항에게도 '그럴 필요 없
다'라고 잘라 말했다.

논쟁 이후 일주일 남짓 지나는 동안 여전히 조정은 시끌벅적했다. 7월
24일, 현종은 몸이 불편해져서 침을 맞았다. 이날에는 토론에 참여하지 않
았던 좌의정 정지화가 복제 논쟁에 책임을 지고 사직서를 냈으며, 계속

하여 상복제도에 대한 반대 상소가 올라왔다. 현종은 상소를 올린 이들을 차례차례 귀양 보내고, 또 이를 편드는 신하들을 힐난했다. 현종은 점점 신경질을 부렸다. 대사간 남이성을 진도로 귀양 보내라고 하고, 전지傳旨를 빨리 써내지 않은 승지들*에게 "무슨 기다리는 일이 있어 그러는 것인가?"라며 히스테리를 부리기도 했다.

그렇다곤 해도 현종이 내린 처벌은 연산군이나 중종 때 있었던 사화에 비하면 가벼웠다. 게다가 토론의 면면에서 드러나듯 현종은 그렇게 단호한 군주가 아니었다. 그래서 영의정을 귀양 보내고 이를 옹호하는 사람들을 처벌하기는 했지만, 죽이지는 않았다. 무엇보다 서인들의 영수이자 모든 예제 이론의 기반을 제시했던, 그래서 어쩌면 악의 근원이라고 할 수 있을 송시열에게 아무런 처벌도 내리지 않았던 것이다.

사실 송시열은 2차 예송 논쟁이 진행되는 와중, 내내 시골에 묻혀 있었다. 김수흥이 귀양 갔다는 소식을 듣고 급히 도성으로 올라오려 했지만, 나이 탓인지 병에 걸려 음성, 죽산에서 발이 묶였다. 그래서 23일, 송시열은 자신을 처벌해 달라는 글을 올렸으나, 현종은 별다른 대답을 하지 않았고, 처벌도 하지 않았다.

과연 2차 예송 논쟁은 단순히 왕의 변덕 때문에 일어난 사건이었던가? 불과 수년 뒤에 이 사건은 송시열을 몰아내려 한 청풍 김씨의 음모로 풀이되기도 했다. 그리고 이로써 서인들이 몰락하고 남인들의 정권이 들어섰다고 생각하는 사람도 의외로 많다. 하지만 이제까지 살펴보았듯이, 2차

...
* 여기에서 승지는 김석주가 아니라, 우승지 이합, 동부승지 이당규였다.

예송 논쟁 중에 남인들이 끼어들 여지는 전혀 없었다. 왕과 서인들의 대립이었을 뿐이다. 결과도 마찬가지였다. 김석주를 비롯한 청풍 김씨의 출세를 제외하고, 허목 등 남인들의 정계 진출은 터줏대감이었던 서인들의 자리가 비워지자 이것을 메우기 위한 것이었지, 그들이 싸워서 쟁취한 것은 아니었다.

어쩌면 현종은 화가 가라앉은 다음, 귀양 보낸 김수홍을 불러들이고 서인 정권을 되살리려는 생각이 있었을지도 모르겠다. 현종은 신하들이 자기 뜻을 따라 주지 않자 화를 냈지만, 그렇다고 서인 정권에게 심각한 불만을 가지고 개혁의 필요성을 부각시키지는 않았다. 현종의 정국 구상이 어떠했는지는 알 수 없다. 그것을 드러낼 시간이 없었기 때문이다.

2차 예송 논쟁이 끝난 지 고작 한 달 남짓이 지난 8월, 현종의 병세가 갑자기 악화되었고, 그달 18일에 창덕궁에서 승하했다. 현종이 치세 와중 크게 앓아 사경을 헤매기도 했고, 온천 요양을 다녀온 적도 있었지만, 그렇다 해도 너무나 갑작스러운 죽음이었다.

현종이 승하한 뒤 유일한 아들인 세자가 왕위를 이으니, 바로 숙종이었다. 숙종은 자신이 한때 사랑했던 여인, 장희빈이 낳은 아들(경종)을 원자로 봉하려다가, 이것을 반대했던 서인들에게 철퇴를 내리고 본격적인 남인들의 정권을 만들었다(나중엔 이마저도 뒤집었지만).

그리고 바로 그때, 2차 예송 논쟁의 직접적인 원인이었으나 무사히 살아남았던 송시열은 사약을 받아들게 된다. 빼어난 지식만큼이나 완고한 고집을 가지고 있었던 한 유학자의 죽음은 산림정치의 전성기가 끝났음을 뜻하기도 했다. 이후의 어느 유학자도 그처럼 강력한 영향력을 발휘하지 못했고, 이제 조선은 가장 치열한 붕당의 시기로 접어든다.

이기심과 아집의 대결

2차 예송 논쟁은 1차에 비해 벌어진 기간도 짧았으며(3일), 장소 역시 궁궐 안으로 한정되었다. 토론의 참여자들도 완전히 달랐다. 앞서 1차 예송 때 3년설을 주장했던 허목, 윤휴, 윤선도 등은 일부는 죽고 일부는 살아 있었지만, 어느 누구도 토론에 참여하지 않았다. 특히 1차 예송을 한순간에 치열한 말싸움의 전쟁터로 돌변시켰던 윤선도는 2차 예송 때에는 이름 한 번 제대로 거론되지 않았다. 결과도 마찬가지였다. 서인들은 철저하게 타도되지 않았고, 남인들은 서인들을 대신한 새로운 세상을 만들지도 않았다.

2차 예송은 이름과 분쟁의 원인이 같았을 뿐이지, 결코 1차 때 실각했던 남인들의 설욕전이 아니었다. 또 1차 예송이 학술상의 견해 차이가 초래한 것이라면, 2차 예송은 왕인 현종이 자신의 필요에 따라 토론을 시작했고, 마찬가지의 이유로 억지로 끝낸 것이다.

그럼 여기에서 정리해 보자. 이제까지 비현실적이고 명분만 내세우는 선비들의 말놀음으로 치부되기 일쑤였던 게 예송 논쟁이었다. 이 긴 논쟁을 훑어 본 독자들은 어떻게 생각할까. 이전과 다를 바 없이 쓸데없는 논쟁이었을까? 아니면 뒤틀린 왕위 계승이 초래한 피할 수 없는 논쟁이었을까?

그런데 2차 예송 논쟁에는 중요한 특징이 하나 있다. 재미있는 동시에 불행한 일이기도 했는데, 논쟁의 한가운데에 있었던 현종이 그리 똑똑하지 못했다는 사실이다. 그는 이 책에서 다룬 그 어떤 왕들보다 말솜씨가 부족했고, 사람을 다루는 것에도 능수능란하지 않았다. 그래서 신하들과 논쟁을 할 때에도 같은 말을 계속 반복하고 화를 낼 뿐이지 겁내게 하거나, 구슬리거나, 마음대로 조종하지 못했다. 딱히 무능했다기보다는 평범했던 것이지만, 그것이 비극이었다.

괜히 역대 조선의 왕들 중에서 현종의 존재감이 없는 것이 아니다. 무려 15년간이나 다스렸는데도 아버지 효종이나 아들 숙종만큼 유명하지도, 열정적이지도 않았다. 논쟁 와중에 감정을 있는 대로 드러내며 '왕에게 어떻게 이럴 수 있냐'라고 하소연하는 장면에서는 그의 조그만 그릇이 여실히 드러난다. 그러다 보니 예송 논쟁을 100퍼센트 신하들의 잘못이라고 말하는 것은 왠지 불합리한 것 같다.

신하들은 또 어떤가. 송시열은 고집불통이었지만 분명 뛰어난 학자였고, 그의 주장은 학술적인 면에서 완성도가 매우 높았다. 그러나 송시열이 가진 확고한 신념은 세상과 불협화음을 만들었다. 자신의 주장과 다른 모든 것을 배격하며, 듣는 시늉도 하지 않았으며, 무자비하게 탄압했다. 그래서 서인들의 주장은 더는 학술 이론이 아니게 되었고, 맹목의 경지로 치달았다. 그리고 마침내 왕과 충돌하는 결과를 초래했다.

결국 자기 마음대로 원칙을 바꾸려고 했던 왕의 이기심과 하늘이 두 쪽 나도 안 된다는 신하들의 융통성 없음이 충돌한 결과가 바로 2차 예송 논쟁이었다.

세상일이라는 게 다 그렇다. 여유로움을 잃고 강경하게 일관한다면, 강한

바람을 만났을 때 부러지는 것 말고 도리가 없다. 예송 논쟁이란 바로 벽창호들끼리 만나 한 치도 굽히지 않는 바람에 벌어진 전쟁이었으며, 그 와중에서 모든 좋은 것들은 진흙 속에 처박혔다.

우리가 예송 논쟁을 좋지 못한 사건으로 기억하는 까닭은, 한심할 정도의 답답함이 그 안에 도사리고 있기 때문이다. 예의 문제는 분명 그 당시의 사람들에게 목숨보다 중요한 것이었다. 이것이 잘못되었다고 탓하는 것은 아니다. 다만 치고받는 와중에 올바른 예를 쓴다는 본질에서 벗어나 전혀 엉뚱한 방향으로 번졌다는 사실을 알아야 한다. 이로써 왕과 신하 사이의 자존심 싸움으로 바뀌었고, 본질은 어느새 흐려졌다. 이 세상의 많은 싸움이 그렇긴 하지만 말이다.

※ 논쟁 5 ※

문체반정
논쟁

때는 조선 후기. 새로운 문물과 글이 중국에서 전해졌다. 하지만 늙은 나라 조선에서 서학과 소품체의 유행은 새로운 흐름이라기보다 말세의 징조로 여겨졌다. 쇠약해져 가는 나라와 병폐 가득한 과거제도. 보수주의자 정조는 자신의 취향도 살리고, 동시에 인재도 보호하기 위해 한 가지 방법을 생각해 낸다. 바로 문체를 바로잡는 것이었다. 무역, 과거, 학문 등 모든 분야를 아우르는 정조의 사회 기강 바로잡기는 이렇게 시작되었다.

논쟁 5

문체반정 논쟁

문체반정 논쟁 일지

■ **정조 즉위년**

10월 13일 | 정조, 관리들을 대상으로 승진시험인 한림회권 시행, 부정합격자의 실력을 검증하고 크게 화를 내다.

■ **정조 2년**

12월 18일 | 과거제도의 폐단을 언급.

■ **정조 4년**

박지원, 열하에 다녀옴.

■ **정조 6년**

11월 27일 | 정조, 시험관을 불러 과거시험의 중요성을 역설.

■ **정조 7년**

7월 12일 | 과거제도의 고질적인 폐단과 개정을 논의.

■ **정조 8년**

2월 13일 | 교리 권이강, 과거시험의 폐단을 언급하면서 문체의 변질을 지적하다.

■ 정조 11년

이상황과 김조순, 연애소설을 읽다 발각되다.

8월 22일 │ 정조, 춘당대에서 신료들에게 시험을 실시. 어조사가 빠진 부(賦)의 과거 답안지가
문제가 되다.

■ 정조 12년

8월 3일 │ 서학 유포 상황을 놓고 채제공 등과 논의하다. 정조, 서학을 없애고 올바른 학문으
로 돌아가야 할 것을 역설하다.

■ 정조 15년

2월 12일 │ 정조, 문체반정을 선언.

8월 2일 │ 비변사, 과거제도의 네 가지 폐단을 없앨 것을 건의.

8월 4일 │ 정조, 과거에서 문체에 중요한 비중을 두고 인재를 뽑을 것을 강조.

8월 9일 │ 정조, 이병모, 이민보와 함께 과거시험의 폐단을 바로잡기 위한 방법을 논의하다.

■ 정조 16년

10월 24일 │ 이상황, 반성문 제출. 정조, 남공철에게도 반성문을 낼 것을 명함.

10월 25일 │ 남공철, 정조에게 반성문을 제출하고 용서받다.

11월 3일 │ 정조, 김조순과 심상규에게 반성문을 제출하게 함. 심상규, 그날로 정조에게 반성문
을 제출.

11월 6일 │ 부교리 이동직, 이가환이 나쁜 문체를 쓴다며 상소를 올렸다가 정조의 호된 반격을
받다.

11월 8일 │ 김조순, 정조에게 반성문을 올리다.

11월 19일 │ 김조순, 시문을 올리다. 정조, 크게 기뻐하며 칭찬의 말을 내리다.

12월 28일 │ 남공철, 정조의 명령을 받아 박지원에게 반성문을 쓰라는 편지를 보냄.

■ **정조 17년**

1월 16일 | 박지원, 남공철의 편지를 받음.

정 조

어릴 적 아버지를 여의고 고생하며 살아온 종갓집 22대손. 극도의 스트레스 때문인지 술과 담배를 즐기고, 말로 가르치기를 좋아하는 등 인문학도 특유의 꼰대 기질이 있었다. 단순히 학문에서뿐만이 아니라, 사람을 대하고 말로 조종하는 등 정치적인 술수로는 당대 어느 누구도 따라가지 못한 만큼 뛰어난 사람이었다. 과연 문체반정은 그에게 무엇이었을까? 벽파의 제거? 아니면 남인의 보호를 위한 정치공작? 하지만 여기에 또 하나의 의미가 있으니, 바로 정조 자신의 취향이었다.

채 제 공

남인 출신의 정승. 정조는 그에게 곧잘 속내를 털어놓기도 했다. 자칫 삐죽해지는 정조의 성미를 감싸 보듬어 주는 역할을 했다. 정승이었지만 서학책이자 금서인 《천주실의》를 읽었으며, 그 사실을 정조에게 고백하기도 했다. 비록 평가를 좋게 하진 않았지만, 애초에 읽어 보지도 않고 무작정 비판하는 것보다야 훨씬 낫지 않은가.

박 지 원

당대 최고의 베스트셀러 《열하일기》의 저자. 그러나 지금처럼 저작권이 보호되지도, 인세도 지급되지 않았던 때이니 그는 명성만큼 안락한 생활을 하지 못했을 것이다. 날카로운 해학을 자랑했던 그의 글에 비하면, 정조에게 올린 편지는 겸손하다 못해 비굴하기까지 했다.

이 상 황

초계문신. 젊은 시절, 김조순과 함께 숙직실에서 연애소설을 읽다가 정조에게 걸려 크게 혼이 났다. 본격적인 문체반정을 맞이하여 대표적인 갱생 대상자로서 반성문을 썼다.

남 공 철

당대 최고의 젊은 문장가 중 하나. 그의 아버지는 정조의 스승이기도 했다. 이옥과 더불어 소품 문체를 쓴다는 이유로 정직을 당하고 반성문을 써야 했다. 하지만 문체를 고친 뒤에는 당대의

실력가로 남았고, 정조의 명령을 받아 연암 박지원에게 반성문을 권하는 편지를 보낸 것도 그였다.

김조순

노론 명문가의 자식으로 정조의 총애를 받았다. 정조가 그의 선조인 김수항 등 안동 김씨 문인들의 팬이었고, 그 자신은 당대의 가장 뛰어난 인재였다. 이상황이 가져온 소설을 읽다가 역시 반성문을 쓰고 정조의 용서를 받았으며, 마침내 장인 감으로 낙점받았다. 그러나 역사는 그를 정조의 사람보다는 세도정치의 원흉으로 기억하고 있다.

이동직

정조가 총애하던 이가환이 잘못된 문체를 쓴다고 성토하는 상소를 올렸다가 정조에게 밟혔다. 어설프게 사람을 모함하면 이런 식으로 망신을 당할 수도 있다는 것을 보여 주는 역사적인 예이다.

이가환

당대 최고의 천문학과 수학의 천재. 이동직을 비롯한 무수한 사람들에게 비난과 성토를 받았지만, 정조는 그를 아끼다 못해 존경해서 높여 부르기까지 했다. 남인 출신으로 천주교도이던 친척을 설득하려다가 오히려 설득당했고, 서학을 연구하다가 정조가 세상을 떠난 뒤에 처형당했다.

* 채제공 초상: 대영박물관 소장

문체반정의 시작

반정이란 말은 어딘지 귀에 익다. 중종반정, 인조반정 등에서 쓰였으며, 잘못된 왕을 쫓아내고 그 자리에 좋은 왕을 앉힌다는 점에서 '잘못된 것을 없애고 올바른 것으로 되돌린다反正'라는 뜻이다. 요즘처럼 광해군의 주가가 한참 올라간 시기에는 인조반정이라기보다는 '인조 쿠데타'라고 말하고 싶은 사람들도 있겠지만.

그리고 문체文體란 곧 글을 뜻한다. 따라서 문체반정이란 '잘못된 글을 올바른 것으로 되돌린다'라는 말이다. 이 용어 자체는 정조 때 쓰인 것이 아니며, 이후 조선사가 연구되면서 붙여진 것이다. 그렇다곤 해도 반정의 대상이 된 문체라는 게 반드시 나쁘다고는 말을 할 수 없으니, 문제가 있다. 그렇지만 어쨌든 이미 하나의 역사 사건으로 굳어졌으니 그대로 쓰도록 하자.

이 사건을 살펴보기 전에 먼저 이해할 게 있으니 바로 사건의 중심에 있는 정조 그리고 반정의 대상이 된 문체이다. 그렇다면 문체반정을 기획하고 시행한 정조는 어떤 사람이었을까?

정조는 사도세자와 혜경궁 홍씨의 자식으로 태어나, 아버지가 비참하게 굶어 죽어 가는 것을 보고 깊은 상처를 끌어안아야 했으며, 어린 시절부터 암살의 위협에 시달리기도 했다. 천신만고 끝에 왕이 되어서도 아버지를 죽게 만들었던 당파들과 싸워야 했다. 또한 많은 개혁을 시행했던 조선 최후의 명군

이었다.

하지만 정조는 그리 많지 않은 나이에 갑작스럽게 죽었고, 이 때문에 암살 의혹이 끊임없이 제기되고 있다. 무엇보다도 이후 조선은 세도정치의 시대로 접어들어, 국운이 차츰 기울어졌다는 점에서 더더욱 안타깝다. 이렇게 보면 정조는 웬만한 드라마 주인공 저리 가라 싶을 만큼 팔자가 기구했다. 그래서 인지 심성이 착하게만 그려지는 것도 같지만 과연 그럴까.

잠깐 예를 들어 보자. 무녀독남 외아들에, 종갓집 22대손이다. 어릴 때 할아 버지가 아버지를 죽인 끔찍한 가정불화를 겪었다. 그래도 종갓집의 대를 이을 자식이다 보니 주변에는 온통 자신을 이용하려 드는 나쁜 아저씨들로 가득했 고, 별다른 친구도 없었다. 골초에다가 술을 좋아했으며, 팔자도 박복해서 사 랑하던 아내를 먼저 떠나보내고 자식마저 일찍 죽었다.

이런 배경에서 자란 사람의 성격이 무난할 리 있을까? 그나마 공부를 무척 좋아해서, 많은 아픔과 고민을 지식으로 달랬으니, 그가 바로 정조였다. 같은 학자형 군주라는 점에서 흔히 정조는 세종과 함께 거론되지만, 차이는 확연하 다. 창업주의 손자이자 셋째 아들로 나름 고이 자란 세종은 나이가 들어도 여 유 있고 천진한 구석이 있었지만, 어린 시절부터 세파에 찌든 종갓집 22대손 정조는 짊어진 업보가 너무 많아서인지 몸을 웅크리고 가시를 바짝 세운 고슴 도치를 떠올리게 한다.

하지만 정조는 결코 인격 파탄자는 아니었다. 그냥 보통 사람보다 좀 더 집 요하고, 예리하며, 쪼잔한 성격이었다. 그의 이런 성향은 고난을 이겨 내고 열 심히 공부하는 데 도움이 되었다.

정조는 참으로 똑똑한 왕이었다. 그 누구보다도 공부를 좋아했고, 그만큼 박식했으며, 문제를 잘 풀어내는 논리력과 화술까지 가지고 있었다. 그래서 나이 많은 신하들을 실력으로 누를 수 있었던 몇 안 되는 임금이었다. 하지만 부작용도 있었으니, 바로 남을 가르치려고 드는 꼰대 기질이었다. 남들이 한 마디 할 때 자신은 열 마디쯤은 했던 수다스러움도 문제라면 문제였다.

한편 문체반정을 보는 입장은 크게 둘로 나뉜다. 우선 정치사 분야에서는 정조가 개혁을 추진하고자 사람들의 관심사를 돌리려던 고도의 '물타기'라고 보고 있다. 그에 비해 국문학 쪽에서는 문체반정이야말로 문학의 암흑기로, 당시 조선에서 새싹을 틔우고 있던 생기발랄한 문체가 정조의 탄압을 받고 쇠퇴했다고 본다.

똑같은 사건인데도 이렇게나 다른 결론이 나온 것은 신기한 일이다. 하지만 저마다 그럴 듯한 결론이 있기에 그런 답이 나온 게 아니겠는가?

문체반정은 이제까지 이 책에서 다뤘던 사건들과 달리 정확한 토론의 형식을 가지고 있지 않다. 본디 토론이란 찬성과 반대로 나누어지는 편이지만, 문체반정을 주도했던 정조의 반대파가 그리 분명치 않기 때문이다. 정조의 반대쪽에 서 있는 사람이 아예 없는 건 아니지만, 문체의 논의에서는 왕의 기세에 짓눌려 제대로 된 반론을 펼쳐 보지 못했다. 그럼에도 정조는 즉위한 이래 계속해서 문체의 변화라는 시대적 현상을 자신의 적으로 돌려 싸웠다. 그런데 더 중요한 문제는 시행되었던 문체반정이 역사적으로 실패로 돌아갔고, 우리는 정조가 싫어해 마지않았던 자유로운 문체의 시대에 살고 있다는 점이다.

그렇다면 이 자리에서 정조 시대에 벌어졌던 사건과 이 문제를 논의한 사

람들의 말을 살펴보고, 문체반정이 왜 벌어지게 되었는지, 어떻게 진행되었으며, 사람들이 무엇을 생각했는지 추측해 보는 건 어떨까. 이를 통해 문체반정이라는 사건을 새롭게 이해하는 기회가 될 수 있을 것이다.

타락한 문체

문체란 무엇인가? 간단히 설명하면 문장의 종류나 양식을 말한다. 우아하거나, 강건하거나, 간결하거나, 유려하거나 그런 글에서 배어나는 특징들을 일컬을 수 있고, 때로 저자의 성격이나 취향을 이르기도 한다. 그렇다면 간결체나 유려체같이 교과서에 나온 문체들의 형식을 떠올리기도 하겠지만, 조선 시대에 문체는 조금 다른 의미를 가지고 있었다. 문체반정이라는 사건을 이해하기 위해서 가장 먼저 알아야 할 점은 문체의 타락 현상이다.

조선이 건국된 지 수백 년이 지났다. 비록 새로운 왕과 신하들이 이어나갔다고는 하나, 조선이라는 나라는 차츰 늙어 가고 있었다. 그런 흔적들은 각종 병폐로 나타났는데, 그중 하나가 바로 문체의 변질, 혹은 쇠퇴였다. 나라와 사회의 쇠퇴는 사람들이 쓰는 글에서조차 드러나는 것일까?

정조가 즉위한 해 10월 13일, 예문의 승진시험인 한림회권翰林會圈이 시행되었다. 보통은 형식적으로 치러지던 시험이었건만, 갑자기 정조는 가장 좋은 성적으로 뽑힌 신하 세 사람을 불러 자기 앞에서 특별시험을 보게 했다. 그런데 시험관이 별다른 이유도 없이 극력 반대하는가 하면, 합격자들은 병에 걸렸다거나 자리에 없다는 등의 핑계를 대며 꼴사납게 도망 다녔다.

하지만 정조는 끝내 이들을 잡아왔고, 직접 시험문제를 냈다. 결과는 새하얀 종이 세 장이었다. 명색이 고득점자들이 문제도 제대로 이해하지 못하고 백지 답안지를 낸 것이다. 즉 시험으로 정말 실력이 있는 사람을 뽑은 게 아니라, 서로 봐주며 능력도 없는 사람을 뽑은 것이었다. 시험관도 수험자도 모두 한통속이었다는 말이다.

이 결과에 정조는 불같이 화를 내며 이들을 뽑은 관리들은 물론이거니와, 영조 말년에 치러진 과거시험의 시관들까지 처벌했다. 이 사건이 있기 2개월 앞선 8월, 정조는 성균관에서 가을 분기 과거를 치르면서 과거의 폐단이 없고 부정행위가 없게 하도록 누누이 명령을 내리기까지 했다. 이렇게 보면 감히 2달 만에 부정시험을 치른 사람들의 용기가 대견해 보이기까지 한다.

그런데 여기에서 끝난 게 아니었다. 정조는 잘못했다며 싹싹 비는 세 사람의 부정합격자에게 계속해서 시험문제를 냈다. 이들에게 시를 지으라는 명령을 내리면서, 정조는 이렇게 말하기까지 했다.

"이 시는 한 달도 안 되어 천하에 두루 퍼지게 될 것이다."

물론 좋은 쪽으로 퍼지는 것은 아니었으리라.

그래도 정조로서는 최대한의 아량을 베풀어 부정합격자 세 사람에게 각자 가장 자신 있는 분야에서 글을 짓게 했다. 저번처럼 백지는 아니었지만 몇 줄 쓰다가 말았으며, 글의 형식마저 엉망이었으니 결과가 참담한 것은 변함이 없었다.

정조는 답안지를 하나하나 채점해서 결과를 공개하고, 어디가 틀리고, 어디가 이상하고, 글의 형식이 어떻게 엉망진창인가를 짚어냈다.

"문체의 양식을 이루지 못했다."

또한 부정합격자가 예전에 장원했을 당시의 뛰어난 글과 이번 글이 어디가 어떻게 다른지 상세하게 말하면서, 같은 사람이 작성한 것일 리 없다고 단정 지었다. 그러면서 무시무시한 폭언까지 뿜어냈다.

"조정을 욕되게 하고 사부士夫들에게 부끄러움을 끼친 이 같은 경우가 없으니, 왕부王府의 형벌을 이들에게 시행하지 않는다면 장차 어디에 시행하겠는가? …… 단지 어리석고 무식한 자일 뿐이어서 더욱 심각한 주벌誅罰을 가할 가치도 없는 자이다."

당시 정조가 갓 즉위한 24세의 청년이었다는 것을 감안하면, 그 지식과 분석력은 놀라운 수준이다. 이 부정시험 건으로 여러 사람이 파직당하는 등 상당한 파문이 일었다.

정조는 격정적이거나 야박한 면도 있었지만, 그 이상으로 자신의 곁에서 함께 해 줄 신하들을 목마르게 찾고 있던 임금이었다. 또한 정조는 절대적인 왕으로 군림하는 대신, 세상 모든 이들을 제자로 삼아 이들을 교화하고자 했다. 왕이라면 반대자를 처벌하거나 죽이면 되지만, 스승은 제자가 반대를 해도 가르치고 바로잡아야 한다. 그래서 이 일 이후로도 신하들을 모아놓고 곧잘 시험을 보았으며, 빼어난 실력을 가진 사람을 골라 초계문신抄啓文臣으로 삼아 자신의 곁에 두었으니, 대표적인 사람이 바로 정약용이었다.

그런데 앞서 사건의 원인은 관리들이 부패한 탓만이 아니라, 과거제도의 한계에서도 찾아야 할 것이다. 사실 입시 비리라면 세종 때도 벌어졌을 만큼 유구하고도 전통 있는(?) 사건이었으니까. 하지만 정조 시기에는 이보다 문제가 심각했으니, 과거제도 자체가 심각한 동맥경화를 일으켰다는 것이다.

수백 년간 같은 시험이 시행되면서 사람들은 어떻게 좋은 답을 쓸까를 궁리하는 대신 커트라인을 넘는 기술에 골몰했고, 이것이 케케묵은 패턴으로 굳어졌다. 더는 과거에서 변별력을 기대하기 어려웠고, 뽑히는 사람들의 질은 점점 낮아졌다. 즉 이미 정조 시대 훨씬 이전부터 과거의 병폐는 고질적인 것이었다.

정조 8년 2월 13일, 교리 권이강은 7가지의 건의사항을 정조에게 올렸다. 영조를 본받아야 하고 신하들의 말을 잘 들어야 한다는 상당히 일반적인 건의를 하던 와중 과거시험의 폐단을 언급했다. 정조는 다른 문제들을 제쳐 놓고 과거의 개혁 문제에 깊은 관심을 보였다.

건의 내용이란, 우선 시험 기간을 늘리자는 것이었다. 당시 과거시험은 정말로 난장판이었다. 조선 후기로 들어가면서 양반의 숫자가 크게 늘어 났는데, 세월이 흐르며 특권계층인 그들이 불어난 것도 있고, 전쟁을 통해 양민이 양반의 신분을 사기도 하였다. 하지만 그들이 출세할 수 있는 길은 오로지 과거였기에 응시자의 숫자는 무시무시하게 늘어났다. 어느 정도 였냐 하면, 예전에는 과거 중에서 가장 높은 시험인 대과에 1천 장의 답안 지가 제출되면 좋은 인재가 모여든다고 보았는데, 정조 시기에는 제일 낮 은 시험인 향시라고 해도 4~5천 장의 답안지가 제출되는 지경이었다.

따라서 시험관은 그 많은 주관식 답안지를 다 읽고 채점해야 했는데, 이 것이 현실적으로 불가능했다. 그럼 어떻게 하겠는가? 결국 실력대로 뽑는 대신, 선착순으로 채점해서 급제자를 뽑는 촌극이 벌어졌고, 따라서 인재 의 질은 크게 낮아졌다. 어떤 방법을 쓰던지 답안지만 빨리 제출하면 급제 할 수 있었으니 말이다.

그래서 정조는 합리적인 인재 등용법을 궁리했다. 과거란 본디 나라를 위해 일할 인재를 뽑기 위한 시험이니 당연히 공정하고도 엄격하게 시행 하는 것이 최우선 과제였다.

따라서 정조는 계속하여 과거시험의 문제를 개선하기 위해 애썼다. 그 런데 왕의 수준이 너무 높다 보니, 세상이 여기에 못 따라가는 것도 문제 였다.* 따라서 왕의 노력에도 성과는 지지부진했다.

정조 11년 8월 22일, 정조는 명을 내려 춘당대에서 문신과 무신들에게 시험을 보게 했다. 그런데 어떤 이의 시험답안에 괴이한 문체의 글이 있는 게 문제가 되었다. 제출한 답안지의 부賦에 어조사가 빠진 것이다. 한두 개 도 아니고, 글 전체에 어조사가 없었다니 실수는 아니었다. 물론 어조사니까 없어도 뜻은 통하지만 제대로 된 문장은 아니었다. 채점자들은 글을 쓸 때 형식에 어긋나서는 안 된다고 의견을 모았고, 정조도 여기에 동의했다.

"부를 짓는 데 어조사를 뺀 것은 크게 놀랍다. 과정에 따라 공부하는 글에는 본디 체식體式이 있는데, 어찌 감히 함부로 스스로 벗어날 수 있겠는가? ⋯⋯ 이후로는 이러한 체식으로 짓는 것을 일체 엄금하되 금령禁令을 무릅쓰는 자는 반궁당상泮宮堂上을 시켜 엄히 바로잡게 하라."

하지만 정조는 부뿐만 아니라 표**의 형식을 잘못 쓰는 불량수험생도 있다는 사실을 지적했다. 그러면서도 이들을 벌줄 것까지는 아니라며 너그러움을 발휘하는 한편, 다시 이런 잘못을 범하지 않도록 바로잡으라는 명령을 내렸다.

"일전에 게제揭題하여 뜻을 보인 것은 대개 그른 것을 바로잡으려 한 것이니, 마찬가지로 단단히 타일러 경계하라."

하지만 정조는 이런 문제들을 단순히 처벌하는 데 그치지 않고, 원인을 근절하는 데까지 관심을 두고 실행하려고 했다.

* * *

* 정조와 신하들은 야대(夜對,밤공부)를 하면서 다양한 군주들의 문제점을 논의하고 또 고민하면서 좋은 점을 배우려고 애썼다. 그의 치세 동안 있었던 수많은 토론의 장에서 풍부한 지식들이 쏟아져 나왔으며, 또 이것을 설명하는 논리도 훌륭했다. 왕과 신하 이전에 학자들의 모임이라고 생각될 정도이다.
** 여기서 표는 신하가 왕에게 자신의 뜻을 밝히기 위해 올리는 글의 한 형식이다. 위나라를 치러 가기 직전 촉나라 황제에게 올렸던 제갈공명의 〈출사표〉가 이에 해당하며, 조선 시대에는 과거의 주요 시험과목이기도 했다.

나쁜 문체는 어떻게 생겨나는가? 정조는 잘못된 과거제도와 게으른 사람들 때문에 생긴다고 보았다. 이런 문제는 거듭되는 시험과 공부로 어느 정도 해결될 수 있었다.

하지만 신하들의 글솜씨가 떨어진 원인은 그것만이 아니었다. 앞서 말한 부정시험자들은 사회적으로나 도덕적으로 지탄받아 마땅한 사람들이지만, 그것과 좀 다른 경우가 있었으니 바로 새로운 문체인 소설체에 빠진 이들이었다.

정조 11년 10월, 비변사는 중국에 사신을 파견할 때의 주의 사항을 기재해서 올렸는데, 여기에서 역시 나쁜 문체, 혹은 불온서적의 수입 문제를 거론했다.

> 모든 좌도左道의 불경한 말과 이단의 괴이하고 허망한 말에 관계되는 서적과 잡술雜術의 방서方書는 일체 엄히 막는다. 역관과 삼사신 소속은 물론하고, 몰래 사는 일이 있으면 그곳에서 적발하여 불사르고 보고한다. 범한 자는 중형에 처하고 사신은 엄히 다스리며 서장관은 그 지방에서 만부(灣府, 의주)에 유배 보낸다.

좌도는 유교의 가르침에서 어긋난 종교들, 곧 이단을 일컫는 말이다. 당시 조선의 국교는 유교였고, 종교의 자유는 보장되지 않았다. 결국 불교나 천주교, 네스토리우스교 모두가 좌도였다. 그래서 조선 정부는 이런 책들이 사람들을 현혹시키고 체제를 혼란시킨다며, 불온서적의 리스트에 올리고 이를 금지하는 폭권을 휘두르곤 했다. 비변사는 주의 사항에서 밀수,

국가 기밀 누설 등의 다양하고도 심각한 사회적 문제들을 거론했지만, 정조가 가장 많은 관심을 보인 것은 나쁜 문체의 수입이었다.

> "가장 미운 것은 이른바 명말 청초의 문집과 패관잡설稗官雜說이 세도世道에 해를 끼치는 것이다. 근래의 문체를 보면 경박하고 촉급하여 관각館閣의 대수필大手筆이 없는 것이 다 잡된 책이 많이 나온 데에서 말미암은 것이다."

소설체의 등장

명말 청초의 문집은 무엇인가? 그리고 패관잡설은 무엇인가? 명나라와 청나라 시대에 중국에서는 새로운 장르의 문학이 대대적으로 유행하였으니, 이것이 바로 소설_{小說}이었다. 어째서인지 오늘날 논술의 필독서가 된 《삼국지연의》와 《수호지》 등이 대표적이다. 이런 글들은 쉽게 읽히고, 재미있고, 또 그만큼 읽는 사람들을 쉽게 물들였다. 그래서 이제까지 엄격하게 지켜왔던 한문학의 여러 격식들을 지키지 않는 경향이 나타났던 것이다.

그러니까 이제 사람들은 성현과 철학자들의 교훈을 이야기하는 대신 옛날 옛적의 전설을 이야기하고, '공자 가라사대, 맹자 가라사대'라고 하는 대신 '이거 내가 어떤 사람에게 들은 이야기인데~'라고 쓰기 시작한 것이다. 이것이 패관이요 소품이고, 또한 소설체였다. 당연하게도 이런 경향은 국경 너머 조선으로 차츰 전해지고 있었다. 읽기에 재미있고 쓰기에도 쉬우니 널리 퍼지는 것은 당연한 일이었다. 하지만 보수주의자였던 정조는 이를 용납할 수 없었다.

정조는 소설을 싫어했다. 스스로 잡된 책을 보기 싫어하며,《삼국지연의》와 같은 소설을 한 번도 읽어 보지 않았다고 말했다(읽어 보긴 했다). 그러면서 궁궐의 옥당이나 내각에 있던 불순한 학설의 책들을 족족 태우게 했다. 정조는 불순한 학설, 올바르지 못한 문체가 횡행하는 것 자체가 세상이 망해 가는 증거로 보았다. 따라서 잡술의 책에는 특별히 법을 적용해 대단히 엄격하게 지키라는 명령을 내리며 이런 의문까지 품었다.

"이미 옛날의 좋은 책이 우리나라에 넘쳐 나고, 이것만 열심히 읽으면 공부도 하고 글도 다듬을 수 있는데 무엇하러 더 사느냐?"

나라 밖에서 유입되는 나쁜 지식으로 문체 외에도 서학西學이 함께 거론되었다. 정조 12년 8월, 서학의 폐단을 외치며 이를 엄금할 것을 건의하는 상소가 올라왔다. 정조는 우의정 채제공과 함께 이 문제를 이야기하다 사회가 어지러워지는 원인이 서학에 있다고 지목하면서 강한 거부감을 드러냈다.

"근래 문체가 날로 더욱 난잡해지고 또 소설을 탐독하는 폐단이 있으니, 이 점이 바로 서학에 빠져드는 원인이다. 우리나라의 문장은 나라를 세운 이후로 모두 육경六經과 사자四子에 오랫동안 노력을 쌓은 속에서 나왔으므로, 비록 길을 달리한 때가 있었지만 요컨대 모두 경학經學 문장들이었다."

조선은 건국 이래로 경학 문장을 써 온 나라였다. 그런데 이제 그게 씨가 마르고 적당한 글을 짜깁기해서 과거시험이나 통과하려고만 하고, 그렇지 않으면 이학異學의 사설邪說에 빠져 있다며 탄식하고 있었다. 그러면서 정조는 신하들에게 이런 잘못된 풍습을 바꿀 방법을 생각하라고 말했다.

"경들은 영상에게 왕복往復하여 모름지기 사기士氣를 배양해서 폐습을 변화시킬 방도를 생각하라. 그리고 이른바 서학에 대해서는 서울과 지방의 유사의 신하들에게만 맡겨 금지하도록 하라."

정조는 진심으로 서학을 나쁜 것으로 보았고, 열심히 성리학을 증진시키면 언젠가 제풀에 없어질 것으로 보았다. 그리고 서학을 금지하기 위해서라면 서학 책쯤은 불태워도 된다고 말하기까지 했다.

"나의 생각에는 우리 도吾道와 정학正學을 크게 천명한다면 이런 사설은 일어났다가도 저절로 없어질 것으로 본다. 그러니 그것을 믿는 자들을 정상적인 사람으로 전환시키고 그 책들을 불살라 버린다면 금지할 수 있을 것이다."

정조는 역대 조선의 왕 중에서 가장 많은 선입관에 둘러싸여 있는 인물이 아닐까. 서학은 가톨릭이라는 종교를 이르기도 하지만, 동시에 서양의 학문이고, 근대화의 지름길이자 부국강병의 원천이 아니었던가? 그런데 없어져야 마땅할 것 같은 구닥다리 같은 주자를 찬미하고, 서학이 혹세무민하다고 비난하는 실록 속의 정조를 보면, 기대에 어긋난다며 깜짝 놀라는 사람이 있을지도 모르겠다.

이 문제를 이해하려면, 먼저 이제까지의 상식을 바로잡을 필요가 있다. 정조를 개혁의 군주라고 보는 입장은 거의 보편적인데, 사실 정조는 성리학을 애호하고 주자를 존경해서 주부자朱夫子라고 높여 불렀으며, 이단의 학설에 반발하는 한편, 시대적 현상이던 문체의 변화를 반대했다. 정조는 새것을 무조건 추종하며 서양의 문물을 들여와서 부국강병을 하려는, 이른바 '현대식' 개혁을 추구하는 사람이 아니었다. 정조에게 가장 잘 어울리는 말은 개혁이 아니라 오히려 보수이다.

그런데 과연 보수는 나쁜 것인가? 무엇을 위한 개혁인가? 바꾸는 것만이 개혁인가? 오히려 모든 것을 바꿔야 한다는 강박관념에 사로잡혀 좋은 것마저 버리는 것보단 낫지 않은가? 서학이 완전무결한 것인가? 자본주의는 좋은 점도 있고 나쁜 점도 있는데, 새로우니까 무조건 받아들인다면 그것이 훌륭한 개혁인가? 게다가 근대화가 무조건 옳으며, 근대화를 해야만 좋은 나라가 되는 것은 아니다.

사실 보수가 언제나 꽉 막힌 것은 아니다. 보수주의자는 자신의 나라, 사회의 전통을 소중히 여기는 사람이다. 그래서 줏대 없이 문물과 제도를 수입하는 것이나, 변덕스러운 변화를 싫어한다. 그렇지만 정말로 지켜야 할 것을 위해서라면 얼마든지 행동하거나, 자신을 바꿀 수 있는 존재이기도 하다. 그래서 정조야말로 정통 보수주의자라고 할 수 있으며, 그가 과거제도 개선을 비롯한 여러 가지 개혁을 추진했던 이유가 여기에 있다.

정조는 문체를 바로잡는 것을 목표로 과거시험을 볼 때 형식에 어긋나게 쓴 답안지는 채점 대상에서 빼는 등 규칙을 강화하였다. 그러면서 문관, 무관을 모아 글짓기시험을 실시하는 등 '문체 바로잡기'를 도모했다. 때로는 유생 중 성적이 좋은 사람에게 과거시험 특전을 주는 당근을 내리기도 했으니, 대표적인 행운아가 서유구였다.

하지만 이런 조치만으로는 미진함을 느꼈던 것일까. 정조는 마침내 문체반정을 선언했다. 정조 15년 2월 12일, 정조는 채제공을 불러 자신의 포부를 밝혔다.

"돌아보건대 지금 온 세상 사람들이 우물쭈물하면서 말없이 지내는 것이 일반적인 상태이니 작은 걱정거리가 아니다. 점차 인재의 격이 떨어져 비실비실 떨쳐 일어나지 못하고 말 것인가, 아니면 어느 시대이건 인재가 없지는 않으니 떨쳐 일어날 날이 있을 것인가? 비단 인재만 이런 것이 아니다. 요즈음 문체도 점차 그 수준이 낮아지는데 어떤 사람은 초계문신의 제도를 시행한 뒤로 온 세상이 나쁜 것을 본받아서 그렇다고 말한다. 초계문신의 제도를 시행한 것은 문풍文風을 변화시키려고 한 것인데 도리어 이와 같은 폐단이 생기게 되었으니, 장차 어떻게 구제할 수 있겠는가. 문체가 옹졸한 자를 과거에 합격시키지 않는다면 저절로 교정이 되지 않겠는가? …… 경은 유생들을 깨우쳐 주어 조정에서 문체를 크게 바꾸려고 한다는 뜻을 알게 하라."

나라의 문체를 바꾸겠다. 잘못된 문체를 없애고 올바른 문체로 돌아가겠다. 이것이 정조의 굳건한 의지였다.

여기서 정조가 말한 초계문신이란, 성격은 좀 다르지만 세종 때 집현전에 비유하면 적절할 것이다. 정약용, 이상황, 김조순 같은 당대의 걸출한 사람들이 모두 초계문신이기도 했다. 그런데 반대파들은 오히려 초계문신들 때문에 문체가 나빠진다고 주장하였다. 이에 정조는 문체뿐만 아니라, 반대파와의 정면 승부를 선언한 것이다.

이러한 문체반정의 움직임이 가장 확실히 드러난 것은 과거시험이었다. 대부분의 선비들이 과거 급제를 목표로 했기에, 정조는 이를 통해 당시 유행하는 문체에 영향력을 행사할 수 있었던 것이다. 그리하여 정조 15년 8월 2일, 비변사에서는 과거시험에서 가장 급하게 금지해야 할 폐단 네 가지를 정리해서 보고했다.

1. 수종隨從: 짐을 나르는 일꾼이나 심부름꾼. 양반들은 종이나 먹을 들어 옮길 때도 남의 손을 빌렸다. 대신 시험지를 써 줄 사람을 심부름꾼으로 속여서 데려가기도 했다.

2. 시험장 밖에서 얼쩡대는 사람挾場者: 원래 시험장 안에 부외자는 못 들어가는 게 규칙이었는데도, 어떻게든 비집고 들어가는 데 도가 튼 사람이 있었다. 때로 그들은 수험자를 대신하여 과거시험을 보기도 했다.

3. 서책書冊: 시대를 앞서 오픈북 시험을 보는 사람들이 있었다. 물론 과거 규칙상으로는 금지되어 있었다.

4. 문체: 글이란 제목과 형식을 맞춰야 하는데, 그냥 빨리빨리 쓰기에 치중하였다. 그래서 서론만 잘 쓰면 되므로, 첫 줄을 강조하고 문장의 순서를 뒤집어 결론부터 나오게 하는 괴상한 문체가 되었다.

그러므로 시험장 문 앞에서 감시를 철저히 하여 이런 폐단을 없애자고 주청을 올렸다. 정조는 이를 허락하는 한편, 이런 폐단을 그대로 놓아둔다면 나라의 기강이 사라지고 '왕정王廷의 수치가 된다'라고 말할 만큼 의욕을 불태웠다.

그런데 과거시험의 폐단 및 개정을 논의한 것은 이번이 처음은 아니었으며, 앞서 정조 2년, 7년에도 언급을 한 적이 있었다. 그럼에도 이번 조치가 특별한 것은, 이를 계기로 문체가 본격적으로 과거의 개혁과 함께 거론되었기 때문이다. 그리고 이틀 뒤 과거시험을 주관하는 시관과 도사都事들을 특별히 불러 만났는데, 이때도 정조는 특히 문체를 강조했다.

"문체는 선비들의 기풍에 따르는 것이고, 선비들의 기풍은 곧 국가의 원기이다. 격식에 관한 문제는 오히려 잡다한 것이니, 인재를 뽑을 때 반드시 문체를 우선하도록 하라."

정조, 신하들과
과거의 폐단을 논하다

정조 15년 8월 9일, 정조는 유사당상 이병모, 한성판윤 이민보를 만났다. 과거시험의 폐단을 바로잡기 위해 이민보는 첫째로 '면대해서 시험 보기', 곧 면접시험을 건의했다. 면접관은 임금이었으니, 감히 커닝을 하거나 뇌물 수수 등의 부정이 끼어들 수 없었다. 둘째로는 대리자가 시험을 보게 하는 것을 금지하자고 했다. 그리고 이병모는 시험지를 제출하는 시간을 제한할 것도 건의했으니, 빨리 시험지를 내려고 졸속으로 답안지를 작성하자는 것을 막자는 것이었다. 얼핏 들으면 그럴싸하지만, 정조는 그런 조치만으로는 미진하다고 생각한 모양이다.

"그것들이 사실 정확한 것이긴 하나, 과거답안지를 빨리 올리는 것을 만약 그대로 둔다면 그 밖의 여러 폐단들이 모두 여기에서 나오게 된다. 그러니 지금 답안지를 빨리 올리는 것을 금지하려면, 먼저 글을 빨리 쓰는 나쁜 습관부터 바로잡는 것이 가장 쉬울 것 같다. 대체로 문체는 세도世道와 관계되는 것으로 잘 다스려진 시대의 음악은 평온하고 완만하며 어지러운 시대의 음악은 조급하고 빠른 것이다."

급하게 작성한 답안지가 졸속인 것은 당연한 일이니 정조의 말이 틀린 것은 아니다. 갑자기 나온 음악이야기가 뜬금없다고 생각을 할 수도 있겠지만, 옛사람들에게는 그렇지 않았다. 음악, 곧 악樂이 사람들의 마음, 세상의 민심을 반영한다는 믿음은 아주 먼 옛날, 고대 중국에서부터 전해져 오고 있었다. 그러니까 음악과 글이 평온하면 그 시대가 평화롭고, 그렇지 않다면 난세라는 말이다.

그러면서 정조는 요 근래 과거답안지의 문장들이 어떤지 신하들에게 물었다.

> "요즈음 공령(功令, 과거답안지의 문장)은 평온하고 완만한가, 아니면 조급하고 빠른가? 이전에는 밥을 몇 번 지을 시간을 들여 시권(답안지)을 바쳤는데, 이제는 물 한 사발 마실 시간에 바치고 있으니, 어느 겨를에 수정하고 윤색할 수 있겠는가. 나라가 있고 기강이 있다면 어찌 그 방자한 버릇을 마냥 방치하고 금하지 않을 수 있겠는가?"

정조가 당시 과거시험의 현황을 얼마나 못마땅하게 생각했는지 여기에서도 알 수 있다. 그리고 나라의 기강을 걸고서라도 방자한 버릇을 고쳐야 한다고 성토했다. 또한 정조는 선비들이 법을 믿고 따르지 않으면 잘못은 선비들 책임이니 합격/불합격의 구분이 없을 것이라는, 얼핏 들으면 그럴 듯하지만, 한편으로는 무자비한 말을 하였다. 한마디로 시험 규정에 따르지 않으면 불합격도 어쩔 수 없다는 말이다.

이에 좌의정 채제공이 말을 이어받았다.

> "성상의 생각에 반드시 그 폐단을 바로잡으려 하시는 것은 실로 사물이 극에 이르면 반드시 (올바른 것으로) 되돌아간다는 뜻에 부합되는 것입니다."

그 역시 '벼락치기 답안지 작성'이라는 풍습이 고쳐야 마땅한 잘못된 것이라는 사실을 거듭 확인하고, 그걸 고치려는 정조가 훌륭하다고 칭찬했다. 그러고는 그간의 상황을 간단히 정리하고, 자신의 의견을 개진했다.

채제공에 따르면, 이제까지 과거에서 시험시간을 정하지 않았던 것은 아니었다. 하지만 목소리로 외쳐서 시간을 알렸으며, 조금이라도 유리하게 시험을 보고자 시험지를 미리 다 써서 들어가는 사람도 있었다. 무엇보다도 시험지를 제출할 시간이 되면 접수처는 아수라장이 되었다고 한다. 뒷자리에서 시험지를 던지는 사람도 있고, 서리나 하인들이 남의 시험지를 빼앗아 숨기는 일도 벌어졌다. 시간을 제한했을 때 오히려 혼잡이 더욱 심해졌던 것이다.

하지만 채제공은 규칙으로 확실하게 정하면 이전만큼의 혼란은 줄어들고 상황이 개선될 것이라 보았다. 그 자세한 내용은 대략 이러했다.

글을 쓰는 시간: 오시午時까지 (오전 11시~오후 1시)

시험지 제출: 미시未時까지 (오후 1시~3시)

이렇게 하면 손이 빠른 사람은 여유가 있고, 느린 사람이라도 퇴고할 수 있다는 것이다.

> "신은 이 점에 대해 따로 소견이 있습니다. 지금 물 한 사발 마실 짧은 동안에 시험지를 제출하는 것은 사람들이 서수書手를 데리고 들어오지 않는 자가 없기 때문입니다."

서수란 요즘 말로 하면 대필자였다. 자기가 과거시험을 보는데 대필자에게 대신 쓰게 했으니, 과거가 유명무실해지는 것은 당연한 노릇이다. 당시 대필 답안지를 작성하는 방법 역시 기기묘묘했다. 원래 과거답안지는 종이 한 장에만 쓰는 게 아니라, 쓰다가 길어지면 다른 종이에 쓰되 첫 번째 종이에 풀로 붙여서 제출하게 되어 있었다. 그런데 정말로 심한 경우에는 여러 사람의 대필자를 데리고 시험장에 들어와 시험지를 작성하고, 각각의 답안지를 나란히 붙여 제출하는 경우도 있었던 것이다.

> "남의 손을 빌려 쓴 자는 답안지에다 차필借筆이라 쓰게 하고 자기가 직접 쓴 사람은 자서自書라고 쓰게 한 뒤에, 시관이 각 답안지를 비교하여 대필한 사람은 모두 낙방시키지 않더라도 규정을 엄하게 적용할 것이며, 직접 쓴 자는 시간이 늦더라도 탓하지 말고 글에 약간 문제가 있더라도 너그럽게 덮어야 합니다."

결국 직접 쓴 사람에게 가산점을 주자는 말이었다. 그래서 채제공은 합격자의 80~90퍼센트를 자서로 뽑자고 건의했다. 억지로 대필을 금지하게 하느니, 이렇게 직접 쓰는 것을 권장하면 대필이 저절로 사라지게 될 거라는 것이다. 그러는 한편 강경하게 대응해 봐야 오히려 부작용이 생길 수도 있다는 점을 힘써 주장했다.

> "대필을 금지한다는 것을 일단 반포하면 선비들은 당장은 두렵게 여겨 생각을 바꾸겠지만, 금방 명을 내렸다가 금방 중지하고 만다면 그 뒤로는 집집마다 찾아가서 설득하더라도 믿고 따를 리가 없습니다. 법만 만들어 놓았다 하여 시행되는 것은 아닙니다."

여기에서 채제공이 가장 중요하게 생각한 것은 공신력이었다. 법은 만든다고 전부가 아니라, 백성이 믿고 따를 때 진정한 위력을 발휘하기에, 정조에게 바로 그 '믿음'을 얻어야 한다고 주장한 것이다. 그래서 무엇보다 시험관의 중립이 필요하다고 보았다. 시험관이 사심을 버리지 않으면 차필이든 자서든 아는 사람을 편들 것이니 과거의 문제점을 바로잡는 데 소용이 없었다.

> "시관이 된 자가 사심을 버리지 않는다면 비록 남의 손을 빌려 쓴 것이라도 서로 아는 사람이라면 반드시 두둔하고 비호하려고 할 것이고 직접 쓴 것이라도 그 필체가 혹 낯설면 물리치려 할 것이니, 사류의 풍속을 바로잡고 과장을 엄하게 하는 방안에 무슨 보탬이 되겠습니까."

채제공의 말을 보면, 격한 성미의 정조를 달래어 가면서도 할 말 다한다는 느낌이 든다. 내용을 보더라도 이상을 추진하려고 하는 정조에게 현실의 벽을 일깨워 주고 무리한 정책보다 융통성을 발휘할 것을 권하는 의견이었다. 특히 눈길을 끄는 대목은 무리하게 정책을 추진해서 공신력을 상실하기보다 권장을 통해 풍속을 개선해 나가자는 말이다.

다음으로 말한 것은 홍문관 제학 오재순이었다. 그 역시 과거시험의 가장 큰 폐단이 답안지를 빨리 제출하는 것이라고 보았다.

"근래 과거장의 폐단은 답안지를 빨리 바치는 것보다 큰 것이 없고, 그 폐단을 바로잡는 도리는 그 시한을 적절히 헤아려 정하는 것보다 나은 것이 없습니다. 아무리 둔한 인재라 하더라도 3시각이면 한 편을 쓸 수 있습니다. 제목을 내건 뒤 3시각으로 시간을 정해 그 시한 전에는 답안지를 제출하지 못하게 하고 그것을 확고한 제도로 삼는다면, 유생들이 어찌 감히 법을 범하겠습니까."

오재순도 폐단을 고칠 방법으로 시간 제한을 주장했다. 시험시간을 대략 3시간으로 잡고 그전에는 내지 못하게 하면, 유생들이 법을 어기지 않을 것이라 보았다. 만약 미리 작성한 시험지를 가져온 사람이 있다면 유생의 자격이 없으니 특별히 처벌하고, 이렇게 오래 시행하면 실효를 거둘 수 있다고 보았다.

마지막으로 의견을 제시한 것은 예문관 제학 이병모였다.

"일곱 걸음 안에 문장을 짓고 말馬에 기대어 격문檄文의 초안을 잡는 것은 옛날 일을 낱낱이 헤아려 보아도 겨우 하나나 둘이 있을 뿐입니다.”

뜻밖에도 어디선가 많이 들어본 이야기이다. 바로 조조의 아들이며 형 조비에게 목숨을 위협받아 일곱 걸음 만에 콩과 콩깍지의 시를 읊었던 조식의 일화이다. 이 일화는 역사에서도 유명하지만, 혹시 이병모는 《삼국지연의》를 읽었던 것일까? 어쨌든 그는 급히 짓는 글이 능사가 아니라는 점을 강조했다. 그에 따르면 과거시험을 보는 사람들은 집에서 매일 수십 개의 글을 지으며 공부했으므로, 시험장에서는 더 졸속으로 답안지를 작성한다는 것이다.

> “요즈음 과거 수험생들은 매일 수십 수의 시, 부, 의義, 의疑를 짓는 것을 능사로 여기는데 집에서부터 그처럼 익혔으므로 시험장에서는 더욱 심합니다. 이러한 기풍을 바꾸지 못하면 폐단을 지적한 수많은 말이나 폐단을 바로잡자는 수많은 조처가 모두 한담설화로 돌아갈 것입니다.”

그러면서 기풍 자체를 바꾸지 못하면 모든 조치는 공허해질 것이라고 경고했다. 또한 정조가 시험지를 빨리 제출하는 폐단을 없애려면 먼저 버릇부터 바로잡아야 한다고 명했으니, 이야말로 근본 원인을 지목한 것이라며 상찬해 마지않았다. 그래도 그 버릇을 바로잡으려면 시간을 어떻게 정하느냐에 달려 있는데, 지금 시험을 보는 선비들이 믿지 못하는 건 규정이 일관되지 않아 신뢰를 잃었기 때문이라고 보았다.

"지금 사류들이 믿지를 못하는 까닭은 이번 과거는 이렇게 해도 나중에는 지켜지지 않기 때문입니다. 이제 규정으로 정하여 영원히 지킬 법으로 만들고 초장과 종장에 답안지를 바치는 시한은 모두 오시午時로 결정하여 그것을 몇 차례 식년시에 시행하면, 반드시 실효를 거두어 성급하고 추솔한 병폐도 저절로 제거될 것입니다."

결국 이병모는 과거제도 개혁의 필요성을 주장하되, 무엇보다 잠깐의 반발에 정책을 바꾸지 말고, 꾸준하게 지속해야 효력을 가지게 됨을 강조하고 있었다.

정조는 신하들의 의견을 수렴해서 좀 더 구체적인 과거시험의 기한을 잡았다. 시험문제를 적은 방을 내걸 때, 시험장에서의 위치 등 여러 요인에 따라 빠르거나 늦을 수 있으니 미시未時를 기준으로 정한다면 공정하지 못하다고 보았다. 결국 3시각으로 제한하자는 홍문관 제학의 의견을 채택해서 과거시험의 규정으로 삼게 했다. 그리고 한성부에게 명령을 내려, 전교의 왼쪽에 과거시험지를 내는 시한을 기록해서 각 고을과 사람들에게 알리도록 했다.

또한 정조는 답안지에다 차서, 자필 여부를 기록하자는 채제공의 의견이 좋은 것이라고는 인정했지만, 대리인 시험은 원래 법으로 금지되어 있는 것이니 새로운 규정을 만들 필요는 없다고 결정했다.

본보기 희생자,
이옥

문체반정은 과거제도의 개혁에서 그치지 않았다. 생활 속 혹은 이미 익숙해진 잘못된 문체를 교정하고자 하는 노력 역시 게을리하지 않았다. 잘한 사람에게 상과 격려를, 못한 사람에게 벌과 꾸지람을. 정조의 의지도 확고했거니와, 본인이 굉장히 부지런했기에 가능한 일이었다. 성실한 왕은 게으른 신하들을 채근하며 그간의 병폐들을 고쳐 나갔다.

정조 16년 10월에도 종묘에서 제사를 지낼 때 쓰는 축문에 글자 하나가 빠졌다는 이유로 관련자들을 우수수 처벌하고, 이후로 지켜야 할 규정을 새로 만드는 등 갖은 조치를 취했다. 과연 이것은 아주 사소한 실수였던 것일까, 아니면 차츰 망조가 들어가는 조선의 적당주의였을까? 하지만 그 어느 쪽이든 '적당히'를 모르는 정조의 완벽주의 성격이 발휘되었다. 설령 신하들끼리 덮어 주려 해도 최고 결정권자인 정조가 검토하다가 잘못을 발견하면 호되게 야단을 쳤다.

이런 정조를 두고, 채제공은 이렇게 말한 적도 있었다.

"성학^{聖學}이 고명하시어 누에고치 실이나 쇠털같이 작은 일도 조금도 빠뜨리지 않으시니, 신은 흠앙해 마지않습니다만……."

언뜻 듣기는 정조가 공부를 많이 하고 꼼꼼하다는 칭찬 같지만, 한편으로는 지나치게 세세한 데까지 쑤시는 정조의 성미를 점잖게 지적하는 말이기도 했다. 실제로도 채제공은 정조를 다독여 가면서 "그쯤이면 되었으니 적당히 해라."라고 타이르는 일을 자주했다. 물론 정조가 곧이곧대로 듣는 일은 별로 없었다.

하지만 이런 정조의 날카로운 성정에 마침내 정통으로 걸려든 사람이 있었으니, 이제는 문화사나 인물사 연구를 통해 꽤 널리 알려진 희대의 반항아 이옥이었다.

같은 해 10월 19일, 정조는 동지정사 박종악과 대사성 김방행을 불러 국정을 논의했다. 그 자리에서 떠오른 화젯거리는 불과 3일전 치른 초계문신과 일차유생日次儒生들의 시험 결과였다. 시험의 주제는 '위서僞書의 폐단'이었는데, 여기에서 말하는 위서란 저작권 없이 무단 복제된 책이 아니라, 패관소품稗官小品등 나쁜 책을 이르는 말이었다. 앞서 정조는 불건전하고 타락한 문체가 유행하는 원인을 나쁜 책의 독서에서 찾았으며, 그 생각은 이때에 이르러서도 변함이 없었다.

"근래 선비들의 추향이 점점 저하되어 문풍도 날로 비속해지고 있다. 과문科文을 놓고 보더라도 패관소품의 문체를 사람들이 모두 모방하여 …… 내용이 빈약하고 기교만 부려 전연 옛사람의 체취는 없고 조급하고 경박해서, 평온한 세상의 문장 같지 않다."

정조의 기준으로 아마 이 시대의 글 중 90퍼센트 이상이 패관소품의 글일 터이다. 정조가 지금 살아 있다면 각 포털 사이트의 게시판에 올라오는 글들을 보고 경악하지 않을까?

어쨌든 정조는 잘못된 문체를 비판하면서, 이 일이 곧 나라를 다스리는 것, 나라가 평화로운지 어지러운지의 세태와 관계가 있다며 크게 걱정하고 있었다. 앞서 음악을 예로 말했듯이, 정조는 자신이 다스리는 세상이 평안하고 그렇지 않고의 증거가 글에서 나타난다고 보았고, 문체를 바로잡는 것을 곧 다스림의 근본으로 여겼기 때문이다.

그랬기에 정조는 동지정사, 곧 중국으로 가는 사신인 박종악을 불렀다. 모든 악의 근원이랄 수 있는 나쁜 책의 수입을 전면 금지하기 위해서였다. 당시 조선과 중국의 교역은 자유무역이 아니라, 사신이 오가는 행렬에 상인들이 동참하는 형태로 대단히 제한적으로 시행되었다.

"만일 그 폐단만을 말하고 실효를 거두지 못하면 무슨 보탬이 되겠는가. 이러한 폐단의 근원을 아주 뽑아서 없애려면 애당초 잡서雜書들을 중국에서 사 오지 못하게 하는 것이 제일이다."

이런 정조의 말은 틀리지 않았다. 오히려 가장 효과적인 조치였다. 정조는 나쁜 문체가 도입되고 유행하는 현상의 근본 원인을 찾아낸 것이다.

정조는 조선에 잡서가 들어오는 것을 엄격하게 막고, 사서삼경 같은 경

서나 역사서인 《사기史記》라고 해도 당판書板인 것은 구매를 금지하고, 하나
하나 몸수색을 해서 들키면 모두 압수하라고 명했다. 당판은 중국에서 인
쇄된 판본의 한 종류로, 요즘 표현으로 하자면 문고본이나 포켓북쯤 될 것
이다. 종이가 얇고 글씨가 작아서 누워서 읽기에도 편했다고 한다. 하지만
정조는 어찌 성인의 말씀을 읽는데 누워서 볼 수가 있냐며 당판본의 수입
금지를 엄하게 강조했다.

"우리나라 서책은 종이가 질겨 오랫동안 두고 볼 수 있으며 글자가 커서 보기
에도 편리한데 하필 종이도 얇고 글씨도 자잘한 당판을 멀리서 구하려 하는
것인가. 그런데도 이것을 꼭 찾는 이유는 누워서 보기에 편리해서이다. 이른
바 누워서 본다는 것이 어찌 성인의 말씀을 존숭하는 도리이겠는가."

이렇게 불온서적의 수입 금지를 놓고 구구절절하게 이유와 원인을 설
파한 정조에 비해, 이날 불려 나온 박종악의 대답은 놀랄 만큼 얌전하고
간단했다.

"지금 성교를 받자오니 문교文敎를 숭상하고 바른 학문을 부양하여 만세를 두
고 영원한 장래를 염려하시는 위대한 전하의 말씀임을 알고 이루 말할 수 없
이 흠앙스럽습니다. 신도 당연히 엄히 금하여 만에 하나라도 그 뜻을 받들도
록 하겠습니다."

교과서를 읽는 것 같은 모범 답안이기는 한데, 왠지 재미는 없다. 하기

야 정조가 서슬 퍼렇게 말하고 있는데 여기에 토를 다는 게 겁이 났을 수도 있다. 실록의 기록만 보아도, 정조는 꽤나 감정적이 되어 있었다. 특히 이날 내린 전교의 맨 마지막 부분에서는 '어찌 감히!'라고 외치는 정조의 모습이 절로 떠오르기까지 한다. 박종악으로서는 흥분한 왕을 위해서 어떻게든 맞장구를 쳐야 했을 것이다. 하지만 정조는 이 정도로 진정하는 대신, 대사성 김방행에게 화살을 돌렸다.

> "성균관 시험의 시험지 중에 만일 조금이라도 패관잡기에 관련되는 답이 있으면 비록 전편이 주옥같을지라도 하고(下考, 최하점)로 처리하고, 그 사람의 이름을 확인하여 과거를 보지 못하게 하여 조금도 용서가 없어야 할 것이다."

아무리 좋은 글을 써도 패관잡기와 관련된 글이라면 무조건 낙제점에, 그것도 모자라 과거를 보지 못하게 블랙리스트에 올린다는 것이다. 당장 다음 날 보는 과거에서 이 사실을 알리라는 명을 내렸으니, 그만큼 정조는 강경했다. 왜 이렇게까지 극단적이 되었을까? 이유는 바로 며칠 전에 보았던 과거시험의 결과 때문이었다.

시험을 본 이들 중 이옥은 소설문체를 사용하여 답안지를 작성했고, 정조는 그걸 보고 경악했다. 그래서 정조는 이옥에게 사륙문四六文 50수를 짓는 숙제를 내어 나쁜 문체를 고친 뒤에야 과거를 볼 수 있게 하는 벌을 내렸다. 하지만 이로써 정조가 걱정을 거둔 것은 아니었다.

> "유생 이옥의 답안시 글귀들은 순전히 소설체를 사용하고 있었으니 선비들의

407

습성에 매우 놀랐다. …… 그 사람은 일개 유생에 불과하여 크게 상관은 없지만 띠를 두르고 홀을 들고 문연文淵에 출입하는 사람들도 이런 문체를 모방하는 자들이 많으니 어찌 크게 안타까운 일이 아니겠는가."

정조는 유생, 곧 학생뿐만이 아니라 이미 관리가 된 사람들까지도 해로운 문체에 맛을 들였다고 보고, 이것을 대단히 우려했다. 그러면서 예로 든 것이 바로 당시 지제교 자리에 있었고 초계문신 중 한 사람이었던 남공철이었다. 그 역시도 며칠 전 과거를 보았는데, 답안지에 소설문체를 이용한 구절이 몇 개 있었던 것이다. 그런데 남공철의 아버지 남유용은 정조의 스승이었다. 정조는 스승 남유용의 정통파 문체를 꽤 좋아했고, 그 사실을 스스로 고백했다.

"그(남유용)의 문체는 고상하고 전중典重하여 요즘의 문체에 비할 바 아니었으므로 나도 그 문체를 매우 좋아하고 있다."

그런데 그 존경하는 스승의 아들이 소설문체를 쓰고 있으니, 당연히 정조로서는 화가 날 수밖에 없었다. 물론 부자관계라고 해도 시대가 다르고 유행이 있으며 취향이 다른 법이지만, 정조가 그걸 그러려니 하고 받아들일 리 없었다.

화가 단단히 난 정조는 잘못된 문체의 유행을 한탄하는 와중에도 이 자리에 없는 남공철에게 경고를 내렸다.

"오늘 이 하교를 듣고서 마음을 고쳐먹고 다시 올바른 길로 가기 전에는, 그가 대궐에 들어오더라도 감히 경연에 오르지는 못할 것이며 집에 있으면서도 무슨 낯으로 가묘家廟를 배알하겠는가. 공철의 지제교 직함을 우선 떼도록 하라."

그렇지만 이옥이나 남공철이 본보기로 처벌을 받았을 뿐이지, 정조의 진정한 목표는 성균관과 관청 내에 널리 퍼져 있는 잘못된 문체의 완벽한 근절이었다.

"문신들 중에도 소설문체를 좋아하는 자들이 상당히 있으나 일부러 한 사람 한 사람 지명하고 싶지 않다. 정관政官으로 하여금 문신 중에서 그런 문체를 쓰는 자들은 자세히 살펴 다시는 교수敎授의 후보자로 추천하지 말도록 하라."

신하들이 이에 대해 어떤 대답을 했는지는 기록에 없다. 사실 신하들로서는 딱히 할 수 있는 말이 없었을 것이다. 결국 이옥과 남공철이 유별나거나 이상한 게 아니라, 당시 조선의 젊은 선비들에게는 이미 소설문체가 널리 유행하고 있었다는 말이다. 정조는 이 흐름을 어떻게든 바꿔 보려고 했다.

이날 거론된 남공철과 이옥은 당연히 망신을 당하고 벌까지 받게 되었으며, 그들 외에도 이 사태에 굴비 두름처럼 엮여 혼이 난 사람이 있었으니 바로 이상황이었다. 그는 당시 서학교수(西學敎授, 서학을 공부하는 것이 아니라 서학이라는 학교의 교수)이면서 마찬가지로 초계문신이었다. 이상황은 과거에 참여하지 않았고, 소설문체를 쓴 것도 아니었지만, 이전에 지은 죄가 있었다.

　정확한 날짜는 알 수 없지만, 정조 11년인 정미년. 당시 예문과에서 숙직하고 있었던 이상황은 심심했던지, 동료 김조순과 함께 당나라, 송나라의 여러 소설과 연애소설인 《평산냉연平山冷燕》을 돌려보며 시간을 보내고 있었다. 그러다가 우연히 정조가 보낸 사관인 주서注書에게 들켰다. 이에 정조는 책을 압수하여 태우게 하고, 호되게 야단을 치며 경고했다.

　"앞으로 경전을 열심히 읽고 잡서는 보지 마라."

　더하여 처벌을 받은 정도를 보건대, 아무래도 소설책을 가져온 주범은 이상황이었던 것 같다. 요즘은 국회에서도 인터넷을 하고 노는 세상이다 보니, 숙직 중에 소설 읽는 게 뭐가 문제냐고 생각할지도 모르겠지만, 그런 어설픈 말은 완벽한 꼰대인 정조에게 통할 리 없었다.

　자신이 총애하던 초계문신들조차 소설체의 글을 읽고 썼다는 사실은 정조에게 굉장히 큰 충격이었을 것이다. 나랏일에 몸담은 이로서 성인들의 경전을 읽어도 시간이 부족한데, 어떻게 젊은 남녀가 농탕질하는 저속한 연애소설 따위를 읽을 수 있단 말인가. 이들은 흔히 말하는 명문가(혹은 명문장가)의 자제였고, 정조는 이들에게 많은 기대를 걸고 있었으니 당시 느꼈을 배신감이야 이루 말할 수 있겠는가.

　여하튼 이 사건으로 이상황은 오랫동안 정조의 눈총을 받고 있었는데, 남공철의 일이 터지자 정조가 다시 이상황에게 반성문을 제출하라고 한 것이다. 5년 전의 일로 이제 와서 다시 반성문을 쓰라니, 이 얼마나 황당한 명령인가. 그런데 《정조실록》은 이 사건을 기록하면서 이런 평을 했다.

> 그 사람들이 나이 젊고 재주가 있었으므로 그들로 하여금 실학에 힘쓰도록 하
> 여 그들의 뜻과 취향을 보려 함이었다.

여기에서의 실학은 실용이란 뜻이지, 교과서에 나오는 그 실학이 아니
다. 아무튼 더 잘되라고 야단쳤다는 것인데, 정말 그랬을까? 며칠 뒤 이상
황의 반성문을 받아 본 정조는 다시 한 번 전교를 내렸다.

> "일전에 보니 초계문신 남공철의 대책문은 패관문자稗官文字를 인용했고, 상재
> 생 이옥의 표문表文은 순전히 소품小品의 체재를 따르고 있었다. 이옥이야 한미
> 한 일개 유생이므로 그렇게 심하게 꾸짖을 것까지야 없겠지만, 그래도 반장
> (泮長, 성균관 대사성)을 특별히 단속하여 시험의 시부詩賦에도 그렇게 불경한 문
> 체는 엄히 금하도록 아울러 명했다."

정조가 정말 화가 났던 것은 남공철 때문이었다.

> "명색이 각신이고 또 문청공(文淸公, 남유용)의 아들이라는 자가 가훈을 어기고
> 임금의 명령도 저버리고 그렇게 금령을 범하는 일을 하다니 어찌 놀랍지 않겠
> 는가. …… 이단은 물론이고 비록 패관체(소설체)의 글이라도 혹시 이치에 가
> 깝다거나 그 말이 사람에게 도움을 주는 것이고 그것이 구미에 맞아 모방한
> 것이 아니라 별 생각 없이 그냥 써 본 것이라면 이는 공적인 죄公罪에 불과한 것

411

이다."

만약 나쁜 문체라 해도 쓸모가 있거나 의도 없이 쓴 것이라면, 실수 정도로 봐 줄 수는 있다는 말이다. 하지만 정조는 남공철이 글을 쓰면서 이용한 골동古董이라는 말을 언급하며, 패관소품을 즐기지 않았다면 책을 볼리가 있겠느냐고 반문했다. 그러면서 나쁜 문체는 나쁜 음악이나 여색에 빠지는 것보다 '더' 이치에 어긋나고 사람에게 해를 주므로, 남공철에게 대표격으로 벌을 내린다고 말했다.

"이것이 어찌 다만 공철 한 사람의 문체 때문에 그랬겠는가."

사실 소설체의 유행은 한두 사람만의 일이 아니었고 한두 사람만 잡아서 될 일도 아니었다. 이미 당대의 베스트셀러인 박지원의 《열하일기》가 나온 것이 정조 4년의 일이었다. 그의 문체인 연암체는 엄밀한 의미에서 소설체가 아니긴 했지만, 정조의 기준에서 '나쁜 문체'인 것만은 변함이 없었고, 또 이것은 아주 널리 유행했다.

하지만 정조는 소설체를 '좋아서' 쓴 것이 아니라면 괜찮다는 면죄부를 남발하면서, 자신이 아끼던 초계문신 출신인 남공철을 대표로 혼낸 것이다.

그러면서 정조는 다시 이상황의 이야기로 넘어갔다. 이상황이 걸려든 것은 무려 5년 전에 숙직실에서 소설을 읽었던 잘못 때문이었다. 이상황이 자숙을 하고 있었음에도 정조는 소설 읽던 버릇을 다 고치지 못했다고 보고 해임시키기까지 했다. 그런데 이상황이 반성문을 써서 올린 것이 정조의 마음에 꽤 흡족했던 모양인지 칭찬을 아끼지 않았다.

> "대답이 그러한데 설마 입으로만 그렇게 하고 마음은 그렇지 않을 리가 있겠는가. 악을 버리고 선으로 향하는 정성이 말 이외로 나타나고 있으니 매우 가상한 일이다. 허물없는 사람이 어디 있겠는가. 허물을 고치는 것이 중요하다."

정조는 왕인 동시에 스승^{君師}을 자처했다. 그래서 신하에게 잘못이 있으면 야단을 치되, 처단하고 쫓아내기보다는 잘못을 스스로 고치기를 기다렸다. '학생'이 잘못을 고치면 진심으로 기뻐하며 받아들였다. 그래서 정조는 이상황을 복직시켰고, 남공철에게도 공함, 즉 반성문을 쓰게 했다.

이렇게 보면 남공철의 글귀에서 패관소품의 문체와 단어를 파악한 정조가 신기해진다. 즉 정조야말로 패관소품을 다 읽어서 파악하고 있던 게 아닐까? 바로 이것이야말로 정조의 힘이었다. 잘 모르고 무조건 싫으니까 비판한 게 아니라 이것저것 조사하고, 알 거 다 알면서 "이런저런 이유로, 이게 나쁘니까 싫다."라고 말하는 것이다. 신하들은 왕이라서 숙이는 게 아니라, 계급장 떼고 덤벼도 당해 내지 못할 정도였던 것이다.

한편 정조가 소설문체를 싫어하는 사실은 이미 널리 퍼졌을 텐데, 그 왕이 집전하는 시험에 참가하면서 이옥은 무슨 배짱으로 소설문체를 써냈을까? 분명한 것은 그날 시험을 본 사람들 중에서 이옥의 글솜씨가 그만큼 대단했고 특출났다는 것이다. 차라리 문체와 글이 모두 엉망이었다면 정조가 눈여겨보지 않았을 것이다. 정조가 글 못 쓰는 사람을 얼마나 무시하고 무자비하게 뭉개었는지는, 이미 제일 첫 머리에서 다루었던 바이다. 그런데 무려 왕이 콕 집어서 이름까지 말을 할 정도라면 글솜씨가 그만큼 굉장했다는 이야기다.

대체 이옥은 어떤 사람이었을까. 자세하게 밝혀진 것은 없지만 최근의 연구 결과에 따르면, 그는 무반武班출신의 서족으로 추정된다.

결국 이옥은 자신의 문체를 고치지 않았다. 그래서 과거를 볼 자격을 잃은 것은 물론, 군대, 그것도 해병대(수군)를 무려 두 번이나 다녀와야 했다. 당시 웬만한 양반들은 군 면제였다는 것을 감안하면 굉장히 끔찍한 일이었다. 더 중요한 것은 이런 고초를 겪었음에도, 결국 제 성미를 못 버리고 쓰고 싶은 글을 마음대로 쓰며 살았다는 것이다. 그가 쓴 담배를 위한 글 《연경烟經》이 그 대표적인 예로, 아기자기하고 즐거운 글이다. 그렇게 보면 이옥은 우리가 상상하는 것보다 덜 불행했을지도 모르겠다.

잘못된 문체는 나라의 탓이다, 고로 반성문을 써라

정조가 분명 개인 취향만으로 문체반정을 시행한 것은 아니었다. 정치적인 문제가 얽혀 있었던 게 사실이다. 새로운 문체는 결국 새로운 문물의 유입이었다. 여기에 정조처럼 거부감을 느끼는 사람도 있었지만, 그 이상으로 호기심을 가지고 연구하는 사람 역시 많았다. 가장 많은 관심을 가졌던 이들은 당파 중에서 남인들이었고, 그들 중에는 서학에 빠지거나 천주교를 받아들인 사람들도 있었다. 물론 모든 남인들이 서학이나 새로운 문체를 좋아한 것은 아니며, 모든 서인들이 이것들을 싫어하거나 거부한 것도 아니다. 대체로 그러했다는 것이다. 어쨌든 남인 중에서 많은 사람들이 서학과 새로운 문물을 받아들였으며, 그래서 문체의 문제는 단순한 사회의 거부반응에 그치지 않고 정치적인 무기로 이용당하였다.

때마침 이즈음에는, 그러니까 정조가 이옥을 걸고넘어졌을 때에는 채제공을 비난하는 상소가 쇄도하고 있었다. 옛날 역모를 저질렀던 사람의 아들을 과거에 합격시킨 윤영회를 두둔했다는 것이 이유였다. 사방에서 윤영희를 처벌하라는 상소가 빗발치자, 채제공이 그럴 거까지 있느냐는 투로 말했다가 일에 휘말린 것이다.

이 일로 조정은 완전히 뒤집어졌고, 사헌부, 사간원, 홍문관, 곧 삼사三司는 채제공까지 귀양 보내라는 상소를 연일 올렸다. 모든 정치판이 그러하듯이 이것은 꼬투리 잡기에 불과했다. 신하들은 역모를 저질렀던 사람의 아들보다는 채제공을 물고 늘어졌고, 당시 조정은 옹호하는 자와 비판하는 자가 서로 치열하게 물고 뜯으며 과열된 양상을 보이고 있었다. 정조가 문체를 바로잡자는 의지를 천명한 바로 그 와중에도 말이다.

정조 16년 11월 6일, 부교리 이동직은 채제공과 윤영희 모두를 걸고넘어지는 길고 긴 상소를 올렸다. 상소의 결론은 이들이 역적이라는 것이고, 내용은 결론을 위한 장식에 불과했다. 모든 것은 역적들의 음모이며 배후가 있고 치밀한 계획하에 시행된 것이라며 목에 핏대를 세웠다.

게다가 상소의 논지와는 전혀 상관없이 이동직은 갑자기 지난 12일 사간원 대사간으로 임명된 이가환을 문제 삼았다.

"나라에서 인재를 뽑으면서 단지 문장 한 가지만을 보고 하였지만 괴이한 귀신같은 무리라면 비록 하찮은 재주가 있다고 해도 그것으로 죄를 가릴 수는 없습니다. 하물며 그들의 문장이란 학문상으로는 대부분 이단 사설들이고 순전히 패관소품을 숭상할 뿐입니다. 경전을 별 쓸모없는 것으로 보고 있으니, 그들 문장은 문장이라고 말할 수도 없습니다. 이단을 물리치고 정도를 지켜야 할 때, 그러한 무리들을 그냥 내버려둘 수 없습니다. 신은 가환에게 성균관을 관리하도록 제수한 명을 거두고 이어 사판에서 그 이름을 삭제하여 세도를 위하고 명기^{名妓}를 소중히 여기는 뜻을 보여 주어야 한다고 생각하는 바입니다."

여기에 대해 정조는 문체반정은 물론이거니와 조선 시대의 여러 문답 중에서 손에 꼽을 만한 명답을 내렸다.

"먼저 이가환의 문제부터 말하는 것이 좋겠다. 그대는 가환의 문체가 경전을 쓸모없는 것으로 여긴다는 말로 얘기를 삼았는데, 바로 내가 한마디 하고 싶으면서도 못하고 있던 문제였다. 그런데 그대가 그 말을 하니 이른바 가려운 곳을 긁어 주는 격이다."

이후 이어지는 정조의 말은 감탄이 나올 정도로 아름답다. 그냥 좋은 단어를 골라 쓴 게 아니라, 철학자들의 말을 인용하고 고사성어를 이용하는 등 말로 동원할 수 있는 가장 화려한 문사를 구사하여 자신의 강한 의지를 표현하고 있다. 그런데 아쉽게도 너무나도 길어서 이 자리에서 온전하게 설명하기 어려운 것이 안타깝다.

"우리나라가 비록 작으나, 많은 백성이 팔도에 살고 있다. 그들을 다스리는 방법은 고작해야 하늘을 나는 것들은 나는 대로, 물속에 잠겨 사는 것들은 잠겨 사는 대로 그들의 본성을 거스르지 않게 하고, 모난 것은 모난 대로 둥근 것은 둥근 대로, 기량에 따라 쓰면 그뿐인 것이다. 그것이 바로 형편에 따라 잘 이용하는 방법인 것이다."

더더욱 일품인 것은 그 화술이다. 한 편의 시와도 같은 아름다운 언어 속에서, 상대방이 잘했다고 칭찬을 하다가 사실은 깎아내린 것이다. 처음 이동직에게 말 참 잘했다고 칭찬했던 것처럼 높이 치켜세운 다음 곧장 천 길 낭떠러지 아래로 밀어버리는 반어법의 언어유희가 작렬하고 있다.

> "비속하고 음란하면서도 그럴싸한 맛을 지닌 자질구레한 패관소품들을 입 가진 사람이면 한마디씩 해 본다. 그것은 가령 구자龜玆나 부여扶餘같이 작은 나라들이 제 나름의 모양을 갖추고 있는 듯이 보이지만, 모기 눈썹이나 달팽이 뿔 정도로 보잘것없는 것과 같다. 그런데 그것을 집집마다 찾아가서 그 오류를 바로잡고 사람마다 다 만나서 그 틀린 점을 일정하게 고쳐 준다면, 윗사람이 너무 힘들지 않겠는가."

그러니까 정조는 패관소품같이 별 볼 일 없는 것을 자신 같은 윗사람이 하나하나 만나서 고쳐 주는 것은 너무 힘들지 않겠느냐고 말하는 것이다. 정말 고치는 게 불가능하다고 생각한 것은 아니리라. 오히려 패관소품이 너무 하잘것없으니 굳이 신경 쓸 바 아니라는 말이었다.

그리고 다음으로 이가환을 이야기했다. 이제까지 했던 것과 마찬가지로 정조는 이가환의 결점들을 하나하나 꼽았다.

> "저 가환으로 말하면 일찍이 좋은 가문의 사람이지도 않았지만 백 년 동안 벼슬길에서 밀려나 수레바퀴나 깎고 염주알이나 꿰면서 떠돌이나 시골에 묻힌 백성을 자처했다. 그러자니 나오는 소리는 비분강개한 내용일 것이고 어울리

는 자들이라곤 우스갯소리나 하고 괴벽한 짓이나 하는 무리일 것 아닌가. 주위가 외로우면 외로울수록 말은 더욱 편파했을 것이고 말이 편파적일수록 문장도 더욱 괴벽했을 것이다."

요약하자면, 이가환은 선조가 처형당한 뒤 벼슬도 제대로 못해 양반의 신분이 무색할 정도로 한미한 가문 출신이다. 고로 하는 말이 극단적이고, 하찮은 사람과 어울리게 되었으니 문장이 이상해진 것도 당연하다는 것이다. 그러면서 정조는 이렇게 덧붙였다.

"이게 어떻게 가환이 좋아서 한 짓이겠느냐? 조정이 그를 그렇게 만든 것이다."

만약 조정이 제대로 정치를 하여 이가환에게 좋은 환경이 마련되었다면 잘못이 생길 리 없다는 소리다. 그러니까 이가환의 잘못이 아니란 것이었다. 그러면서 정조는 우아한 문체로 말을 이었다.

"마침내 내가 복을 모아 백성들에게 나누어 준다는 기자의 홍범洪範을 길잡이로 하고 거룩한 공적과 신비로운 교화를 남기신 선왕의 뒤를 이어 침전에다 특별히 '탕탕평평실蕩蕩平平室'이라는 편액을 달고, 정구팔황庭衢八荒 네 글자를 크게 써서 여덟 개의 창문 위에다 걸어 두고 아침저녁 눈여겨보면서 나의 끝없는 교훈으로 삼고 있다. 그리하여 한미한 집안의 누더기를 걸친 자들을 초야에서 뽑아 올렸는데 가환은 그 가운데 한 사람인 것이다."

할아버지 영조가 과연 신비로울 정도로 정치를 잘했는가, 정조의 침실 편액이 무슨 상관인가를 따지는 것은 어리석은 일이다. 문제는 홍범과 침실에 걸어둔 편액들이 공통적으로 가리키는 의미이다. 어느 것이나 탕평, 당파와 상관없이 인재를 들이고 정치를 하겠다는 정조의 의지를 뜻한다. 그렇잖아도 정조는 내내 이가환을 걸고넘어지는 이들에게 '당파가 원인이지 않느냐' 하며 반박하고 있던 차였다. 그러므로 이동직이 이가환을 비난한 것은 탕평을 하려는 정조 자신을 거역하는 것으로 본 것이다.

"그대는 가환에 대해 말하지 말라. 가환은 지금 골짜기에서 교목喬木으로 날아오른 것이고 썩은 두엄에서 새롭게 변화한 것이다 .그의 심중을 통해 나오는 소리가 왜 점차 훌륭한 경지로 들어가지 못할 것이라고 근심하는가."

결국 정조는 이가환이 원래부터 천한 출신이니 말이 천박한 거야 어쩔 수 없다고 말한 뒤, 현재 교화되고 있으니 앞으로 잘해 나갈 것이라고 옹호한 것이다. 멀리 보지 못하는 이동직의 근시안을 비꼬는 말이기도 했지만, 이가환의 나쁜 문체를 인정하면서 동시에 교화 중이라는 빌미를 세워 더 이상 공격할 수 없게 막은, 참으로 정치적인 언사였다.

"설사 가환이 재주가 둔해서 사흘 동안에 괄목할 만한 성장이 없다손 치더라도, 그의 아들이나 손자가 스스로 자신의 목소리를 훌륭하게 내지 않겠는가?"

결국 이가환이 문체를 못 고치더라도 그의 아들이나 손자 대에 가면 괜

찾아지지 않겠느냐며 자자손손 쏟아질 비판마저 원천봉쇄했다. 그러면서 정조는 다시 어리석은 백성들을 교화해야 하는 지도자로서의 고뇌를 설파했다.

> "준수한 백성도 있고 우둔한 백성도 있어, 먼저 깨닫고 늦게 깨닫는 차이는 있으나 일단 깨닫고 나면 같은 것이다. 설사 혹 아둔하여 탈을 벗지 못하는 자가 그 사이에 끼어 있다 하더라도 그것은 단지 태양 앞에 횃불이며, 군자에게 있어 소인이고, 고니에게 있어 땅속의 벌레인 것이니, 주인은 주인 노릇하고 손님은 손님 노릇하면 그것으로 족한 것이다."

그러면서 차츰 사람들이 깨달아 가고 점점 좋은 것으로 바뀐다면, 나라의 운명이 영원해질 것이라는 말로써 이날의 대답을 끝맺었다. 결국 정조는 이가환이 잘난 거 하나 없지만, 자신이 '엇나간' 그를 바로잡아서 교화하겠다는 포부를 밝힌 셈이었다.

교화란 결국 어리석고 천한 상대를 깨우쳐 어질고 훌륭한 사람으로 만드는 것이다. 이것은 유교의 가장 큰 이상으로, 바로 성인成人이 하는 것이었다. 고로 이동직의 비판이 설령 정당한 것이라 해도, 지금 이가환을 비판하거나 끌어내리려 한다면 정조가 시행하는 교화라는 크나큰 대의명분과 이상의 실현에 토를 다는 셈이었고, 조금만 노력하면 더 나아질 수 있는 것을 내친 매몰찬 사람이 되는 것이다.

"늘 정성이 담긴 깨우침을 들은 자들이 상대를 이해하려는 마음에 느낌을 받고, 갖추기를 바라는 것을 경계하여 저도 모르는 사이 날로 선한 데로 옮아가 집집마다 듣기 좋은 소리가 있게 된다면, 나는 그것이 나라의 운명을 영원하도록 하늘에 비는 근본이라고 할 것이다."

이렇게 명답을 내린 이후, 정조는 금지령에 저촉되는 말이 많다는 이유로 이동직의 원래 상소를 불태우라는 명령을 내렸다. 이는 예송 논쟁 때에나 있던, 정말 읽을 가치도 없는 쓰레기 상소를 처리한 방법이었다. 물론 정조 자신이 답변을 내렸으니 상소를 아주 무시했던 것은 아니다. 답변은 하고 기록으로 남기되, 쓸데없는 소리라는 식의 고도의 정치적인 의사 표현을 한 것이다. 이동직으로서는 이미 정조의 답변을 받았으니 자기 뜻을 무시했다고 항의할 수도 없는 노릇이었다.

이날 정조의 글을 읽으면 읽을수록 찬탄을 금할 수 없다. 문장, 단어 무엇에서도 부족함이 없다. 게다가 무서울 정도로 정치적이다. 이것이야말로 진정한 정치의 프로가 아니면 쓸 수 없는 글이다. 잘못을 인정하면서 아무것도 내주지 않고, 이가환을 겉으로는 야단치면서 어떤 처벌도 허락하지 않았다. 그러면서 결과적으로 오히려 처음 상소를 올렸던 이동직을 소인배 바보로 만들었다.

그 속에 숨겨진 정조의 본심은 요즘 식으로 요약하자면 '닥치고 조용해라'라는 말이 되겠다. 그런 본심을 화려한 말과 반어법으로 꾸며 자신의 너그러움과 정당함을 널리 드러내는 한편, 상대방의 무식함과 속 좁음을 대비시켜 노골적으로 강조하고 있다. 만약 정조가 이가환을 노골적으로 옹호하고 나섰다면 오히려 사태는 악화되었을 것이다. 그걸 아예 인정하고 들어가니 이동직으로서는 더 공격할 거리가 없었다.

그렇다면 정조는 정말 이가환을 천하고 어리석다고 생각했을까? 그건 절대로 아니었다. 정조는 이가환을 정학사貞學士라고 존중해서 불렀을 만큼 아꼈다. 게다가 이가환은 당대에서 내로라하는 천문, 수학의 천재였다. 결국 이 일로 이가환은 충주목사로 좌천되고 고초를 겪기는 했지만, 적어도 정조가 살아 있는 한 그는 더 이상의 심한 해코지를 당하지는 않았다.

이처럼 반대파들이 정조가 총애하는 인물들의 문체를 빌미로 비난한 사건이 있기 전부터, 정조는 이전에 소설문체를 쓰거나 보았던 신하들(그 대부분이 초계문신이었다)에게 주르륵 통문을 보냈다. 통문의 내용을 한 줄로 요약하면 이렇다.

반성문을 써서 보낼 것.

그래서 남공철은 정조 16년 10월 25일에 반성문을 써서 정조에게 제출했다. 정조는 친히 이것을 읽어 보고 꽤나 기뻐하며 말했다.

"대답 내용이 비록 장황한 느낌이 드나 문체는 소품을 본뜨지 않았다. 그가 이 뒤로는 단 한마디 반 마디라도 혹시 옛 버릇이 묻어나오기만 하면 이는 참으로 어버이를 저버리고 나라를 저버린 것이라고 다짐했는데, 그야말로 나무꾼이 벼슬아치가 되고 미천한 자가 높은 자리에 오르는 듯한 일대 좋은 소식이다."

말 그대로 개과천선을 했다며 남공철을 칭찬한 것이다. 그리고 명을 내리기를 반성문을 쓰라고 한 자신의 명령과 이에 따른 남공철의 답을 모두 조지朝紙, 즉 요즘의 관보에 싣도록 했다. 한마디로 동네방네 소문을 다 내서 남공철이 남의 눈치가 무서워서라도 소설문체를 쓰지 못하게 만들겠다는 생각이었다. 그러고는 그에게 원래 관직을 돌려주게 했다. 결국 이번에도 창피는 단단히 주되, 직접적으로 손해 본 것은 아무것도 없게 한 것이다.

그러면서도 혹시 여기에 토를 달 신하들을 걱정했는지, 정조는 이 처분이 생각 없이 즉흥적으로 한 게 아니라는 설명을 덧붙였다.

"문풍이란 세도와 관계되는 것이기에 남공철 한 사람으로 많은 선비들이 타산지석을 삼게 하고자 함이다. 직책으로나 지위로 보아 나와 아주 가까운 각신들도 조금도 가차 없이 금지하고 꾸짖고 하여 부끄러움을 알게 하는데, 나이 젊은 유생으로서 과거를 보고 후일 모두 경, 사대부가 될 자들은 오죽하겠는가. 우선 반시(泮試, 성균관에서 보는 시험)에서부터 전교를 따르지 않는 자가 있으면 태학의 법전 격례格例에 따라 선비들이 모이는 곳에 잘못을 써서 걸어두고, 더 심한 자는 북을 치며 성토하고, 그 다음가는 자는 매를 때리고 그 사실을 기록하여 분명한 실효가 있도록 하라."

정조는 자신이 총애하는 신하들도 가차없이 처벌하고 야단을 친다는 사실을 강조하고, 따라서 젊은 유생들도 봐주지 않는다고 말한 것이다.

그다음으로 김조순과 심상규에게 반성문을 제출하게 했으니, 그게 정조

16년 11월 3일의 일이었다. 그런데 여기에서도 정조의 대처는 걸작이라 평할 만하다. 먼저 이들의 죄를 책망하는 정조의 말은 굉장히 엄격했다.

> "어찌 죄를 짓고서 요행히 면할 수 있겠는가. 이상황과 남공철은 서울에 있다는 이유로 문계文啓하고 김조순만은 동일한 죄를 지은 부류인데도 죄의 그물을 벗어났을 뿐만 아니라 감히 사행길에서 의기양양하였다. 상황과 공철은 어떤 사람이기에 저같이 고생을 겪어야 하고, 조순은 그가 하는 대로 내버려둔다는 것인가."

물론 잘못은 공평하게 처벌해야 하니, 정조의 말에는 틀린 점이 없다. 하지만 김조순이 소설을 읽은 것은 벌써 5년도 전의 일인데, 그 옛날 일을 왜 지금 꺼내느냐며 반문할 수도 있다. 사실 그것은 정조의 반대파들이 공격했을 때 정조의 대답이 되었을 것이다.

하지만 정조는 반대파들보다 먼저 자기가 아끼는 신하들의 케케묵은 잘못을 끄집어내 책망하기 시작했다. 그래서 김조순에게도 문서를 보내, 압록강을 건너기 전에 답장을 쓰고 시도 지어 제출하라는 명령을 내렸다.

> "…… 압록강을 건너기 이전에 답통答通을 받고 반성하는 글과 시詩를 지어 올리게 하여 공철이 지은 것과 함께 게시판에 써 걸도록 하라. 그리고 심상규도 요행이 제재를 피하게 할 수 없으니 역시 공함을 띄워 공초를 받도록 하라."

먼지 답장을 쓴 것은 국내에 있던 심상규였다. 하지만 정조는 그의 반성문을 받는 대신, 한 번 더 심술을 부렸다.

"구두가 떨어지지 않으니 언문으로 번역하고 주해를 달아 올리게 하라."

한문으로 읽는 게 불편하니 전문을 언문(한글)으로 번역하고 주해를 달아 올리라고 한 것이다. 한마디로 멀쩡히 쓴 글을 트집 잡아 '감 놔라, 배 놔라' 잔소리를 한 것이다. 이에 심상규는 울며 겨자 먹기로 반성문 글자 하나하나마다 자세한 주석을 달아 올렸다.

그러자 정조는 신하들 앞에서 심상규의 뛰어난 재주를 거론하며 칭찬을 아끼지 않았다. 야단을 치려고 한 건지 칭찬을 하려고 한 건지 알 수 없는 조치였다.

마지막으로 반성문을 올린 것은 김조순이었다. 정조가 이것에 대해 평가한 것은 정조 16년 11월 8일의 일이었다. 여기까지 보았으면 독자들도 대강 짐작을 했으리라. 돌아온 것은 역시 어마어마한 정조의 칭찬이었다.

"어느 사람이 허물이 없겠는가마는 고치는 것이 중요하다. 정자程子와 장자莊子는 대현大賢이었으면서도 사냥하고픈 생각을 끊지 못하였고, 어린 시절에는 손자孫子와 오기吳起의 병서兵書들을 즐겼다. 대체로 학자들이 자품이 높다 보면 먼 곳에 있는 것에 마음이 치닫고, 재주가 있다 보면 밖으로 내닫는 법이다. 그것이 그름을 알고서 고치기를 꺼리지 않고 고치고서는 다시 범하지 않으면 되는 것이다."

정조는 유명한 유교 성인들의 젊었을 때의 실수를 이것저것 거론하면서, 저렇게 훌륭한 사람들도 실수를 하는데 이들쯤이야 어떠냐는 분위기를 조성했다. 게다가 여기에 그치지 않고, 낯 뜨거워질 정도의 칭찬도 아끼지 않았다.

"이 함답을 보니 문체가 바르고 우아하고 뜻이 풍부하여 무한한 함축미가 있음을 깨닫겠다. 촛불을 밝히고 읽고 또 읽고 밤 깊은 줄도 모르게 무릎을 치곤 하였다."

그러면서도 이제까지 올라온 반성문들의 평을 했는데, 남공철, 이상황, 심상규의 평은 앞서 정조의 말이 무색해질 만큼 그리 좋지 못했다.

"저 부들부들하다 못해 도리어 옹졸해진 남공철의 대답이나 경박하게 듣기 좋게만 꾸민 이상황의 말, 뻣뻣하여 알기 어려운 심상규의 공초는 모두가 입술에 발린 소리로 억지로 자기변명을 하기 위해 한 소리들이지만 이 사람(김조순)만은 할 것은 한다, 못할 것은 못한다고 하여 결코 스스로를 속이거나 나를 속이려 함이 없음을 알겠다."

왜 그랬을까? 당연하지만 이 세 사람을 깎아내리면 그만큼 김조순을 더 훌륭하게 빛내 줄 수 있기 때문이다. 정조는 '이 사람만 한 게 없다'라며 여러 반성문 중에서 김조순의 글을 제일 잘 썼다고 판정하고, 중국에 잘 다녀오라는 격려 인사까지 남겼다.

11월 19일 김조순이 올린 반성시에 대한 평가는 반성문보다 더욱 후했다.

"지어 올린 시詩와 문文을 보니 문은 사람이 늘 먹는 곡식 같고, 시는 비단이나 자개 같았다. 이미 전날의 잘못을 깨닫고 또 새로운 보람을 보였으니 이 뒤로 는 더욱 더 힘쓰도록 하라."

어쩌면 그러는 것도 당연하다. 김조순은 명문 안동 김씨의 자손이자, 김 상헌, 김수항의 자손으로, 이상황과 더불어 정조가 총애했던 초계문신들 중 가장 뛰어난 수재였다. 또한 훗날 정조의 사돈 감으로 낙점을 받아 순 조의 장인이 되기까지 한다. 비록 정조의 빠른 죽음으로 세도정치의 기틀 을 닦게 되었지만, 어쨌든 당시 김조순은 정조가 진심으로 아끼는 뛰어난 인재였다.

이렇게 초계문신들의 반성문 제출을 끝으로 문체에 대한 공식적인 처 벌은 대강 마무리 지어졌다. 많은 이들은 문체를 바꾸겠다고 왕과 약속했 고, 그렇게 용서를 받았다.

실질적으로 벌을 받은 것은 군대를 두 번 간 이옥 정도였고, 죽은 사람 도 없었고 옥에 갇힌 사람도 없었다.

남인이나 초계문신들을 싫어했을 반대파들은 치를 떨었을지도 모르겠 지만, 우리의 꼰대 정조를 당해 내기엔 내공이 부족했다.

박지원의 반성문

소설문체를 사용했던 대부분의 초계문신들은 문체반정의 철퇴를 맞고, 반성문을 쓴 후에야 죄를 용서받을 수 있었다. 그렇다면《열하일기熱河日記》로 주가를 올리며, 소설문체를 유행시킨 장본인인 당대의 문장가 박지원은 그 화를 피할 수 있었을까. 패관소품이 곧 연암 박지원의 문체였던 것은 아니었지만, 그 역시도 문체반정의 대상이었다.

　정조 16년 12월 28일, 남공철은 박지원에게 편지를 보냈다. 당시 박지원은 안의(安義, 경상남도 함양) 현감으로 있었다. 남공철은 날씨와 안부를 물은 뒤, 자신이 소설문체 때문에 정조에게 야단을 맞고 벌로 반성문을 쓴 뒤 술과 안줏값을 댔던 근황을 적었다. 그러면서 경연 중에 정조가 박지원을 거론했다고 전했다.

　"요즈음 문풍文風이 이와 같이 된 것은 그 근본을 따져 보면 모두 박 아무개의 죄이다.《열하일기》는 내 이미 익히 보았으니 어찌 감히 속이고 숨길 수 있겠느냐? 이자는 바로 법망에서 빠져나간 거물이다. 《열하일기》가 세상에 유행한 뒤에 문체가 이와 같이 되었으니 당연히 결자해지結者解之하게 해야 한다."

문체반정을 추진했던 정조가 당대 최고의 베스트셀러 작가인 박지원을 타깃으로 삼은 것은 당연했다.

그러나 정말 정조가 박지원을 처벌할 생각이었다면 의금부에 명령을 내리면 될 일이었다. 하지만 정조는 그 대신 남공철에게 명령을 내려, 박지원에게 편지를 쓰도록 했다.

"신속히 순수하고 바른 글 한 편을 지어 급히 올려보냄으로써 《열하일기》의 죗값을 치르도록 하라. 그러면 비록 남행南行 문임文任이라도 주기를 어찌 아까워하겠는가? 그렇지 않으면 마땅히 중죄가 내릴 것이다."

박지원에게 바른 문체로 쓴 글을 올려 죗값을 갚으라는 것이니, 곧 반성문을 쓰라는 것이다. 이는 남공철이나 다른 사람들도 했던 일이었으니 딱히 특별한 일은 아니다. 그러나 정조가 언급하는 남행은 음직을 뜻하는 말로, 과거를 보지 않고도 벼슬자리에 오를 수 있는 방법이다. 그리고 문임은 홍문관의 제학으로, 당대 문장의 최고봉이 되어야만 가능한 자리였다. 그러한 자리를 박지원에게 내줄 수 있다고 했는데, 과연 이 말이 그냥 농담이었을까?

《열하일기》를 읽은 정조는 자신의 취향이 아니긴 하지만 이렇게 글솜씨가 좋은 사람이 바른 문체를 쓴다면 얼마나 좋을까 생각했을 것이다. 결국 정조는 박지원에게 문체반정의 흐름에 따르라고 회유한 것이다. 그러면 처벌도 없고 출세도 할 수 있다면서.

남공철은 편지에서 정조의 명을 전하며, 왕이 문체를 가다듬고 선비들의 취향을 바로잡으려는 것이니 '순수하고 바른 글'을 두 달 내에 올려보내라고 적었다. 그러고는 자신이 편지를 보내게 된 것은 바로 이 때문이라고 고백했다. 편지를 받은 박지원은 반도 못 읽고 혼비백산할 만큼 크게 놀랐다.

하지만 박지원이 느낀 것은 공포만이 아니었다. 얼마나 뿌듯했을까. 왕이 자신의 이름을 알고 거론했다는 것만으로도 굉장한 영광이었을 것이다. 박지원은 곧바로 정조에게 반성문을 올렸다.

"사신侍臣이기는 하지만 임금의 명령을 받든 것이라, 처음에는 당황스럽고 두렵더니 뒤따라 눈물이 마구 쏟아졌습니다. …… 그러나 글방의 버려진 책이 위로 티끌 하나 없이 맑은 대궐을 더럽힐 줄 어찌 생각이나 하였겠습니까?"

박지원은 정조에게 보낸 편지에서 보기에 거북스러울 만큼 왕에게의 칭송을 노골적으로 늘어놓았다. 그러면서 자신은 게으르다거나, 장난질이라거나, 젊은 날의 치기라던가, 재앙 그 자체라던가 온갖 비유를 들어가며 자신을 비하했다.

"엄한 스승으로서 임하시고 자애로운 아버지로서 가르치시어 임금의 총명을 현혹시킨 죄로 처형을 가하지 않을 뿐만 아니라 도리어 한 편의 순수하고 바른 글을 지어 속죄하도록 명하셨으니, 서캐와 같은 미천한 신하가 어이하여 군부君父께 이런 은애恩愛를 입는단 말입니까. …… 어찌 감히 지난날의 허물을 고치고 뒤늦게나마 만회할 것을 급히 도모하여 다시는 성세聖世의 죄인이 되지 않도록 하지 않겠습니까."

예나 지금이나 명문가로 일컬어지는 박지원의 비굴한 모습이 이상할 수도 있다. 특히 그가 쓴《허생전》이나《양반전》의 통렬한 비판을 생각하면 더욱 그럴 것이다. 하지만《양반전》을 쓰며 세상을 비웃었던 박지원도, 어쩔 줄 모르며 왕 앞에 자신의 잘못을 참회하는 박지원도 같은 사람이다.

상황에 따라서 사람은 때로 정반대의 모습을 보이기도 하고, 자신의 의지를 굽히기도 한다. 위인이라고 해도 결국 그들도 인간이니까.

박지원은《열하일기》이후에는 별다른 작품을 남기지 못했다. 창작의 한계에 부딪힌 탓인지, 아니면 정조에게 바른 문체를 쓰기로 약속했기 때문이었는지는 알 수 없다. 이후로도 소설문체의 명맥은 이어졌지만, 주류 문학이 되지는 못했다.

문체반정의 끝

　정조가 이처럼 문체반정에 집착한 것에는, 채제공 등의 남인들이 궁지에 몰린 과열된 정국에 '물타기'를 하려는 정치적 의도가 아주 없지는 않았을 것이다. 하지만 문체반정은 100퍼센트 정치적인 음모로만 보기에는 너무나도 꾸준하게 일관성을 가지고 있다. 불과 며칠도 아니고 몇십 년 동안 정조는 끊임없이 '새로 유행하는 문체가 마음에 안 든다'라고 외쳤다. 초계문신들에게 반성문을 쓰게 한 것으로 잘못된 문체의 처벌을 대강 마무리 지었지만, 이후 정조는 승하할 때까지 꾸준하게 문체반정의 의의를 재천명했으며, 반성문을 요구하고 과거의 형식을 엄격하게 고쳤다.

　때문에 젊은 시절 새로운 문물을 배우거나 문체를 익혔던 사람들이 억지로 '교정'된 것은 사실이고, 이는 사회 전반의 문화와 분위기로까지 확산되었다. 바로 이것이 문체반정이 지나치게 가혹한 폭압이었다고 주장하는 근거이기도 했다.

　하지만 문체반정이 악독하게만 느껴지는 사람들을 위해 한 가지 변명을 해야 할 것 같다. 정조는 분명 엄격한 사람이었고, 따라서 초계문신들은 입시를 앞둔 고3에 못지않을 만큼 시험과 공부의 산더미에 시달려야 했다. 정조의 성미로 보면 성적이 나쁘면 호되게 야단쳤을 것이고, 정약용의 증언에 따르면 강제로 소주 한 사발을 '원샷'해야 하는 때도 있었다. 임금님의 총애를 받으며

열심히 공부하는 게 초계문신의 이미지지만, 사실은 꽤나 고달픈 삶이었을 것이다.

이를 보면 정조는 굉장히 쪼잔한 성격이다 싶지만, 스스로가 모범을 보였다는 점에서 다른 쪼잔한 군주들과 다르다. 남에게 엄격한 만큼 스스로에게 엄격했고, 문체가 좋고 싫다는 사실을 입으로만 말하는 데 그치지 않고 스스로 개선하고자 애를 썼다.

사람들에게 보이는 관심도 마찬가지였다. 정조는 지독하게 야단을 치기도 했지만, 좋은 점을 찾아내면 직접 이름까지 거론하며 대놓고 칭찬하고 각종 특혜를 마련해 주기도 했다. 좋은 답안지가 있으면 신하들에게 널리 돌려가며 보게 했다. 그저 이익으로 사람을 홀리고 끌어들인 게 아니라, 사람 대 사람으로서 관심을 보이고 직접 부대꼈던 것이다.

게다가 문체반정과 관련해서 정조가 화를 낸 것은 정말 화를 냈다기보다는 일종의 정치적인 '쇼'를 한 것이다. 책망을 하되 그것은 오히려 나중의 더 큰 칭찬을 위한 준비였을 뿐이다. 신하들의 모든 잘못을 대의명분으로 덮어 주거나 오히려 달래고 칭찬까지 해 주니, 문체반정이 비록 가혹했다고 하나 마음은 굉장히 편안했을 것이다.

정조는 그런 왕이었다. 적으로 돌리다면 치 떨릴 만큼 교활하고 야비하지만, 나의 왕으로 삼는다면 참으로 든든하며 걱정할 것이 없었다. 당파 싸움이 치열하던 그 시대에 정조의 신하들은 왕을 신뢰하며 자신의 일을 할 수 있었다. 그렇기에 정조는 설령 성군은 아닐지라도 참으로 좋은 왕이었고, 참으로 많은 사람들에게 사랑받았다. 못하는 술까지 마시며 정조에게 많이 시달렸을

정약용이, 정조가 떠난 뒤 그에 대해 많은 그리움을 표시하고 있다는 점에서도 그 예를 찾을 수 있을 것이다.

문체반정의 중요한 특징을 들자면, 적극적인 대립이 없었다는 것이다. 정조는 잘못된 문체를 바로잡으려고 했다. 물론 그 잘못이란 정조의 판단이었고, 그 변화된 문체들은 적극적으로 반항하지 않았다. 정조의 조치가 잘못되었다며 반발하는 이는 없었고, 저항의 움직임도 없었다. 옛 문체가 나쁘니 새로운 문체로 바꾸어야 한다는 혁명이 나타나지 않았고, 그렇기에 정조가 문체반정을 외쳤을 때도 반발은 없었다. 고작 과거를 못 보게 된다는 손해를 감수하면서도 자기 문체를 고치지 않은 이옥이 최대의 반항이었다.

그래서 어쩌면 그런 치열함이 없었기에 조선의 문체는 끝끝내 변하지 않았다. 하지만 정조는 선비들에게 출세의 보장이라는 먹음직스러운 당근을 내밀고 타이르고 달램으로써 반발을 최소한으로 줄였다. 새로운 문체에 기울어 있던 초계문신들은 정조에게 반성문을 쓰고 고문으로 돌아섰으며, 그들은 다음 시대의 정승 및 주역이 될 수 있었다. 그리고 새로운 문체는 시대의 주류에서 버림받은 채, 아웃사이더로 남아 명맥을 이어 갔다.

그렇다면 정조는 왜 새로운 문체를 싫어했을까?《홍재전서》에 나온 기록이다. 정조가 병을 앓은 적이 있는데, 이때 신하 중 한 사람이 소설책을 읽으라고 권한 적이 있었다. 그런데 정조는 "소설을 보아도 무슨 소리인지 모르겠고, 알더라도 재미가 없어 졸음이 온다."라고 말했다. 그나마 역사 기록에 가까운 《삼국지연의》도 아직 본 적이 없다는 것이다. 전문서적을 읽으면 재미있지만 소설을 읽으면 잠이 온다니, 보통 사람과는 반대가 아닌가?

정조는 왜 다들 소설을 재미있어 하느냐면서, 자신이 어딘가 잘못된 게 아니냐는 인간적인 고민을 토로한 적도 있었다. 어쩌면 이것이야말로 문체반정의 정답인지도 모르겠다. 어쩌겠는가? 취향이 아닌 것을.

한성 천도 논쟁

■ 서적

김돈, 《조선 전기 군산권력관계 연구》, 서울대학교 출판부, 1997

문화재청, 《경복궁》, 2000

오영교, 《조선 건국과 경국대전체제의 형성》, 혜안, 2004

■ 논문

이욱, 〈조선 전기 한양 천도(遷都)와 풍수설〉, 한국종교문화연구소, 2006

최윤오, 〈조선 시기 토지개혁론의 원리(原理)와 공법(貢法), 조법(助法), 철법(徹法)〉, 실학사상연구, 2007

공법 실시 논쟁

■ 서적

강제훈, 《朝鮮初期 田稅制度 硏究:踏驗法에서 貢法 稅制로의 전환》, 2002

김태영, 《朝鮮初期 土地制度史 硏究 : 科田法 體制》, 지식산업사, 1983

이태진 외, 《朝鮮初期論文選集84》 農業, 삼귀문화사, 1999

한국인문과학원, 《朝鮮初期論文選集26》, 農業2, 1998

■ 논문

김옥근, 〈공법(貢法)연구〉, 經濟史學6, 1983

이은주, 〈朝鮮初 田稅制의 運營問題와 世宗의 貢法構想〉, 서울대학교 대학원, 2001

최윤오, 〈세종조 공법의 원리와 그 성격〉, 한국사연구 106, 1999

예송 논쟁

■ 서적

배상현, 《송시열(宋時烈)의 예학(禮學)사상과 그 의리화(義理化)》, 서울대학교 대학원, 2001

이병도, 《韓國儒學史》, 아세아문화사, 1987

이성무, 《朝鮮後期 當爭의 綜合的 檢討》, 한국정신문화연구원, 1992

이영춘, 《朝鮮後期王位繼承硏究》, 집문당, 1998

이희환, 《朝鮮後期當爭史硏究》, 국학자료원, 1995

지두환, 《조선 시대 사상사의 재조명》, 역사문화, 1998

■ 논문

김문준, 〈禮訟硏究의 현황과 向後硏究의 방향〉, 유교사상연구 19, 2003

김성용, 〈송시열 산문의 권위적 성격에 대한 연구〉, 한국한문학연구 21, 1998

우경섭, 〈송시열의 화이론(華夷論)과 조선중화주의의 성립〉, 진단학보, 2006

　　　〈우암(尤庵) 송시열(宋時烈)연구의 현황과 과제〉, 중원문화논총, 2006

정재훈, 〈우암 송시열의 생애와 사상: 우암 송시열의 정치사상-주회와의 비교를 중심으로-〉, 한국사상과 문화, 2004

조성산, 〈송시열의 성리학 이해와 현실관〉, 한국사학보, 2004

지두환, 〈우암 송시열에 대한 종합적 평가〉, 중원문화논총, 2006

　　　〈조선 후기 예송논쟁(禮訟論爭)의 성격과 의미〉, 동양학 24, 1994

최근덕, 〈조선조 예송의 배경과 발단에 관한 연구〉, 동양철학연구 24, 2001

황의동, 〈송시열(宋時烈)과 윤증(尹拯)의 갈등과 학문적 차이〉, 동서철학연구, 2006

문체반정 논쟁

■ 서적

강명관, 《책벌레들 조선을 만들다》, 푸른역사, 2007

고미숙, 《열하일기, 웃음과 역설의 유쾌한 시공간》, 그린비, 2004

김용숙 외, 《韓國漢文學論文選集37》, 불함문화사, 2002

안대회, 《조선 후기 소품문(小品文)의 실체》, 태학사, 2003

정옥자, 《정조의 문예사상과 규장각》, 효형, 2001

■논문

김성준, 〈정조년간(正祖年間) 과문(科文)의 문체변화와 문체반정(文體反正)〉, 한국한문학연구 16, 1993

김성진, 〈英正年間의 時代相과 小品體 散文의 擡頭〉, 한국문학논총 12, 1991

김우정, 〈정조의 문체정책 재고〉, 한문학논집 16, 1998

김혈조, 〈연암체(燕巖體)의 성립과 정조(正祖)의 문체반정(文體反正)〉, 한국한문학연구 6, 1982

박혜진, 〈정조대 문체반정의 지향과 의의-「일득록」에 나타난 정조의 문장관을 중심으로-〉,한겨레어문학, 2006

조광, 〈조선 후기 서학서(西學書)의 수용과 보급〉, 민족문화연구, 2006

허남욱, 〈조선 후기의 문체(文體) 및 문체반정(文體反正)에 대한 연구〉, 성신한문학 5, 1995